Dictionnaire de la Bourse et des marchés

2e édition

Bernard Belletante
Docteur habilité
en Sciences de gestion
Agrégé d'économie
et de gestion
Professeur de Finance
à E.M.LYON

Loïc Mahérault
Docteur en Sciences de gestion,
Professeur de Finance
à E.M.LYON

initial

HATIER

MAQUETTE : Alain Berthet et Graphismes
GRAPHIQUES : Coredoc

© HATIER, Paris, Octobre 2000. – ISBN : 2-218-**73373**-0

Présentation

Le monde de la Bourse et de la finance apparaît généralement comme une affaire de « spécialistes ». Les termes « barbares » et les sigles mystérieux (swap, *junk bond*, Matif, indice Nikkei, CAC 40…) y sont nombreux, contribuant à rendre la matière obscure…

Ce dictionnaire est justement destiné à éclaircir ces zones d'ombre. Il s'adresse à tous ceux qui souhaitent mieux connaître les mécanismes boursiers, les techniques financières, les différents marchés et leur organisation.

Par ailleurs, un effort particulier a été produit pour exposer les développements les plus récents (nouveaux produits, nouvelles réglementations…) de l'actualité financière.

L'ouvrage s'articule autour de 44 articles thématiques (la liste complète figure au **sommaire** en début d'ouvrage) clairement structurés et largement développés (de 4 à 8 pages). Des exemples chiffrés et de nombreux schémas permettent de comprendre rapidement les aspects les plus techniques.

Dans chaque article, les **termes-clés** (définitions, noms des théoriciens de la finance…) figurent en gras. Pour les retrouver, il suffit de consulter l'**index général** en fin d'ouvrage.

Enfin, à la fin de chaque article, des « lire aussi » renvoient à d'autres articles du dictionnaire.

Sommaire

ACTIF FINANCIER

Acheter un appartement pour le louer, un cheval de course pour ses gains potentiels, placer quelques économies sur un livret d'épargne, autant d'actes qui ne procurent aucune utilité immédiate, à la différence de la consommation d'un actif réel (aliments, télévision...). S'ils sont réalisés, c'est dans l'espérance de revenus futurs. Les actifs financiers sont des droits à percevoir des flux futurs de revenus et, à ce titre là, le support de la rencontre entre l'épargne et l'investissement.

Émettre un actif financier pour acheter de l'épargne

Tout agent économique, que ce soit une personne physique, une entreprise ou une administration, peut répartir ses revenus entre la consommation immédiate et l'épargne. **Épargner** revient à dégager une capacité de financement, à renoncer à la consommation. Cette renonciation s'explique par le fait que l'utilité retirée de la consommation supplémentaire à l'instant présent sera inférieure à l'utilité qui sera retirée d'une consommation ultérieure. Il ne peut y avoir épargne si celle-ci n'implique pas, dans le futur, une consommation supplémentaire. Pour assurer celle-ci, les épargnants vont exiger une rémunération de leur épargne. Mais quelle peut être l'origine de cette rémunération ?

Si des agents économiques sont prêts à ne pas consommer la totalité de leur revenu, d'autres sont au contraire confrontés à des dépenses immédiates et supérieures à leur capacité de paiement : entreprise face à un programme lourd d'investissements, ménage face à l'acquisition d'une maison, étudiant face au coût de ses études. Ces exemples concernent des acteurs ayant un besoin de financement, et qui sont par là même intéressés par « l'acquisition » de la capacité de financement des épargnants.

Cette acquisition de l'épargne va être matérialisée par l'émission d'un actif financier. En effet, les agents à besoin de financement vont acheter l'épargne disponible en émettant un actif financier, c'est-à-dire en proposant un droit à percevoir des revenus futurs. Ainsi, lorsqu'un particulier emprunte à sa banque, il émet un actif financier qui accorde à l'établissement bancaire le droit de percevoir des intérêts et d'être remboursé du capital prêté. Les émissions, par les agents à besoin de financement, et les souscriptions, par les agents à capacité de financement, se réalisent sur le **marché des capitaux**.

Calculer le prix du temps

Avant de souscrire à l'émission d'un actif financier, c'est-à-dire avant d'être d'accord sur le prix de cet actif, les agents à capacité de financement vont apprécier sa capacité à leur procurer dans le futur une consommation supplémentaire, autrement dit sa capacité à faire fructifier leur épargne. Pour matérialiser cela, arrêtons-nous quelques instants sur les problèmes que pose le futur dans une démarche de choix économique.

• Attendre ou ne pas attendre

Supposons que votre oncle d'Amérique vienne de décéder. Une lettre de son avocat vous informe que vous héritez d'un million de dollars. Mais les exigences testamentaires et les procédures administratives font que vous ne pourrez « toucher » votre héritage que dans deux ans. Ayant fait part de votre surprise à l'avocat américain, celui-ci vous informe que vous avez le choix entre « encaisser immédiatement 1,5 million de dollars en abandonnant tous vos droits » et « attendre deux ans pour percevoir une somme probable de 2 millions ». La solution que vous allez choisir dépendra de nombreux facteurs : votre patrimoine actuel, l'utilité de votre consommation immédiate, la confiance que vous avez dans la valeur de la monnaie américaine par rapport au franc français, et le risque d'inflation. En un mot, votre décision va dépendre du prix que vous accordez au temps et de votre degré d'aversion au risque. Mais comment déterminer ces facteurs ?

• Quantifier le prix du temps et le risque

Votre banque vient de vous proposer un produit de placement (c'est une émission d'actif financier) et d'investir 100 000 F pendant cinq ans à un taux de 7 %.

Soit C_0 = 100 000 et i, le taux d'intérêt, i = 7 %.

À la fin de la première année, votre capital est de :
$C_1 = C_0 + C_0 \times i = C_0 (1 + i)$, c'est-à-dire 100 000 (1 + 0,07) = 107 000.

À la fin de la deuxième année, votre capital sera de :
$C_1 = C_1 (1 + i)$
$C_2 = C_0 (1 + i) (1 + i) = C_0 (1 + i)^2$, soit $100\,000 (1 + 0{,}07)^2 = 114\,490$.

À la fin de la cinquième année, votre capital sera de :
$C_5 = C_0 (1 + i)^5$, soit $100\,000 (1 + 0{,}07)^5 = 140\,255$.

Il est donc possible de calculer la **valeur acquise**, Cn, dans le temps par une somme d'argent versée au début la période :

$$Cn = C_0 (1 + i)^n$$

De la même manière, en connaissant une somme Cn versée dans n années, il est possible de connaître sa valeur au moment présent (t_0), c'est-à-dire sa **valeur actuelle** :

$$C_0 = Cn (1 + i)^{-n}$$

Le taux i est alors un **taux d'actualisation**, représentant la rémunération exigée par un agent en fonction de sa préférence pour le présent, de son aversion au risque.

Dans le cas de l'héritage de votre oncle d'Amérique, le taux d'actualisation proposé par l'avocat est i = 15,47 % puisque 1,5 M\$ = 2 M\$ $(1 + 0{,}1547)^{-2}$. À vous de juger si le prix du temps vous paraît trop élevé !!!

• La valeur d'un actif financier

La valeur d'un actif financier sera la valeur actuelle des flux futurs qu'il générera. Soit Ft, le flux dégagé (rémunération ou remboursement) par un actif financier V à l'époque t et i le taux d'actualisation retenu par un investisseur (épargnant souscrivant à l'émission de l'actif financier), la valeur actuelle de cet actif est :

$$Vo = \sum_{t=1}^{n} Ft (1 + i)^{-n}$$ (le signe $\sum$ signifie sommation pour t = 1, t = 2,…t = n)

Prenons un exemple simple. Soit un produit financier qui vous versera 1 000 F par an pendant cinq ans et qui vous sera remboursé 10 000 F. Si vous exigez une rémunération de 10 % par an, quel est le prix que vous êtes prêt(e) à payer ce produit aujourd'hui ? Répondre à cette question revient à déterminer la valeur actuelle des flux dégagés par ce produit pendant cinq ans, flux actualisés à 10 %. Soit :
$Vo = 1\,000\,(1{,}1)^{-1} + 1\,000\,(1{,}1)^{-2} + 1\,000\,(1{,}1)^{-3} + 1\,000\,(1{,}1)^{-4} + (10\,000 + 1\,000)\,(1{,}1)^{-5}$

Soit :

Année	Flux perçu	Actualisation	Valeur actuelle
1	1 000	$(1{,}1)^{-1}$	909,09
2	1 000	$(1{,}1)^{-2}$	826,44
3	1 000	$(1{,}1)^{-3}$	751,31
4	1 000	$(1{,}1)^{-4}$	683,01
5	11 000	$(1{,}1)^{-5}$	6 830,13

La somme ($\sum$) des valeurs actuelles des flux perçus est de 10 000 F.

Si le vendeur du produit financier vous le propose à 11 000 F, vous ne souscrirez pas à cet actif. En effet, dans ce cas-là, le taux d'actualisation qui égalise ce prix demandé et les flux futurs actualisés est de $i = 7{,}52$ %.

$11\,000\text{ F} = 1\,000\,(1 + i)^{-1} + 1\,000\,(1 + i)^{-2} + 1\,000\,(1 + i)^{-3} + 1\,000\,(1 + i)^{-4} + 11\,000\,(1 + i)^{-5}$

Ceci est inférieur à vos exigences de rémunération, fonction de votre analyse du risque.

Par contre si le vendeur de l'actif financier vous le propose à 9 000 F, la rémunération offerte sera de $i = 12{,}83$ %.

$9\,000\text{ F} = 1\,000\,(1 + i)^{-1} + 1\,000\,(1 + i)^{-2} + 1\,000\,(1 + i)^{-3} + 1\,000\,(1 + i)^{-4} + 11\,000\,(1 + i)^{-5}$

La valeur d'un actif financier est donc fonction des flux qu'il procurera. Sa valeur actuelle, donc son prix, est donnée par l'actualisation de ces flux à un taux reflétant le degré de risque. Ce dernier est bien évidemment fonction des anticipations macro-économiques, des caractéristiques de l'émetteur (solvabilité…), et de la durée de vie de l'actif financier. Tout accroissement du risque (détérioration de la conjoncture macro-économique, difficultés financières de l'émetteur…) se traduit par une hausse des exigences de rémunération, donc par une hausse du taux d'actualisation. Cette dernière provoque une baisse de la valeur actuelle de l'actif financier. Les anticipations sur les flux futurs à percevoir peuvent ainsi changer (dividendes à recevoir par exemple), ce qui modifie évidemment la valeur de l'actif détenu.

Il est donc absurde d'investir dans un actif financier sous prétexte que ses rémunérations passées étaient généreuses. Acheter un appartement à des fins de location parce que les loyers précédents étaient élevés et que le prix de vente n'a cessé de grimper est une hérésie. En effet, cet appartement ne peut avoir de valeur qu'en fonction des flux à venir : futurs loyers et prochaine évolution des prix de vente. Or, bien des éléments peuvent changer dans le futur par rapport au passé. La crise de la fin des années 80 a secoué brutalement le marché de l'immobilier à travers le monde. Il y a eu une remise en cause des niveaux de flux futurs, d'autant plus violente que plus personne ne faisait attention au fait que la hausse des prix (donc des valeurs actuelles) immobiliers ne procurait que des rémunérations extrêmement faibles et déconnectées du niveau de risque réel. D'où une crise majeure et une chute des prix qui eurent pour conséquence d'élever le taux d'actualisation, c'est-à-dire le taux de rémunération des nouveaux investisseurs.

Pouvant prendre des formes diverses (action, obligation, créance bancaire, appartement, cheval de course, tableau de maître, voiture de collection,…), un actif financier ne sera donc acquis et détenu par un investisseur que parce que la comparaison de son prix actuel avec les flux qu'il générera laisse entrevoir une rémunération, mesurée par un taux d'actualisation, justifiant la prise de risque.

Évaluer un actif financier

Le prix d'un actif financier est la valeur actuelle de ses flux futurs. L'anticipation de ces derniers relève de différentes techniques de prévision, dont la facilité de mise en œuvre apparaît plus simple pour des immeubles en location, des entreprises matures que pour de jeunes sociétés récemment créées et surtout que pour des chevaux de course. Une fois la prévision des flux réalisés, il faut les actualiser et se pose alors le problème du choix du taux d'actualisation, c'est-à-dire du taux de rendement exigé compte tenu du degré de risque anticipé.

Une première méthode consisterait à essayer d'additionner différentes composantes du risque : niveau d'inflation, durée de l'investissement, évolutions passées des rendements de cet actif, etc. Il s'agirait en fait plus d'une rationalisation *a posteriori* d'un taux souvent choisi « au flair » que d'une détermination rationnelle.

C'est en 1964 et 1965 que des auteurs américains, **Sharpe** et **Lintner**, jetèrent les bases d'une méthode scientifique, le ***Capital Assets Pricing Model*** **(CAPM)**, connue en français sous le sigle **MEDAF (Modèle d'évaluation des actifs financiers)**. L'hypothèse est faite que les agents ont un comportement rationnel qui les conduit à privilégier entre deux actifs ayant un même niveau de rendement celui ayant le risque le plus faible, ou entre deux actifs ayant le même risque celui ayant le rendement le plus élevé. Ceci donné, il est possible de constater que dans une économie, il existe un actif financier pour lequel le risque est quasiment nul, appelé « **actif sans risque** ». Ce sera un actif pour lequel l'émetteur sera considéré comme pouvant ne jamais être en cessation de paiement : le **risque de signature** est dit nul. Le meilleur exemple serait une obligation émise par un État d'un des sept pays les plus riches du monde, le G7. En effet, il n'est pas envisageable qu'un de ces États n'honore pas ses engagements.

La deuxième caractéristique de l'actif sans risque sera d'avoir un **risque de prix** quasiment nul. Cela signifie que l'actif émis conservera au mieux le pouvoir d'achat du capital qui s'y est investi. Aujourd'hui, dans la plupart des pays industrialisés, les taux d'intérêt sont fixés par le marché monétaire et sont de ce fait le reflet des comportements des prêteurs et des emprunteurs. Dans leurs émissions d'obligations (optique financement à long terme) ou de bons du trésor (optique financement à court terme), les gouvernements de ces pays respectent les niveaux de taux d'intérêt issus des marchés monétaires. Il y a ainsi minimisation du risque de prix. Ainsi, aux États-Unis, en France, au Royaume-Uni, les bons du trésor ou les obligations d'État sont considérés comme des actifs sans risque. La conséquence est que la rémunération, appelée « **taux sans risque** », qu'ils proposent est considérée comme une rémunération plancher. En effet, dès qu'un émetteur autre que l'État, donc jugé plus risqué, proposera un actif financier au marché, il devra offrir une rémunération supérieure à celle de l'actif sans risque. Ainsi, une action d'entreprise dont la rémunération est aléatoire, puisque fonction des résultats de la société, et qui peut ne pas être remboursée en cas de faillite ne sera acquise par un investisseur rationnel que si la rémunération proposée est suffisamment supérieure à celle de l'actif sans risque, et ce afin

de rémunérer le différentiel de risque. Cette approche a donné lieu à une modélisation simple :
Soit Ri, le taux de rendement exigé pour un actif risqué i
Rf, le taux sans risque, rémunération de l'actif sans risque
Rm, le taux de rendement du marché des actifs risqués
(Rm – Rf), la **prime de risque** du marché. Plus elle est élevée et plus la prise de risque est rémunérée ; plus elle est faible et moins il y a intérêt à investir sur des actifs risqués.
ßi, un **coefficient de volatilité** mesurant la manière dont l'actif i reproduit les variations du marché. Ainsi, si ßi > 1, l'actif amplifie les hausses et les baisses du marché, il est donc plus risqué. À l'inverse, si ßi < 1, le titre est moins risqué car il amortit les variations du marché. Si ßi = 1, l'actif risqué reproduit à l'identique les variations du marché. Sur le plan mathématique, le coefficient ß est le rapport de la covariance entre RM et Ri sur la variance de Rm.

Exemples de coefficient de volatilité sur le marché français

Sociétés	en 1999
Danone	0,8
Infogrames	1
Péchiney	1,1
Schneider	1,6
Usinor	1,2

C'est ainsi que nous pouvons écrire :

$$Ri = Rf + ßi\ (Rm - Rf)$$

Ceci montre que le taux de rendement Ri exigé pour un actif risqué i sera égal au taux de rendement de l'actif sans risque, auquel est ajoutée la prime de risque du marché coefficientée par la volatilité de l'actif i. C'est ce taux de rendement Ri qui sera utilisé pour actualiser les flux prévisionnels.

Le MEDAF montre donc très précisément que la valeur d'un actif financier dépend non seulement des flux qu'il génère, mais aussi des risques qu'il représente pour son détenteur.

lire aussi **Risque - Portefeuille (théorie du)**

ACTION

Pendant les années 90, plusieurs grandes entreprises françaises (BNP, Elf, Renault, Seita, France-Telecom, Air France, etc.) ont été privatisées. À chaque fois, le gouvernement, à travers ces privatisations, a incité les Français à devenir propriétaires en achetant les actions de ces sociétés. Par sa dimension juridique, l'action est un titre de propriété ; par sa dimension financière, l'action est un actif financier.

Les dimensions juridiques de l'action

Détenir une action confère un quadruple droit.

• L'action, droit de propriété

La propriété des entreprises est matérialisée par leur **capital social**, déterminé par le produit du nombre d'actions par leur valeur nominale. Détenir 20 % des actions d'une entreprise équivaut à détenir 20 % du capital social. Cette propriété sociale est synonyme de responsabilité. La détention d'un pourcentage d'actions impliquant la détention d'un pourcentage de la propriété fait qu'en cas de cessation d'activité (volontaire ou contrainte par faillite), les actionnaires ne seront remboursés de leurs apports, qu'après que tous les autres créanciers de l'entreprise aient été désintéressés. En cas de difficulté absolue, les actionnaires peuvent ne pas être remboursés, ils sont dits responsables dans la limite de leurs apports. L'action est donc un actif financier risqué.

• L'action, droit à l'information

Vu le risque attaché à l'action, il est compréhensible que son détenteur puisse être régulièrement informé sur l'activité de l'entreprise, de manière à pouvoir analyser l'évolution de son degré de risque. De ce fait, les sociétés sont tenues d'organiser, au moins une fois par an, une assemblée générale des actionnaires. Ce sera l'occasion de fournir des informations, de présenter les comptes de l'entreprise pour l'année écoulée (appelée **exercice comptable**) et de soumettre les décisions des dirigeants au jugement des actionnaires. Il est aisé de se rendre compte que la diffusion de l'information ne présentera pas les mêmes caractéristiques entre une petite entreprise dont le PDG détient 90 % des actions, et une société comme Saint-Gobain dont le capital est réparti entre plusieurs millions d'actionnaires.

Il existe deux types d'**assemblées générales** : celles dites **« ordinaires » (AGO)** et qui ont trait à la gestion courante de l'entreprise (présentation et approbation des comptes…) et celles dites **« extraordinaires » (AGE)** et qui examinent les modifications des statuts (augmentation de capital…).

• L'action, droit de vote

Que l'actionnaire soit responsable des pertes dans la limite de ses apports implique qu'il soit non seulement informé sur l'évolution de l'entreprise, mais aussi qu'il puisse donner son avis sur la qualité des décisions prises par les dirigeants. Cet avis s'exprimera par un vote aux assemblées générales qui permet soit de donner quitus, soit de sanctionner l'actuelle direction de l'entreprise, selon le degré d'accord avec la politique menée ou envisagée.

• L'action, droit au résultat

Dans la mesure où les actionnaires assument le risque total de l'entreprise, le résultat que celle-ci dégage, une fois toutes les charges (d'exploitation, financières, exceptionnelles) payées, leur appartient. S'il est négatif, il y aura diminution de leur richesse. S'il est positif, le bénéfice sera leur rémunération potentielle qu'ils pourront décider de se distribuer (dividendes) ou de réinvestir dans la société (composante de l'autofinancement).

Les dimensions financières de l'action

• Les différentes valeurs d'une action

À la création d'une société, les actionnaires créateurs apportent en numéraire (argent) ou en nature (immeubles, brevets…) le **capital social** de l'entreprise. S'il s'agit d'une société anonyme (SA), le montant minimum est de 250 000 F, et de 50 000 F dans le cas d'une société à responsabilité limitée (SARL). Le capital social est matérialisé par un nombre d'actions (appelées «**parts**» dans une SARL) ayant toutes la même valeur nominale. Cette dernière matérialise la limite de responsabilité : dans le cas d'une faillite (sans problème de fraude ou d'abus de biens sociaux), les actionnaires-fondateurs ne peuvent pas perdre plus que la valeur nominale.

Au cours de la croissance de l'entreprise, de la valeur est créée. Elle peut être soit distribuée aux actionnaires (dividendes), soit mise en réserve. De fait, ces réserves appartiennent aux actionnaires. La valeur nominale des actions n'est pas modifiée pour autant. Il est alors possible de calculer la valeur mathématique (ou patrimoniale) des actions en divisant la totalité des fonds propres (capital social + réserves) par le nombre d'actions existantes.

Il ne s'agit là pourtant que d'enregistrements comptables, illustrant le passé de l'entreprise. Or, l'action est un actif financier puisqu'elle est émise par un agent économique, l'entreprise, afin de mobiliser les capitaux des actionnaires. En tant que tel, il s'agit bien d'un droit à percevoir des revenus futurs. C'est sur le marché financier, dont l'une des principales fonctions est d'assurer l'échange d'actifs déjà émis, que va donc se fixer le prix d'une action, sa valeur de marché, qui reflétera la valeur actuelle des flux monétaires prévisionnels. Cette valeur de marché sera fonction des demandes d'achat (elles seront d'autant plus fortes que les investisseurs anticiperont soit une croissance des revenus futurs pour un niveau de risque inchangé, soit une diminution du risque pour des niveaux de revenu identiques) et des offres de vente (d'autant plus fortes que les anticipations des flux de revenu seront revues à la baisse ou que le niveau de risque sera jugé plus élevé).

Sociétés (1999)	Valeur nominale (euros)	Valeur patrimoniale (euros)	Cours de l'action (euros)
Air France	54	13,7	18,9
CCF	5	44,6	123,7
Dassault Aviation	8	120,4	194,0
Labinal	8	103,0	109,0
Sagem SA	20	83,4	630,6

Il est important de comprendre que l'investisseur qui achète une action d'une société se portant bien, plusieurs années après sa création, il la paiera un prix supérieur à sa valeur nominale. Il achète des flux de revenus futurs. Si l'entreprise connaît des difficultés, l'anticipation des revenus futurs va évoluer à la baisse, le prix de l'action diminuera. En cas de cessation d'activité, la valeur actuelle des flux futurs sera nulle, l'action ne vaudra plus rien. Si le montant des dettes est supérieur à la valeur des actifs, les actionnaires ne percevront rien quel que soit le prix qu'ils ont payé l'action.

• Pourquoi le cours des actions évolue-t-il ?

En cinq ans, les prix des actions des 40 plus grandes sociétés françaises cotées (CAC 40) et des actions cotées au Second marché (SM) ont connu l'évolution suivante :

%	1995	1996	1997	1998	1999
CAC 40	– 0,5	+ 23,66	+ 29,5	+ 31,6	+ 51,1
SM	– 5,5	+ 30,7	+ 7,9	+ 10,6	+ 21,7

Le Nouveau Marché, cotant des valeurs très volatiles, a quant à lui connu une progression record de 135 % en 1999. De même, les différentes variations entre les sociétés peuvent être fortes :

Sociétés (1er trimestre 2000)	Plus fortes hausses	Sociétés (1er trimestre 2000)	Plus fortes baisses
Ingenico	+ 157,0 %	Atos SA	– 30,3 %
Thomson Multimédia	+ 105,2 %	Péchiney	– 30,1 %
Coface	+ 92,7 %	Carrefour	– 26,2 %
Sagem SA	+ 91,3 %	Néopost	– 25,6 %

Source : ParisBourse SA

Toute information qui touchera soit aux flux futurs anticipés, soit au taux d'actualisation, soit aux deux à la fois, modifiera le prix de l'action. Ainsi, tout résultat et toute information montrant la bonne (mauvaise) santé de l'entreprise et la potentialité de bénéfices élevés (réduits) auront un effet positif (négatif) sur le cours. Il est donc important qu'une société cotée ait une politique de communication et d'information du marché de qualité, de manière à ce que celui-ci puisse correctement l'évaluer. Comme les entreprises, les cours des actions seront très sensibles à l'environnement économique et social, national et international. Toute dégradation (tensions au Moyen-Orient, grèves...), toute incertitude (élections) n'est pas favorable aux actions, parce qu'augmentant le niveau de risque. De la même manière, la politique économique d'une nation (mesures fiscales favorables aux actions comme le Plan d'épargne actions (PEA) en France, mesures de relance économique, maîtrise de l'inflation...) auront un impact sur les anticipations des investisseurs. Ces derniers seront particulièrement sensibles à la politique monétaire ; ainsi toute hausse des taux d'intérêt relevant le rendement de l'actif sans risque augmentera le taux de rendement exigé pour les actions. Comme les entreprises ne peuvent modifier instantanément leurs résultats, la conséquence immédiate de cette hausse sera une baisse des cours des actions. Et inversement, quand les taux d'intérêt baisseront.

• Mesurer la cherté d'une action

Savoir que le prix d'une action est la valeur actuelle de ses revenus futurs ne permet pas de dire si ce titre est plus ou moins cher qu'un autre. Pour cela, deux grands types de mesure sont utilisés.

La première est le rapport « cours de l'action/bénéfice par action » qui mesure le nombre d'années de bénéfice contenues dans le cours. Plus ce rapport, appelé **PER** ***(Price Earning Ratio)***, est élevé et plus l'action est considérée comme chère, et inversement.

Sociétés	PER 99	PER 98
Cap Gemini	80,6	66,1
Carrefour	24,8	30,1
Danone	69,8	38,5
Dassault Aviation	11,1	9,5
Infogrames	8,6	11,9

La manière d'utiliser les PER n'est pas aisée. Il faut d'abord résoudre des problèmes de définition : quel cours et quel niveau de bénéfices doit-on retenir (historiques ou prévisionnels) ? Le PER d'une entreprise doit, par ailleurs, être analysé dans le temps, en le comparant avec ceux des entreprises du même secteur économique et avec le PER général du marché. Par ailleurs, les comparaisons internationales sont délicates en raison de pratiques comptables différentes modifiant le niveau des résultats. De ce fait, sa portée est limitée dans la gestion dynamique de portefeuille.

La deuxième mesure de cherté d'une action est son **délai de recouvrement (DR)**, qui indique la période de temps nécessaire pour que la valeur actuelle des bénéfices égale le cours de l'action. Le délai de recouvrement permet de prendre en compte la durée de détention souhaitée, la croissance anticipée des bénéfices (g) et le prix du temps (taux d'actualisation, r). Le DR se calcule à partir de la formule suivante :

$$\text{Prix} = B \, \frac{((1+g)/(1+r))^{DR} - 1}{((1+g)/(1+r)) - 1}, \text{ avec B = bénéfice de la période de départ.}$$

Les DR peuvent aussi, comme les PER, se calculer par secteur ou par marché.

Sociétés	DR au 21.05.96
Carrefour	13,9
Danone	20,9
Canal +	26,0
Peugeot	14,0

Source : Société de Bourse Michaux.

• Rendement et rentabilité des actions

Une action est porteuse de deux types de revenus : le premier est le **dividende**, part du résultat distribuée chaque année. Cela permet de mesurer le **rendement de l'action**, c'est-à-dire le rapport dividende/cours de l'action. Ce rendement peut être mesuré avec ou sans l'**avoir fiscal**. Ce dernier est une technique fiscale permettant d'éviter que les revenus de l'entreprise ne soient taxés deux fois. En effet, les dividendes sont issus d'un résultat ayant déjà supporté l'impôt sur les sociétés. Une fois payés, ces dividendes sont réintégrés dans les revenus de l'actionnaire, eux-mêmes taxés. Pour éviter la double taxation, les actionnaires bénéficieront d'un « crédit d'impôt » égal en 1999 à 50 % des dividendes perçus.

Entreprises	Taux de rendement en 1999
Seita	16,7 %
Deveaux SA	9,1 %
Bail Investissement	8,5 %

Source : SBF.

Mais à côté de l'encaissement de dividendes, parfois symboliques, les actionnaires peuvent, par la revente des actions, réaliser une plus-value ou une moins-value. Il est donc possible de calculer, pour une période déterminée, la rentabilité d'une action. La tendance fortement haussière sur les marchés financiers français depuis quelques années a creusé les écarts entre rendements et rentabilités.

$$\text{rentabilité d'une action} = \frac{\text{dividende + plus (ou moins) value}}{\text{cours de l'action au début de la période}}$$

Les différentes catégories d'actions

Une **action simple** donne droit à un **droit de vote** lors des assemblées générales, ainsi qu'un droit au résultat. Sous les doubles contraintes de rendement et de gestion du pouvoir, plusieurs types d'action sont apparus.

– Les **actions de priorité**, ou **privilégiées**, confèrent à leur détenteur des avantages spécifiques, généralement pécuniaires.

– Les **actions à droit de vote multiple** peuvent conférer à leur détenteur de deux à plusieurs droits de vote. Le droit français limite la multiplicité à deux et exige que l'action ait été détenue nominativement depuis au moins deux ans.

– Les **actions à dividende prioritaire (ADP)** sont des actions qui perçoivent de manière prioritaire un dividende, qui peut même être supérieur au dividende normal des actions simples. Pour les sociétés cotées en bourse, l'ADP ne confère aucun droit de vote. Le montant des ADP ne peut excéder 25 % du capital social d'une entreprise. Des entreprises comme Essilor, Legrand ont émis des ADP.

– Les **certificats d'investissement** proviennent du « **démembrement** » d'une action. Une fois émise, celle-ci voit séparer le droit de vote, matérialisé par un certificat de droit de vote, de l'apport en numéraire, matérialisé par le certificat d'investissement. Cela permet de concentrer la détention des droits de vote au sein de quelques actionnaires. Cette technique a notamment été utilisée par l'État pour les entreprises nationalisées (Crédit Lyonnais, CIC), mais aussi par quelques entreprises privées comme Bouygues ou Promodès.

– Les **actions à bon de souscription d'actions (ABSA)** sont des actions qui sont émises avec le droit (mais non l'obligation) de pouvoir souscrire à une période de temps déterminée et pour des conditions de prix fixées à de nouvelles actions. Ce droit est matérialisé par un bon, qui fera l'objet d'une cotation en bourse pour les sociétés cotées.

lire aussi **Actif financier - Dividende - Entreprise (valeur de l') - Hybride - Risque**

ACTIONNAIRE

Actionnariat des salariés, actionnariat populaire, actionnaires de référence, actionnaires minoritaires... autant de notions souvent entendues qui laissent entrevoir qu'une définition aussi simple que « Est actionnaire tout détenteur d'action » ne traduit pas la riche diversité de la réalité.

Les différents visages de l'actionnariat en France

• Qui sont les actionnaires des sociétés françaises ?

Toute personne physique ou morale (sociétés, associations...), qu'elle soit ou non de nationalité française, peut librement acquérir des titres (actions ou obligations) émis par une société française ou étrangère cotée sur le marché financier français. Il est habituel de distinguer cinq catégories de détenteurs de titres :

– les **investisseurs institutionnels** (les fameux « **zinzins** ») : ce sont les banques, les établissements financiers, les caisses de retraite et les compagnies d'assurance. Ils achètent des titres de sociétés soit directement, soit par l'intermédiaire des organismes de placement collectif en valeurs mobilières qu'ils ont créés ;

– les sociétés industrielles et commerciales qui investissent dans d'autres sociétés ;

– les non-résidents recouvrent les investisseurs non « localisés » en France ; il s'agit quasi exclusivement d'établissements financiers et de fonds de pensions (organismes de retraite) ;

– les ménages français, appelés également les actionnaires individuels ;

– les associations et groupements émanant de « l'économie sociale » (syndicats professionnels, sociétés mutualistes, congrégations, associations loi de 1901...).

L'évolution de la détention directe d'actions de sociétés cotées en France révèle à la fois le poids décroissant des ménages (phénomène d'**institutionnalisation**) et l'ouverture internationale du marché financier français (données en %) :

	1983	1987	1990	1994	1999
Investisseurs institutionnels + OPCVM	26	26,3	20,7	21,2	33,8
Sociétés industrielles et commerciales	23,2	24,4	23,9	23,3	20,3
Non résidents	4,3	10,6	23,9	24,1	35,2
Ménages	45,2	37,6	34	31,4	10,3
Associations et groupements	1,3	1,1	0,9	1,0	0,4

Source : BDF.

• L'actionnariat individuel en France

En 1999, la part des actions et autres participations dans le patrimoine des ménages français s'élevait à 33,9 % (contre 4,9 % en 1980). Ainsi, dans quelques dizaines d'années, les historiens pourront dire que la fin du XXe siècle s'est caractérisée en France par un développement de l'actionnariat individuel, comme en attestent les chiffres suivants mesurant le nombre d'actionnaires directs de sociétés cotées en bourse :

	Début 1978	Décembre 1982	1er semestre 1987	Décembre 1992	Avril 1995	1er semestre 1999
En millions d'individus	1,3	1,7	6,2	4,5	5,3	5,2
En % de la population française (> 15 ans)	3,4	4,4	15,5	10,6	12,2	11,8

Source : BDF.

À cela, il faut rajouter environ 500 000 personnes qui sont actionnaires de sociétés non cotées.

Contrairement aux pays anglo-saxons où le placement de l'épargne en actions de sociétés est culturellement bien accepté, le développement de l'actionnariat en France s'inscrit dans un enjeu politique et fiscal. En effet, la première croissance du nombre d'actionnaires résulte après 1978 de la mise en place de mesures fiscales favorables aux détenteurs d'actions de sociétés françaises (les fameuses SICAV Monory, du nom du ministre des Finances de l'époque). Mais la véritable accélération provient du premier programme de privatisations mis en œuvre en 1986. Un véritable engouement s'est manifesté pour des actions de sociétés jugées faiblement risquées et vendues « bon marché ». Le krach de 1987 et les difficultés économiques d'après 1990 ont entraîné un reflux du nombre d'actionnaires individuels. Le deuxième programme de privatisations commencé en 1993 n'a pas eu le même succès. À la mi-1995, 4,5 millions d'actionnaires individuels possédaient des actions d'au moins une société privatisée et 2,8 millions ne possédaient que des actions de sociétés privatisées.

• Les attentes des actionnaires

Quelles peuvent être les raisons qui poussent des personnes individuelles à acquérir des actions ? La motivation principale repose sur la logique de l'acte d'épargne, cette part du revenu qui n'est pas affectée à la consommation. Quel que soit l'horizon temporaire de cette épargne (de quelques semaines à plusieurs années), l'épargnant a pour objectif d'obtenir à la fin de sa période d'épargne un revenu qui lui permettra une consommation dont l'utilité sera suffisamment supérieure à ce qu'aurait été l'utilité d'une consommation immédiate ; cette différence d'utilité sera la rémunération de la renonciation à la consommation et du temps.

La rémunération de l'actionnaire est matérialisée par un **taux de rendement** (dividende/cours) et un **taux de rentabilité** mesuré par le rapport (cours de vente – cours d'achat + dividendes)/cours d'achat). Mais, en finance, la rémunération seule ne permet pas d'avoir une bonne idée de la performance d'une valeur mobilière. Celle-ci est en effet fonction du couple rentabilité-risque. La **théorie du portefeuille** exprime en effet qu'une amélioration de la performance recouvre aussi bien une stagnation de la rémunération accompagnée d'une baisse du risque qu'une augmentation de la rémunération à risque identique. Une augmentation proportionnelle de la rémunération et du risque ne constitue pas une amélioration de la performance financière.

Cette logique d'épargne peut également animer des personnes morales (entreprises, banques…), mais elle n'est pas la seule motivation de l'achat d'actions. Il faut y ajouter la volonté de prendre le pouvoir, de diriger une autre entreprise.

Les actionnaires, vecteurs du pouvoir

Déjà en 1932, deux économistes américains, **A. Berle** et **G. Means**, attiraient l'attention sur le fait que, dans les grandes entreprises, le pouvoir tendait à passer des mains du propriétaire au gestionnaire. Un actionnaire détient un droit de vote, il a donc le pouvoir d'approuver ou de sanctionner lors de l'assemblée générale de l'entreprise la direction de celle-ci. Il est donc aisé de comprendre que plus le capital d'une société sera dispersé entre de nombreux actionnaires, plus le risque de conflits entre eux, entre eux et les dirigeants (qui peuvent ne pas être actionnaires) seront élevés.

• Les conflits « d'agence »

Un dirigeant d'une PME familiale qui détient entre les 2/3 et 100 % du capital de sa société est seul maître à bord. Il a une légitimité juridique et financière qui font de lui le seul maître à bord : personne ne peut contester ses décisions et sanctionner sa gestion. À l'opposé, dans les très grandes entreprises (IBM, General Motors, Elf Aquitaine, Accor...), les dirigeants ne possèdent qu'une part infime (entre 0 et moins de 5 %) du capital, par ailleurs dispersé entre des milliers, voir des millions d'actionnaires. Cela est le résultat historique de la croissance de ces entreprises : leur développement a entraîné des contraintes technologiques, financières et organisationnelles telles qu'un individu ne pouvait plus les assumer, quels que soient ses niveaux de richesse et de compétence. Les grandes entreprises sont donc gouvernées par des dirigeants salariés (l'**ère managériale** pour reprendre l'expression de J.K Galbraith), peu impliqués dans la détention du capital. La question qui se pose alors est simple : agissent-ils toujours dans l'intérêt des actionnaires, et en particulier des petits actionnaires ?

Les conflits qui peuvent opposer les dirigeants aux autres actionnaires constituent un **conflit** dit **d'agence**. Il y a en effet une relation d'agence quand une ou plusieurs personnes, appelées le **principal**, engagent une ou plusieurs autres personnes, appelées les **agents**, pour accomplir en leur nom des actes nécessitant la transmission du pouvoir. Une illustration de la relation d'agence est l'engagement par les actionnaires d'une société d'un PDG. La première source de conflit réside dans l'existence possible d'objectifs différents entre le principal et l'agent. Leurs intérêts peuvent ne pas être les mêmes : un dirigeant peut avoir des objectifs de croissance ou d'acquisition de sociétés contraires à une optimisation de la valeur de la firme. La deuxième source de conflit est liée à l'incertitude régnant sur le terme du contrat : quelle sera la situation économique dans un ou deux ans, quelle sera l'évolution de la concurrence, etc. et est-ce que le dirigeant réagira au mieux des intérêts des actionnaires ? Enfin, la troisième source de conflit provient du fait que l'agent peut détenir plus d'information que le principal et ne pas la communiquer dans la totalité. Ainsi, les actionnaires peuvent s'interroger sur les décisions prises par des dirigeants : sont-elles les meilleures pour valoriser au mieux les actions, ne mettent-elles pas en cause la pérennité de la firme, etc. ?

La résolution ou la prévention des éventuels conflits d'agence va entraîner des coûts, dits **coûts d'agence**. La théorie financière distingue les **coûts de surveillance** (engagés par le principal pour surveiller l'agent), les **coûts de justification** (engagés par l'agent pour se dédouaner aux yeux du principal) et des **coûts résiduels** (liés à l'existence même de la relation d'agence). Ces coûts d'agence sont supportés par les actionnaires, soit directement, soit par l'intermédiaire de l'entreprise, ce qui vient réduire le résultat.

• Le gouvernement financier

Saint-Just écrivait : « un peuple n'a qu'un seul ennemi, c'est son gouvernement ». Appliquant ce discours à la finance, nous pourrions imaginer que les dirigeants des entreprises (le gouvernement) sont les ennemis des actionnaires (le peuple). Si cette approche a pu se vérifier dans les années 30 (Bearle et Means se sont offusqués de la manière dont les petits actionnaires avaient été traités pendant le Krach de 1929) ou dans les années 60 (JK Galbraith s'élevait alors contre le pouvoir tout puissant des managers), les années 80 ont révélé un changement brutal d'attitudes : les dirigeants de très grandes sociétés américaines, comme Apple, Kodak, American Express, voire même françaises comme Carrefour, ont été limogés par leurs actionnaires. Cela a mis en évidence des modifications dans la répartition et la gestion du pouvoir dans les entreprises, donnant naissance à ce que l'on appelle communément le **gouvernement d'entreprise** (***corporate governance***). Ce concept recouvre « l'ensemble des règles de fonctionnement et de contrôle qui régissent, dans un cadre historique et géographique donné, la vie des entreprises » (Olivier Pastré,

Le gouvernement d'entreprise, REF, n° 31, 1994). Que les dirigeants des entreprises soient contrôlés de manière externe par la législation des marchés ne les dispense pas d'être contrôlés de manière interne, notamment par les actionnaires. Si ces derniers ont renforcé leur pouvoir, c'est pour obliger les dirigeants à n'avoir qu'un seul but : maximiser le résultat (et les dividendes) et la valeur de l'entreprise. Cela est notamment possible :

– d'une part, en rendant les conseils d'administration plus efficaces : ils ne doivent plus être de simples chambres d'enregistrement mais de véritables lieux d'analyse et d'évaluation de la politique des dirigeants ;

– d'autre part, en facilitant l'accès des actionnaires à l'information et en particulier aux comptes de leurs entreprises. Ce sera le rôle de comités d'audit externes, qui auront pour fonction de « contre-vérifier » les informations financières produites par la direction de la société.

Le renouveau du gouvernement d'entreprise s'explique par deux principales raisons.

Premièrement, de 1960 à 1980, se sont développées de nombreuses politiques d'acquisitions, orchestrées par les dirigeants salariés des firmes. Ces opérations se sont souvent traduites par un appauvrissement relatif des entreprises et donc de leurs actionnaires, et la crise économique a révélé d'importantes difficultés pour « digérer » ces acquisitions.

Deuxièmement, quels que soient les pays, s'est produit un phénomène d'**institutionnalisation de l'épargne**. Que ce soit sous forme de fonds de pensions (au Royaume-Uni ou aux États-Unis), de SICAV (comme en France), la part des actionnaires institutionnels s'est accrue dans le capital des entreprises. Or, ces fonds d'épargne collective sont gérés par des professionnels de la finance, dont la rémunération et la réputation sont fonction des performances de leurs fonds. Leur savoir-faire et leur intérêt se conjuguent donc pour exercer une pression sur les dirigeants des entreprises dans lesquels ils investissent des pourcentages significatifs.

Mais il ne faut pas considérer le gouvernement d'entreprise comme un phénomène homogène et sans faiblesse. En effet, d'une part, les actionnaires peuvent être différents. Quels points communs entre un fonds de retraite détenant 5 % du capital d'une société et un actionnaire individuel ayant 20 titres ? Bien peu, que ce soit au niveau des compétences financières, des objectifs ou du poids par rapport à la direction de l'entreprise. Ainsi, les actionnaires sont tous égaux, mais certains un peu plus que d'autres ! Cela explique l'apparition en France d'associations de défenses d'actionnaires minoritaires (comme ADAM ou DEMINOR) qui ont fait parler d'elles sur des dossiers tel que celui d'Eurotunnel. D'autre part, les dirigeants des fonds d'épargne collective ont besoin de performances à court terme. Cette prédominance du court terme s'illustre par le fait qu'aux États-Unis la durée moyenne de détention des actions était dans les années 60 de 7 ans, elle est aujourd'hui de 9 mois pour les fonds de pension. Cela traduit donc une pression sur le court terme pour les dirigeants, pouvant mettre en cause la pérennité de la firme à long terme. Cela pose le problème d'un conflit entre l'**efficacité** (vision à très court terme) et la **solidarité** (vision à plus long terme prenant en compte non seulement l'intérêt des actionnaires individuels à long terme, mais aussi l'équilibre social en ne privilégiant pas, par exemple, de manière systématique les suppressions d'emploi). La solution au conflit solidarité-efficacité ne sera pas simple à trouver, mais ne faut-il pas souhaiter que l'extension du gouvernement d'entreprise, véritable démocratie donnant la parole à tous les actionnaires, puisse aboutir à une régulation optimale ?

lire aussi **Actif financier - Action - Offre publique**

ANALYSE FINANCIÈRE

Acquérir les titres d'une société revient à espérer une rentabilité. Cette décision reposera donc sur une analyse des forces et des faiblesses de cette entreprise, tant au niveau de son passé (diagnostic) que de son avenir (prévisions). L'analyse financière a pour objectif de mettre à la disposition des financiers un cadre d'analyse de la performance passée et future d'une firme.
L'internationalisation des activités des entreprises conduit par ailleurs les analystes financiers à travailler de façon croissante sur des rapports d'activité et des documents financiers anglo-saxons. Il est donc aujourd'hui nécessaire de connaître le pont entre la terminologie française et internationale.

La logique de l'analyse financière

Conduire l'analyse financière du passé et du futur d'une entreprise revient à mettre en évidence un mécanisme simple, constitué de trois étapes. La première est d'analyser l'activité de l'entreprise et son évolution, et de voir avec quels moyens économiques le métier a été réalisé. La seconde étape porte sur les retombées économiques de cet exercice du métier : l'activité a-t-elle dégagé un surplus, ce dernier s'est-il ou non traduit par la création de liquidités ? La troisième étape valide les choix de financement et la rémunération des apporteurs de capitaux.

L'objectif de l'analyse financière sera de mesurer l'évolution de la performance de l'entreprise, c'est-à-dire l'évolution conjointe du risque (volatilité de l'activité, vitesse de la croissance, volatilité des résultats) et de la rentabilité (capacité du métier à dégager un surplus, capacité d'assurer la rémunération adéquate des apporteurs de capitaux).

Une entreprise n'étant pas une unité isolée dans une économie, l'analyse financière, et donc une véritable mesure du risque et de la rentabilité, ne pourra se faire, d'une part sans prendre en compte les éléments macro-économiques, conjoncturels ou non, ayant une influence sur son activité et, d'autre part sans exercer de comparaisons par rapport aux entreprises de son même secteur économique, y compris sur le plan stratégique (notion d'avantage concurrentiel).

L'analyse de l'activité

Comme il n'y a pas d'entreprise sans chiffre d'affaires, la première étape de toute analyse du passé comme du futur d'une entreprise porte sur les composantes de ses ventes : évolution globale, par produits, à l'exportation, en volume.

La réalisation de cette activité est le fruit de la mise en œuvre de l'**actif économique** *(Capital Employed)*, ensemble des emplois mobilisés :

– les **immobilisations** *(Fixed Assets)* : incorporelles (brevets...), corporelles (immeubles, matériel...) et financières (participations). L'évolution des immobilisations brutes (avant amortissement, c'est-à-dire prise en compte de la dépréciation) mesure la politique d'investissements de l'entreprise qui peut être mesurée en pourcentage du chiffre d'affaires ;

– le **besoin financier de l'exploitation** *(Working Capital)* qui mesure l'immobilisation de capitaux générée par l'exploitation. En effet, toute entreprise « gèle » des capitaux dans ses stocks (matières premières, marchandises...), dans le crédit qu'elle accorde à ses clients (faire un crédit signifie que l'argent ne rentre pas) : cela constitue des **actifs d'exploitation**. Par contre, elle peut bénéficier de délais de paiement par ses fournisseurs, cela lui évite de sortir immédiatement de l'argent ; ainsi, les **dettes d'exploitation** sont une aide au financement. Le besoin financier d'exploitation représente la différence entre les actifs et les dettes d'exploitation. S'il croît plus vite que le chiffre d'affaires, cela signifie une plus forte immobilisation de capitaux dans l'exploitation et peut être considéré comme un signe de moins bonne gestion. Dans ce cas, il est possible d'étudier des **ratios de rotation** qui mesurent la durée de la détention des stocks, la durée du crédit accordé aux clients et des délais de paiement accordés par les fournisseurs.

L'analyse des choix économiques

Pour réaliser l'analyse des choix économiques, les analystes financiers vont utiliser les **soldes intermédiaires de gestion** qui mettent en évidence la manière dont la valeur de la production est répartie entre tous les partenaires économiques. Dans un diagnostic financier, les soldes intermédiaires de gestion sont analysés en pourcentage du chiffre d'affaires, sur plusieurs années.

L'analyse des choix économiques se décompose en une analyse de la rentabilité et de la liquidité.

• Analyse de la rentabilité économique *(Return On Capital Employed)*

Celle-ci est constituée par l'analyse des soldes intermédiaires de gestion depuis la production jusqu'à l'excédent brut d'exploitation.

Le premier indicateur clé est la **valeur ajoutée** de l'entreprise. Elle représente la capacité de l'entreprise à ajouter de la valeur à l'ensemble des matières premières, marchandises, services qu'elle a achetés. Du niveau de la valeur ajoutée dépendra la rémunération des salariés, des fournisseurs de capitaux et les prélèvements de l'État. L'étude de la répartition de la valeur ajoutée permet de voir comment l'entreprise répartit la richesse qu'elle crée. Ainsi, un ratio « Frais de personnel/Valeur ajoutée » qui dépasserait les 80 % serait considéré comme dangereux, car compromettant la rémunération des fournisseurs de capitaux.

L'**excédent brut d'exploitation** est le surplus dégagé par l'entreprise avant toute décision de financement et de prise en compte de la dépréciation de l'outil de production. C'est un indicateur autorisant de nombreuses comparaisons entre entreprises d'un même secteur. Il permet de calculer une **rentabilité économique brute** :

Reb = EBE / Actif économique brut

Il est possible aussi de calculer une **rentabilité économique nette** ***(ROCE)*** :

Ren = Résultat d'exploitation (ou excédent net d'exploitation) / Actif économique net

Brute ou nette, la rentabilité peut être décomposée en deux ratios :

$$\text{Re} = \frac{\text{Excédent d'exploitation}}{\text{Chiffre d'affaires}} \times \frac{\text{Chiffre d'affaires}}{\text{Actif économique}}$$

Le premier ratio est un **taux de marge économique** *(Net Operating Margin)* montrant quel est le surplus économique (net ou brut) dégagé par un franc de chiffre d'affaires, et le second est un **ratio de rotation de l'actif économique** *(Assets Turnover)* montrant combien de francs de chiffre d'affaires sont dégagés par un franc d'actif économique.

• La liquidité d'origine économique

Une entreprise peut être rentable, faut-il encore qu'elle soit liquide ! Rien ne sert de faire du chiffre d'affaires si les clients ne paient pas ou que très tardivement. La **liquidité** dégagée par l'activité économique se calcule ainsi :

+ Résultat d'exploitation *(Operating Margin)* ×
  (1 – taux d'imposition des bénéfices)
+ Dotations aux amortissements et provisions *(Depreciation and Amortization)*
– Reprises sur amortissements et provisions
– Variation du besoin financier d'exploitation *(Increase in Working Capital)*
= **Flux d'exploitation ou cash opérationnel**
  (Net Cash Flow from Operating Activities)

L'étude de ces différents points sur trois ou quatre ans permet de voir où le métier de l'entreprise a consommé ou dégagé de la liquidité avant prise en compte de sa politique d'investissement et de financement.

La politique d'investissement de l'entreprise est elle aussi directement liée à l'exercice du métier, mais elle fait l'objet d'une étude spécifique.

+ Investissements en immobilisations *(Capital Expenditures)*
– Flux sur cessions d'immobilisations nets d'impôts
= Flux d'investissement *(Cash from Financing Activities)*

Il est évident que la confrontation du flux d'exploitation et du flux d'investissement permet de mettre en évidence la capacité d'une entreprise à s'autofinancer. Cette confrontation fait beaucoup de sens pour les PME dans la mesure où ces entreprises préfèrent généralement s'autofinancer plutôt que de recourir à des financements extérieurs (sous forme de prêts ou d'augmentations de capital). Elle en fait normalement beaucoup moins pour les grandes entreprises, souvent cotées sur les marchés financiers, ayant un accès facilité à toutes les sources possibles de financement. Ces dernières auront la possibilité de dissocier leurs choix de financement de leur politique d'investissement. Elles chercheront à minimiser le coût global des ressources utilisées par l'entreprise.

L'analyse des choix financiers

Elle se divise en l'étude de la rentabilité financière et de la liquidité financière.

• La rentabilité financière *(Return on Equity)*

L'étude de la rentabilité financière a pour objectif de mesurer l'évolution de la rémunération des apporteurs de capitaux. Dans un premier temps, est mesuré le poids des frais financiers par rapport au chiffre d'affaires, une norme de prudence étant que le ratio « frais financiers/chiffre d'affaires » reste inférieur à 5-7 %.

La rentabilité des actionnaires peut se mesurer par le rapport « résultat net / chiffre d'affaires », le ratio « résultat net/capitaux propres ». La signification de ces ratios est très limitée par l'existence du résultat exceptionnel et d'éventuels choix fiscaux. Pour une meilleure analyse, est calculée une **rentabilité des fonds propres** (Rfp) :

$$Rfp = (1 - s)\ (Ren + (Ren - i) \times (D/FP))$$

La rentabilité des fonds propres sera fonction de la **rentabilité économique nette**. Celle-ci peut être améliorée par l'effet de levier : si des dettes qui coûtent i % rapportent Ren, et si Ren > i, alors le surplus (Re – i) bénéficie directement aux détenteurs des fonds propres. Le différentiel Re – i aura d'autant plus d'effet que le rapport Dettes/Fonds propres (D/FP) sera élevé. Il est clair que si Ren < i, c'est le contraire qui se produira et les actionnaires verront diminuer le niveau de rentabilité économique nette qu'ils auraient pu s'approprier s'il n'y avait pas eu de dettes.

• La liquidité financière

Au cours d'un exercice, les dirigeants des sociétés ont pris des décisions financières qui ont engendré des flux d'origine financière :

+ Variation des dettes financières *(Increase / Decrease in Financial Debts)*
– Charges financières *(Interests Charges)*
– Économies d'impôt liées aux charges financières
–/+ Variation des créances et dettes hors exploitation
+/– Augmentation/réduction de capital *(Increase/Decrease in Equity)*
– Dividendes versés *(Dividend)*
= Flux de financement *(Cash Flow from Financing Activities)*

Ce flux de financement, étudié sur plusieurs années, donnera une image précise de la politique de financement de l'entreprise. Les différentes catégories de flux constituent un ensemble. Cet ensemble explique les variations de trésorerie de l'entreprise d'une année sur l'autre. À travers le temps, il permet aussi de mieux comprendre la manière dont les équilibres financiers se sont modifiés dans une entreprise. Par exemple, l'impact du lancement d'une nouvelle activité engendre souvent une augmentation des besoins en capitaux extérieurs. À maturité, cette activité normalement rentable peut permettre par les liquidités d'exploitation qu'elle dégage de réduire l'endettement de l'entreprise ou éventuellement de participer au financement d'une nouvelle activité.

Les soldes intermédiaires de gestion

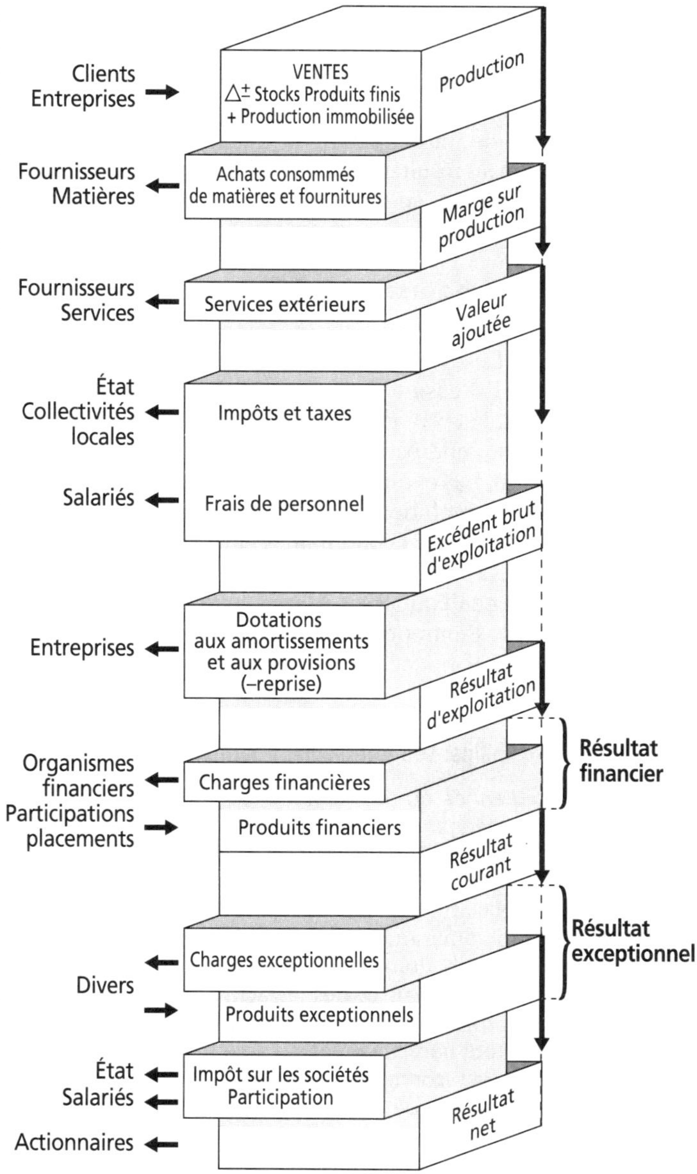

Les choix financiers ayant été mis en évidence et expliqués, l'analyse financière se poursuit avec l'étude de ratios financiers. Le premier est le **taux d'endettement** (dettes financières/fonds propres) dont l'élévation rapide au-dessus de 1 commence à inquiéter les banquiers. Le second ratio financier mesure la **capacité de remboursement de l'entreprise** par le rapport « dettes financières/capacité de financement », la capacité de financement pouvant se définir schématiquement par l'addition au résultat net des dotations aux amortissements et aux provisions. Quand ce ratio dépasse un niveau compris entre 5 et 7, cela est communément jugé comme facteur de risque élevé.

• La rentabilité boursière

L'analyse financière des sociétés cotées se poursuit avec des indicateurs boursiers. Les premiers sont la croissance du cours et des dividendes versés. Est ensuite analysée l'évolution du bénéfice (soit résultat net, soit résultat courant après un impôt théorique) par action ; confrontée au cours, elle permet d'étudier les variations du *Price Earning Ratio* (Per). Les évolutions de ces indicateurs boursiers sont à confronter avec les évolutions constatées (ou prévisibles) des indicateurs d'activité, de choix économiques et financiers. Les données boursières sont ainsi passées au crible des variables fondamentales de la vie financière de l'entreprise. Marier cette démarche à une analyse de la valeur de l'entreprise revient à réaliser une analyse fondamentale de cet actif financier qu'est une entreprise.

Philips : Le redressement permanent ?

« 1999 a été l'année du redressement de toutes les activités de l'électronicien néerlandais » (*les Échos*, vendredi 18 et samedi 19 février 2000). Avec un CAHT de 31,5 milliards d'euros et un résultat net de 1,8 milliard d'euros, Philips affiche une performance supérieure à celle attendue par la plupart des analystes financiers. Ce résultat global masque certes des réalités diverses selon les métiers du groupe (luminaires, semi-conducteurs, terminaux téléphoniques etc.), mais toutes les activités ont amélioré leur niveau de performance économique. La communication financière de Philips met tout particulièrement l'accent sur le bond en avant des activités « semi-conducteurs » (+ 18 % de CAHT) présentées comme l'axe stratégique de développement du groupe depuis deux ans. La performance spectaculaire de la filiale PCC spécialisée dans les terminaux téléphoniques, après une joint-

venture peu concluante avec le groupe américain Lucent l'année dernière participe aussi largement au redressement financier global.

Outre ces éléments, le groupe Philips récolte aussi les fruits d'une politique draconienne de réduction de l'actif économique ainsi que d'une politique globale de recentrage de ses activités. Le nombre d'usines est passé de 226 à 203 en 1999 et il devrait encore diminuer pour atteindre le seuil de 170 en 2001. Philips délocalise aussi certaines de ses activités en Asie et dans les pays d'Europe centrale.

Cette nouvelle vague de restructuration des activités renforce les résultats acquis par les plans « centurions » du début des années 90, lesquels avaient déjà conduit à une meilleure gestion des coûts et à une rationalisation de la gestion du besoin financier d'exploitation.

Les marchés financiers ont accueilli très favorablement les résultats 1999 et le cours de l'action est monté au niveau de 180 euros environ. Les investisseurs semblent avoir d'autant mieux réagi que le recentrage des activités du groupe offre désormais une meilleure lisibilité des performances. « *Nous allons continuer à nous concentrer sur le portefeuille en nous désengageant des activités annexes* », indique le PDG Cor Boonstra. La vente de Polygram au canadien Seagram en 1998, largement médiatisée, illustrait déjà cette volonté.

Nul doute aussi que cette politique de cession, en dégageant des liquidités, peut permettre de renforcer la politique d'investissement du groupe dans ses activités stratégiques sans remettre en cause les équilibres financiers de Philips. Le niveau d'endettement du groupe reste d'ailleurs très raisonnable avec un rapport dettes financières sur fonds propres très inférieur à 1 en 1999 malgré une année marquée par des investissements massifs.

lire aussi **Endettement - Entreprise (valeur de l')**

AUTORITÉS BOURSIÈRES

Le fonctionnement de la totalité des marchés financiers du monde se fait autour de quatre types d'autorités, dont les fonctions sont d'assurer le maximum d'efficience. La loi de modernisation des activités financières du 2 juillet 1996 a modifié sensiblement le dispositif d'encadrement des marchés financiers français.

La direction du marché

- **L'autorité de tutelle ou le gendarme du marché**

Un marché financier organisé est contrôlé par une autorité de tutelle qui a pour mission d'assurer la sécurité et la transparence des opérations : elle surveille le fonctionnement du marché et la diffusion de l'information. Elle fait en sorte qu'il y ait égalité entre tous les intervenants sur le marché, tant au niveau du fonctionnement que de la disponibilité de l'information. Elle empêchera (ou prendra les mesures nécessaires pour empêcher) l'apparition de distorsions entre les petits intervenants et les autres, la diffusion d'informations inexactes destinées à tromper le marché ou la conservation par certains d'informations privilégiées (réglementation du délit d'initié). Pour cela, elle proposera ou édictera des modifications de lois et de règlements, dont elle pourra surveiller l'application grâce à un pouvoir d'enquête.

La première autorité de tutelle a été la ***Securities Exchange Commission*** **(SEC)**, créée aux États-Unis, après le krach de 1929.

En France, l'autorité de tutelle est la **Commission des opérations de bourse (COB)**. Elle est désormais chargée « de veiller à la protection de l'épargne investie en valeurs mobilières ou tous autres placements donnant lieu à appel public à l'épargne, à l'information des investisseurs et au bon fonctionnement des marchés de valeurs mobilières, de produits financiers cotés ou de contrats à terme négociables »

(*Dictionnaire permanent Épargne et produits financiers*). Depuis 1985, la COB est financée par les utilisateurs de ses services : elle perçoit des redevances payées par les agents ayant besoin de ses services. Ses pouvoirs ont été accrus par la loi du 2 août 1989 sur la sécurité et la transparence du marché et par la loi de modernisation des activités financières de 1996 qui lui a reconnu la qualité d'autorité administrative indépendante.

Lors de toute opération financière (augmentation de capital, nouvel emprunt obligataire, offre publique...), la COB appose son visa sur les documents publiés pour signifier que toutes les obligations légales ont été respectées. Attention : le visa de la COB n'est pas un jugement sur la politique financière de la société qui l'obtient et ne peut être considéré comme une approbation.

La COB possède cinq types de pouvoirs. Elle peut réglementer, ordonner à tout agent économique de mettre fin à des pratiques qu'elle juge néfastes pour le marché (pouvoir d'injonction), et enquêter. Elle a également un pouvoir juridictionnel puisqu'elle peut recevoir des plaintes, pouvoir auquel il faut ajouter un pouvoir de sanction.

La COB travaille également en étroite relation avec les « gendarmes » d'autres nations : ainsi des procédures communes ont été définies avec son homologue américain, la SEC *(Securities Exchange Commission)*.

• Les autorités de marché

Leur rôle sur un marché financier est de réglementer et de surveiller les transactions. En ce qui concerne les marchés français, trois organismes ont été créés.

La compétence du **Comité de la réglementation bancaire et financière (CRBF)**, présidé par le ministre de l'Économie des Finances et de l'Industrie, relève des domaines suivants : conditions générales d'exercice de l'activité bancaire, caractéristiques des opérations des établissements de crédit, normes comptables et règles de gestion de tous les prestataires de services d'investissement, instruments de la politique de crédit.

Les établissements de crédit et les entreprises d'investissement, en dehors des sociétés spécialisées dans la gestion de portefeuille, doivent demander leur agrément au **Comité des établissements de crédit et des entreprises d'investissement (CECEI)**, présidé par le Gouverneur de la Banque de France.

Sur le marché des actions, des obligations, et sur les marchés à terme de France, les règles de bonne conduite applicables sur les marchés sont issues du **Conseil des marchés financiers (CMF)**, organisme professionnel issu des précédents Conseil des Bourses de Valeurs (CBV) et Conseil des marchés à terme (CMT). Le CMF réglemente le fonctionnement des marchés, décide de l'admission et de la radiation des sociétés de la Cote officielle et prend les mesures adéquates en cas d'évènement exceptionnel (suspension des cotations, recevabilité des offres publiques). Par ailleurs, le CMF est l'autorité de tutelle des sociétés de Bourse, dont il contrôle l'agrément, les modifications du capital, et le personnel. Le CMF contrôle également tous les professionnels qui ne sont pas membres de sociétés de Bourse. Il dispose d'un pouvoir de sanction.

Le fonctionnement du marché

• Les autorités financières

Elles reçoivent leur pouvoir par délégation des autorités de marché, qui les chargent de l'organisation et du contrôle matériel des marchés, ainsi que des opérations de compensation. Cette dernière consiste à confronter les demandes d'achat et de vente des actifs financiers. Tous les marchés modernes se sont dotés d'une **chambre de compensation (*Clearing House*)** afin d'améliorer l'efficacité du marché :

– en assurant le marché contre la défaillance d'un acheteur ou d'un vendeur ;

– en annulant le risque de défaillances en cascade des différents intervenants ;

– en étant l'unique interlocuteur final de tous les intervenants sur le marché.

Ce rôle est rempli en France depuis le premier juin 1999 par ParisBourse SBF SA. Cette société réunit toutes les activités de marché. Elle contrôle par ailleurs deux filiales : Clearnet SBF SA pour la compensation et la garantie, Euronext SBF SA pour la technologie. ParisBourse SBF SA possède presque 2 milliards de francs de fonds propres.

ParisBourse SBF SA assure la surveillance matérielle des transactions, fixe les règles de cotation, décide de la suspension effective des cotations et des niveaux de réduction des ordres. ParisBourse

SBF SA est chargée de l'enregistrement des cours et de la communication des informations.

Au premier janvier 1998, le groupe SBF regroupait déjà les quatre entreprises de marché françaises : SBF, Matif SA, Monep SA, Société du Nouveau marché. Le premier janvier 1999, le Premier marché, le Matif, le Monep et le Nouveau marché étaient encore gérés par ces quatre entreprises filiales à 100 % de ParisBourse SBF SA, laquelle a procédé à cette date à leur absorption.

La restructuration des anciennes autorités étant assurée au sein de cette nouvelle organisation, ParisBourse SBF SA regroupe dorénavant toutes les fonctions de négociations de dérivés (options et produits à terme), de marchandises et évidemment d'actions (Premier, Second, Nouveau marchés). Les règlements, identités, structure de *membership* de chaque marché seront maintenus et des centres de responsabilité et de développement par marché seront établis.

• Les autorités de négociation

Ce sont les professionnels par lesquels il est obligatoire de passer pour accéder à un marché financier. Ces intervenants sont amenés à exercer trois métiers :

– la négociation des titres, c'est-à-dire la réalisation des ordres d'achat et de vente ;

– la compensation afin d'assurer que la circulation des flux financiers et des titres réalise la bonne fin des opérations boursières ;

– la conservation qui consiste en la tenue des comptes des clients ouverts auprès d'un organisme centralisateur et ce afin d'assurer le suivi et la sécurité du patrimoine des investisseurs. En France, cet organisme est la **SICOVAM (Société interprofessionnelle de compensation des valeurs mobilières)**.

Sur le marché français des actions et des obligations, ces métiers sont assurés par les **sociétés de bourse**. Ce sont des sociétés commerciales qui ne sont pas de simples courtiers, mais plutôt des agents dont la fonction est d'assurer la plus grande liquidité possible du marché. On distingue :

– les « **négociateurs purs** » qui ne réalisent aucune opération de compensation et qui peuvent même ne pas être teneurs de compte (« négociateur pur non teneur de compte ») ;

– les « **négociateurs compensateurs pour compte propre** » : ce sont des sociétés de bourse qui négocient les valeurs mobilières et ne participent à la compensation que pour leurs clients ou pour elle-même ;

– les « **négociateurs-compensateurs pour d'autres négociateurs** » assurent en plus de la négociation et de la compensation de ses propres activités celle des négociateurs ;

– les « **compensateurs pour d'autres négociateurs** » sont des sociétés de bourse ne faisant que de la compensation.

Pour exercer ces différents métiers, les sociétés de bourse doivent répondre à des obligations légales et à des dotations minimales en fonds propres.

Les sociétés de bourse peuvent également être autorisées à réaliser des opérations de **contrepartie**. On distingue tout d'abord la contrepartie dite en régularisation de marché. Elle est effectuée par une société de bourse désignée comme spécialiste de la valeur et cela ne concerne que les valeurs du Règlement mensuel. Intervenir pendant la séance de Bourse revient à réguler le marché de manière à assurer la liquidité du marché et la continuité des transactions.

Ensuite, il existe, sur le marché français des actions, une contrepartie « qui consiste pour un intermédiaire à acheter ou à vendre des titres pour son propre compte, soit pendant la séance de bourse sur le marché, soit hors séance de bourse à un autre intermédiaire ou à un client » (*Dictionnaire permanent Épargne et produits financiers*). Toutes les valeurs de la Cote officielle et du Second marché peuvent faire l'objet de cette contrepartie, qui ne s'apparentent pas exactement à une activité de teneurs de marché (***Market Makers***), qui doivent en permanence offrir des prix d'achat et de vente sur les valeurs mobilières traitées. Cette activité de **terme de marché** (***market making***) est très présente sur les marchés anglo-saxons.

Les activités de contrepartie sont très sévèrement surveillées et réglementées et existent aussi sur les obligations.

Sur le Monep, les autorités de négociation recouvrent les catégories suivantes d'agents : les adhérents compensateurs (sociétés de bourse et des établissements bancaires agréés), les négociateurs ou courtiers, et les commis négociateurs.

Sur le Matif, elles comprennent : les adhérents compensateurs généraux, les adhérents compensateurs individuels, les négociateurs-courtiers et les **négociateurs individuels de parquet** (**NIP**). Les NIP sont des personnes physiques, parrainées par des adhérents compensateurs, qui interviennent sur le marché pour leur propre compte. Leur présence, et leurs opérations spéculatives, a pour fonction d'améliorer la liquidité, et donc l'efficacité du marché.

Sur les marchés à terme de marchandises, interviennent des intermédiaires en marchandises agréés par le CMT.

Enfin, sur le Matif et le Monep, interviennent des adhérents teneurs de marché, dont le rôle est de proposer de manière permanente une fourchette de prix d'achat et de vente d'un contrat et de s'engager à la respecter (*Market Making*). Ce statut est incompatible avec celui de négociateur-courtier.

lire aussi **Cotation - Matif - Monep - Marché boursier français**

BOURSE (INTRODUCTION EN)

Créé en 1983, le Second marché permet à fin 1999 la cotation de 372 sociétés, dont 33 introduites sur cette même année. En 1996, le Nouveau marché a été créé afin de faciliter l'accès des PME à fort taux de croissance au marché financier. Presque quatre ans plus tard, au 31 décembre 1999, 111 sociétés dont 7 étrangères se sont introduites sur ce marché, en mettant en vente ou en émettant des actions destinées au grand public.

Pourquoi s'introduire en Bourse ?

Une entreprise ne peut être introduite sur le marché boursier que si elle a la forme juridique d'une société anonyme, les cas d'introduction en Bourse sous forme de société en commandite par actions étant extrêmement rares. L'introduction en bourse est une opération risquée, modifiant fortement l'environnement financier de la firme et dont les objectifs peuvent être multiples.

• Les contraintes liées à l'introduction en Bourse

Introduire son entreprise en Bourse revient à la rendre ouverte, à diversifier son actionnariat et à accepter une plus grande transparence de l'information. C'est ce qui apparaît dans les conditions fixées par les autorités des marchés boursiers français :

– diffuser au minimum 10 % de son capital social pour une introduction sur le Second marché, 20 % sur le Nouveau marché, ou 25 % sur la Cote officielle. Il n'y a aucune limite pour une inscription (et non une introduction) sur le Marché Libre ;

– mettre à la disposition du public un minimum de 800 000 titres pour la Cote officielle et de 400 000 pour le Second marché, 100000 titres sur le Nouveau marché.

– présenter trois bilans audités par les autorités de marché (introduction à la Cote officielle) ou s'engager à le faire dans les trois ans pour une introduction au Second marché ;

– s'engager à respecter les normes de communication financière. Celles-ci sont plus strictes pour la Cote officielle que pour le Second marché, notamment en terme de fréquence de publication.

Le Nouveau marché présente enfin des critères d'admission spécifiques : une augmentation de capital doit être effectuée et doit représenter 50 % de la totalité des capitaux levés à l'introduction, le montant à diffuser dans le public est au minimum de 5 millions d'euros, les fonds propres doivent dépasser le seuil de 1,5 million d'euros.

Le respect des conditions générales d'admission montre qu'une introduction en Bourse implique :

– une plus grande hétérogénéité de l'actionnariat, donc un problème potentiel de gestion du pouvoir et d'information des actionnaires ;

– une acceptation de communiquer sur son activité, ses résultats et sa stratégie. Cela est nécessaire à la bonne évaluation de l'action, mais cela a un coût et conduit également à informer les concurrents.

• Les objectifs de l'introduction en Bourse

Quels peuvent être les objectifs des dirigeants d'une entreprise, plus exactement de ses propriétaires, pour décider de mettre leur société sur le marché financier et d'en accepter les contraintes ? Plusieurs critères sont possibles :

– critères personnels aux dirigeants : assurer ou faciliter la transmission de l'entreprise, terminer en beauté un parcours industriel, réaliser une partie des plus-values retenues dans l'entreprise ;

– critères d'ordre stratégique et commercial : développer la notoriété de l'entreprise, et des projets d'acquisition de sociétés ;

– critères financiers : trouver de nouvelles sources de financement, bénéficier de financements moins chers, réduire son endettement, financer la croissance.

Gérer l'introduction en Bourse

L'introduction en Bourse se matérialise le jour où les titres de l'entreprise sont cotés, c'est-à-dire lorsqu'un prix d'équilibre a été obtenu en confrontant l'offre de titres à la demande. Cela demande une préparation minutieuse et l'équilibre n'est pas toujours facile à obtenir.

• L'introduction en Bourse ne s'improvise pas

Mettre une entreprise sur le marché financier nécessite qu'elle puisse fournir une image claire de son activité et de son organisation. Cela conduit à plusieurs opérations de « nettoyage » et d'ajustement. En effet, au cours de leur existence préalable, les sociétés ont pu réaliser des acquisitions d'autres entreprises, conserver des biens qu'elles utilisent peu, adopter des structures juridiques adéquates pour une entreprise au capital fermé et dirigée majoritairement par son ou ses propriétaire(s). Il sera donc peut-être nécessaire de modifier les statuts (par exemple des clauses d'agrément des nouveaux actionnaires), ajuster les relations financières (diminuer le nombre de filiales ou de sociétés civiles immobilières), et présenter un « beau » bilan (suppression des actifs inutiles, intégration des réserves dans le capital social). Mais l'introduction en Bourse peut aussi être l'occasion d'intéresser et de motiver le personnel, non seulement sur le plan financier (en lui permettant d'accéder à des conditions avantageuses au capital), mais aussi sur le plan de l'information sur la stratégie et les résultats de l'entreprise.

Pour que l'introduction puisse atteindre les objectifs qui lui sont assignés, il faut donc qu'elle soit minutieusement préparée. Pour cela, l'entreprise est soutenue par une banque et une société de bourse, qui interviendront dans la phase finale de l'accession au marché, la publicité et les rapports avec les milieux financiers. Introduire une entreprise en bourse demande plusieurs étapes. Ainsi sur le Second marché on distingue cinq phases :

– une première période, dite de **procédure privée**, débute au moins deux ans, en général, avant l'introduction. Son objectif est de réaliser les études de faisabilité, de rédiger les contrats avec les partenaires financiers et de commencer à se préparer pour le dossier officiel ;

– une deuxième période, dite de **procédure officielle**, s'échelonne entre 6-7 mois et un mois avant l'introduction. Il y avancement des dossiers techniques et développement des contacts avec la Société des bourses françaises et la Commission des opérations de Bourse. La demande officielle est faite et cette période se termine par l'obtention du visa de la COB et la rédaction des textes officiels. L'objectif de cette étape est de finaliser et de construire une offre crédible ;

– un mois avant l'introduction, il y a parution des informations légales. C'est l'étape de la **publicité légale**.Commence en même temps la publicité dans la presse financière. C'est une période que nous qualifierons de **marketing boursier**. C'est celle où l'entreprise, sa banque et sa société de bourse vont développer les échanges avec toutes les composantes des milieux financiers : journalistes, gestionnaires d'OPCVM, professionnels boursiers, petits épargnants... L'objectif est de constituer une demande pour les titres qui seront mis sur le marché ;

– enfin, c'est le jour J, le jour de l'introduction, où se confronteront pour la première fois l'offre et la demande de titres. Le souhait des actionnaires initiaux, de la banque et de la société de bourse est de pouvoir coter à un cours rémunérant correctement les actions cédées. Celui-ci doit se rapprocher le plus possible du cours indicatif d'introduction, déterminé par l'entreprise et ses conseils. Le marché acceptera-t-il ce prix ? Il peut le contester de deux manières. Premièrement, en considérant qu'il est trop bas, et en demandant un nombre de titres très excessif par rapport aux titres offerts. Cette situation, très fréquente sur le Second marché français, peut conduire à une modification du prix d'offre, à un changement de technique d'introduction *(cf. ci-après)* et à reporter l'introduction de plusieurs jours. Deuxièmement, le marché peut refuser la proposition de l'entreprise et de ses conseils en demandant moins de titres qu'il n'en ait offert. Cela est critique pour l'avenir boursier de l'entreprise. Cette situation est actuellement rarissime ;

– après la première journée de cotation, commence la période d'acclimatation, pendant laquelle le titre va créer son propre marché. L'objectif est d'obtenir un volume régulier de transactions quotidiennes. Afin de maintenir un degré satisfaisant de liquidité, l'entreprise pourra signer avec sa société de bourse un **contrat d'animation**, contrat par lequel ce partenaire s'engage à proposer en permanence une fourchette de prix à l'intérieur de laquelle il s'engage à acheter ou à vendre les titres demandés ou offerts. C'est après un trimestre, en fonction des variations de cours, du volume des transactions, que les professionnels boursiers et l'entreprise apprécieront l'échec ou la réussite à court terme de l'introduction.

• Les techniques d'introduction en Bourse

Trois procédures principales existent pour introduire une entreprise à la Cote officielle ou au Second marché :

– la **procédure ordinaire** s'applique lorsque les titres introduits sont déjà cotés sur un compartiment de la Cote. Elle est appliquée pour toute nouvelle action émise lors d'une augmentation de capital, d'une conversion d'obligation. Elle est également appliquée pour toute société qui passe du Second marché à la Cote officielle. Elle concerne également le transfert du Hors-cote au Second marché. Cette façon de faire permet une acclimatation douce au marché financier. En effet, l'inscription au Hors-cote se fait quel que soit le pourcentage de titres cédés dans le public. Il est donc possible pour les actionnaires de l'entreprise de céder des titres petit à petit et une fois dépassés les 10 % requis par le Second marché demander la cotation sur ce compartiment, au dernier cours coté sur le Hors-cote ;

– la **procédure de mise en vente** est fondée sur la détermination d'un **prix d'offre** qui est le prix minimum auquel les actionnaires sont prêts à céder une quantité annoncée de titres. Le jour de l'introduction, tous les ordres d'achat doivent être assortis d'une limite, qui doit être raisonnable par rapport au prix d'offre. La SBF-Bourse de Paris se réserve le droit d'annuler les ordres extravagants qui sont en réalité des ordres au mieux déguisés. Afin de créer un marché de la valeur, les titres offerts ne seront attribués que pour 25 % aux meilleures demandes, le reste est attribué aux autres demandes, elles-mêmes divisées en séries et servies selon un pourcentage. La quantité des ordres d'achat peut être telle que les demandes peuvent être réduites, le coefficient de réduction ne pouvant être inférieur à 6 %. Si la demande est telle que ce coefficient ne peut être respecté, l'introduction peut être reportée à une date ultérieure et une autre méthode d'introduction utilisée ;

– l'**offre publique de vente (OPV)**, généralement utilisée quand la demande de titres est très supérieure à l'offre, impose au marché un prix définitif. En contrepartie de ce prix inchangeable et irrévocable, les ordres d'achat seront servis en fonction d'un coefficient de réduction pouvant aller jusqu'à 0,8 %. Dans des conditions très précises, l'OPV peut être sélective : plusieurs catégories de titres sont créées et attribuées à différentes catégories d'investisseurs. Cette méthode a été utilisée lors de la vague de privatisations françaises de 1986-87.

Admissions	1991	1992	1993	1994	1995	1996	1997	1998	1999
Cote officielle	10	5	5	9	6	5	6	12	13
(dont transferts)	3	2	3	5	3	3	2	5	4
Second marché	13	9	10	34	20	33	44	74	37
Nouveau marché	–	–	–	–	–	16	18	41	32

Source : ParisBourse SA

Les titres mis sur le marché lors de l'introduction peuvent faire l'objet d'un **préplacement garanti** avant l'introduction, réalisé par une ou plusieurs institutions financières, les titres étant diffusés dans le public par la suite. Le préplacement peut également être sélectif, ce qui revient à réserver une certaine quantité de titres à certains investisseurs.

Sur le Nouveau marché, la diffusion des titres au public peut faire l'objet d'un **placement préalable**, les actions étant discrétionnairement allouées à des investisseurs préalablement démarchés. Dans ce cas, deux techniques d'introduction sont possibles : une « **cotation directe** » si tous les titres ont été préplacés ou une **offre à prix ferme (OPF)** si le préplacement a été partiel. Dans une OPF, les titres sont cédés à un prix ferme et définitif et aucune variation n'est possible. L'OPF est également utilisable quand il n'y a pas de préplacement. Dans ce contexte, peut être mise en œuvre la procédure dite d'**offre à prix minimal** : la société émettrice et l'introducteur font connaître le nombre de titres à diffuser et le niveau de prix au-dessous duquel l'opération n'aura pas lieu.

lire aussi

Actif financier - Bourse (rôle de la) - Marché boursier français

BOURSE (RÔLE DE LA)

Le général de Gaulle avait décrété que « la politique de la France ne se faisait pas à la Corbeille » (ancien lieu de transaction des principales actions françaises). Un Premier ministre français, Édith Cresson, avait également affirmé qu'elle « n'avait rien à cirer » de la Bourse. Or, celle-ci n'est pas un simple lieu de spéculation, elle contribue aussi à l'allocation des ressources financières.

La Bourse : lieu de rencontre entre une offre et une demande

Le marché des capitaux, lieu de rencontre de l'offre et de la demande de capitaux, est composé d'un **marché primaire** (émission des nouveaux actifs financiers mobilisant l'épargne) et d'un **marché secondaire** (lieu d'échange des actifs financiers déjà émis).

• Les risques du marché primaire

Du bon fonctionnement du marché primaire dépend la vitalité d'une économie, puisqu'il répond aux besoins des unités économiques qui en sont le moteur. Ces besoins sont à long terme : une entreprise qui modernise ou accroît ses capacités de production n'en recueille pas immédiatement les fruits. Il lui est donc nécessaire de pouvoir disposer des moyens de financement sur plusieurs années. Cette réalité financière est une contrainte pour les épargnants prêts à acheter des titres. En effet, elle peut devenir un « piège d'argent », où les actions représentent un capital à jamais immobilisé et les obligations des fonds en général disponibles seulement à la fin de l'emprunt. Or, tout épargnant peut avoir des problèmes financiers l'obligeant à se séparer de ses titres : il a donc un besoin **potentiel de liquidité**.

À celui-ci s'ajoute un **besoin de mobilité du capital** : tout investisseur peut ne plus avoir confiance dans l'entreprise dont il est actionnaire, souhaiter investir dans une autre société potentiellement plus rentable, ou réaliser un autre placement. De ces deux besoins de liquidité et de mobilité naissent une offre et une demande de titres ; s'il n'était pas possible de les satisfaire, peu de gens oseraient s'engager sur le marché primaire. Ainsi, l'existence d'un marché confrontant efficacement l'offre et la demande de valeurs mobilières déjà émises est une condition impérative d'un financement sain d'une économie. Ce marché est la Bourse des valeurs mobilières, appelée marché secondaire, voire marché de l'occasion.

• La Bourse : un marché de l'occasion

La Bourse des valeurs mobilières est le lieu de rencontre des propriétaires de titres déjà émis et d'investisseurs souhaitant acquérir ces mêmes titres.

Les premiers sont mus par un désir de liquidité ou de mobilité de leur capital et les seconds sont à la recherche de valeurs qui leur garantiront un placement qu'ils jugent (et espèrent) capable d'atteindre les objectifs de performance qu'ils se sont fixés. De la santé et de l'efficacité du marché secondaire dépendra le bon fonctionnement du marché primaire : en effet, si aucune demande de titres ne se manifeste à la Bourse, cela signifie que de nombreux épargnants (qu'il s'agisse de sociétés ou de particuliers) n'ont plus confiance dans les valeurs mobilières pour sauvegarder ou accroître la valeur de leur capital. Qui donc, dans ces conditions, se hasarderait à émettre des titres nouveaux, qui donc oserait y souscrire ?

À l'inverse, une très bonne conjoncture boursière sera favorable au marché primaire. Supposons une forte demande sur les titres déjà émis. Cela indique, tout d'abord, une confiance des détenteurs de capitaux dans les valeurs mobilières. Cela permet aussi à un certain nombre d'investisseurs de vendre des titres : ils récupèrent ainsi des capitaux pour réinvestir dans des émissions primaires. Ces dernières étant facilitées par des capitaux disponibles, les entreprises n'hésiteront pas à émettre des titres pour financer leur croissance. Si celle-ci est bien gérée, tout laisse espérer une rémunération satisfaisante des titres, ce qui satisfera le marché secondaire. Celui-ci sera encore plus confiant, ce qui accroîtra la demande de valeurs mobilières.

La Bourse est donc un marché de l'occasion sans lequel le « neuf » aurait bien du mal à exister.

La Bourse : une histoire ancienne

Les bourses ne sont pas nées avec la révolution industrielle. « Il faut remonter bien avant l'ère chrétienne pour retrouver la trace des premiers marchés financiers. La bourse, en effet, est une invention des Romains. Les publicains, qui avaient obtenu de l'État l'exclusivité des adjudications pour la collecte des impôts, les embellissements de Rome, la construction des temples et grandes voies, les fournitures aux armées et les entreprises de transport, avaient constitué d'importantes sociétés en commandite par actions dont les parts se négociaient dans des basiliques construites à cet effet. Après l'écroulement de l'Empire romain, il fallut attendre le XIIIe siècle pour voir timidement réapparaître l'équivalent des bourses modernes. Jusque-là – et même après, jusqu'au XIXe siècle – les opérations de change, les négociations d'effets de commerce, toutes les affaires de banque et de Bourse se confondaient pratiquement en une seule activité.
En France, c'est en 1141 que, par lettres patentes, Louis VII implantait le change sur le Grand Pont, aujourd'hui Pont au Change. Les changeurs travaillaient à ciel ouvert sur de petits bancs de bois, d'où la banque devait plus tard tirer son nom.
La toute première société par actions fut créée aux alentours de 1250 : la Société des moulins du Basacle et du château de Toulouse. La première réglementation date de 1303, lorsque les changeurs obtinrent du prévôt de Paris l'exclusivité pour échanger les monnaies, alors innombrables.
Avec le début du capitalisme, au XVIe siècle, et la multiplication des sociétés, la nécessité d'une véritable Bourse apparut. La première vit le jour à Lyon, vers 1530. En 1572, un édit de Charles IX officialisait en quelque sorte la profession des "courretiers", ancêtres des agents de change actuels.
La Bourse, du nom d'un bourgeois de Bruges, Van den Burse, connaît à Paris, où elle s'installe, toutes les vicissitudes : d'abord sur le pont au Change, qui s'effondre et, reconstruit, brûle ; mais à travers une longue série de déménagements, qui la conduisent au Palais de Justice (dans la cour du Roi, à l'ombre de la Sainte Chapelle), à l'hôtel de Soissons, rue Quincampoix, place Vendôme, rue Vivienne dans l'ancien palais Mazarin, au Louvre, au Palais-Royal, à Notre-Dame-des-Victoires alors désaffectée. C'est le 3 novembre 1826 qu'elle s'installe enfin dans le palais, au bâtiment cerné d'un péristyle à soixante-six colonnes, que Napoléon 1er avait commandé pour son usage, dix-huit ans auparavant, à l'architecte Brongniart. »

Le Monde, 27 mars 1973.

Une bourse des valeurs est-elle utile ?

Poser cette question revient à s'interroger sur plusieurs points :

– La rencontre de l'offre et de la demande de capitaux à long terme n'est-elle possible que parce que la Bourse existe ?

– Sans une bourse des valeurs mobilières, est-ce qu'une économie peut aujourd'hui se financer ?

– N'est-il pas possible d'assurer la rencontre de l'investissement et de l'épargne par d'autres moyens que la Bourse ?

Lieu de confrontation de l'offre et de la demande de titres déjà émis, toute bourse des valeurs mobilières voit sa vie et ses mécanismes se développer autour de quatre rôles. En attirant l'épargne disponible (1er rôle), elle va dynamiser le marché financier, elle va permettre à des créateurs d'entreprises de diffuser le capital de leur société d'autant plus facilement que les premiers acheteurs pourront en trouver d'autres pour les relayer (2nd rôle). Les titres ainsi mis circulation peuvent, un jour ou l'autre, intéresser une entreprise, un groupe industriel ou financier qui veut se développer. Ainsi la Bourse va faciliter les cessions et les achats d'entreprises (3e rôle). Par ailleurs, quotidiennement, tous les médias nous informent sur le marché financier : « La Bourse baisse, tout va mal ! » ou au contraire « tout va bien, la Bourse monte » ; que signifient donc ces informations et dans quelle mesure la Bourse est-elle un baromètre fiable de l'économie ? (4e rôle).

• Attirer l'épargne

Comment ?

Cette première fonction d'une bourse des valeurs mobilières est liée aux besoins de **liquidité** (possibilité de transformer un capital en argent liquide) et de **mobilité** (possibilité de changer de placement). En offrant à tout épargnant et investisseur de satisfaire certains degrés de mobilité et de liquidité de leurs capitaux, la Bourse participe au financement de l'économie, puisqu'elle permet de mobiliser l'épargne avec plus de flexibilité. Comme marché secondaire, elle autorise aussi l'accès du grand public à des titres qui lui avaient échappé lors de leur émission, cela pour deux raisons. La première est la méconnaissance totale des besoins financiers. Qui savait, dans les années 50, que Gilbert Trigano, le fondateur du Club Méditerranée, recherchait des capitaux pour créer une entreprise ?

Seulement quelques banquiers et connaissances à qui il avait fait part de ses projets... La deuxième raison est que lorsqu'une entreprise est créée, bien peu de personnes savent lui faire confiance, les risques d'échec étant très élevés. Aussi ces derniers sont-ils en général assumés par les créateurs de l'entreprise et éventuellement des organismes financiers faisant du capital-risque. Cet accès du grand public dégage les investisseurs primaires qui peuvent ainsi participer à d'autres émissions.

Comme marché primaire, la Bourse facilite également le lancement d'opérations financières (augmentations de capital par émission d'actions nouvelles, emprunts obligataires...). En effet, une entreprise présente en Bourse est connue des milieux financiers et des épargnants, qui apprécient ses performances et ses capacités de réussite. En 1995, la bourse française a permis d'accroître les fonds propres (actions) des sociétés cotées de 36 milliards de francs et de lever pour 101 milliards d'obligations classiques.

La Bourse finance-t-elle l'économie ?

De 1960 à 1981, la Bourse n'a pas très bien joué son rôle de mobilisation de l'épargne, et ce, sous l'effet de trois phénomènes. Le premier est lié à la **politique d'autofinancement** des entreprises. Schématiquement, il faut savoir que les bénéfices après impôts sont utilisés de deux façons : une partie de ces capitaux est distribuée aux actionnaires sous forme de **dividendes**, une partie est conservée par l'entreprise pour investir, c'est de **l'autofinancement**. Cela diminue le rendement immédiat des actions et revient à demander aux actionnaires de laisser des capitaux dans la même entreprise. Un trop fort taux d'autofinancement risque donc de décourager les actionnaires actuels et potentiels. La désaffection des épargnants s'explique aussi par l'absence d'un réel effort d'information de la part des entreprises. Les produits financiers sont présentés dans un langage hermétique, l'information sur les résultats de l'entreprise, ses projets, sa croissance est mal diffusée, quand elle n'est pas inexistante. La troisième orientation négative se retrouve dans des politiques économiques qui, en proposant aux Français d'autres investissements, souvent avantageux, notamment dans l'immobilier (plans épargne-logement, prêts à taux bonifiés...) ont détourné l'épargne de la Bourse et des entreprises. Depuis 1978, des mesures fiscales (SICAV Monory, Plans Épargne Actions...) ont réduit ces effets négatifs, mais la contribution des émissions de valeurs mobilières au financement de l'économie reste encore trop faible.

L'impact de la Bourse sur le financement de l'économie

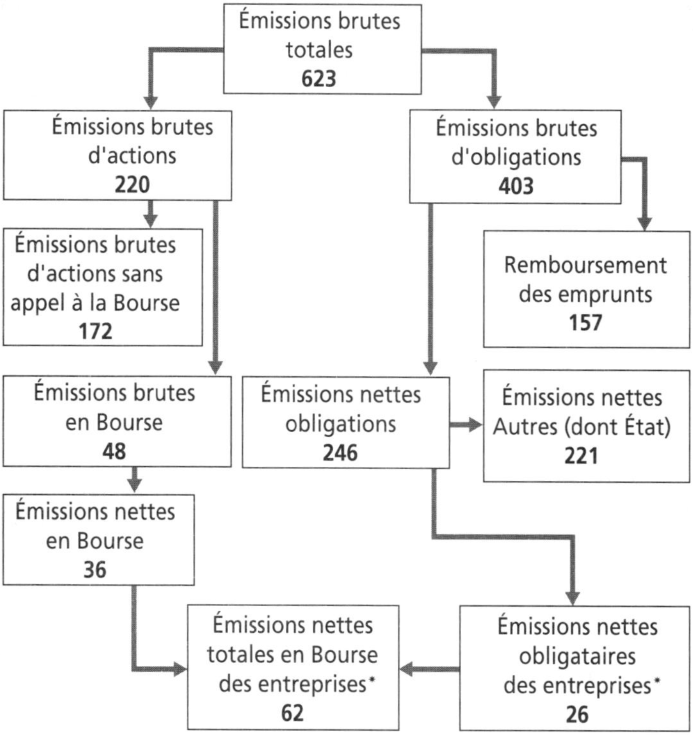

*entreprises industrielles et commerciales

Un des moyens traditionnels de mesurer l'impact de la Bourse sur le financement de l'économie est de comparer le volume des émissions de valeurs mobilières à l'investissement réalisé dans le pays, ce dernier étant mesuré par le concept de **formation brute de capital fixe (FBCF)**. Le schéma ci-dessus montre qu'en 1995, le montant des émissions brutes (c'est-à-dire hors remboursement) s'est élevé à 623 milliards de francs, alors que le produit intérieur brut français avoisine les 7 000 milliards, et la FBCF 1 338 milliards. Du point de vue des fonds propres (actions), la Bourse n'a été sollicitée que pour 48 milliards (soit 1,8 % de la capitalisation boursière des actions). À titre de comparaison, les émissions d'obligations nettes en 1999 se sont élevées à 189,8 milliards d'euros (dont 45,4 pour le secteur public) et les émissions d'actions nettes en Bourse à 27,8 milliards d'euros (source FIBV).

Améliorer la contribution de la Bourse

Pour que le marché financier contribue mieux au financement de la formation brute de capital fixe, il est important de donner confiance aux épargnants.

Depuis 1978, le législateur et les professionnels boursiers s'y sont employés. Le principal moyen utilisée par la puissance publique a été l'arme fiscale en s'appuyant sur les investisseurs institutionnels et les professionnels de la Bourse. Ceux-ci étaient autorisés, soit à constituer des sociétés à capital variable (SICAV), des fonds communs de placement (FCP), soit à proposer des produits financiers (comme le PEA, plan épargne actions...). Toutes ces formules, constituées de valeurs mobilières, ont attiré les épargnants parce qu'elles permettaient d'intéressants dégrèvements fiscaux, à la condition expresse que les portefeuilles constitués soient conservés pendant une certaine durée (au moins cinq ans pour les PEA). Mais la fiscalité ne peut pas tout faire et pour que le marché financier participe plus au financement de l'économie, les avantages fiscaux ne suffiront pas, même s'ils ne sont pas négligeables. La faveur dont l'immobilier a joui, jusqu'en 1992, était due davantage à la quasi-certitude d'une valorisation et d'une protection contre l'érosion monétaire qu'aux dégrèvements d'impôts.

Si les années 80 ont attiré de nouveaux épargnants vers la Bourse, la modernisation des marchés, le quasi-monopole des banques, la hausse des courtages et des droits de garde et les fortes fluctuations de cours constatées depuis 1987 ont quelque peu « échaudé » les petits actionnaires et éloigné l'épargne de l'investissement direct en bourse. En cette fin du XXe siècle, une plus grande orientation de l'épargne vers les marchés financiers et un accroissement de la place de ces derniers dans le financement de l'économie française passent par les points suivants :

– une reprise de l'activité économique qui agira à la fois sur l'offre et la demande de capitaux ;

– une meilleure information des épargnants non seulement de la part des entreprises, mais aussi des intermédiaires financiers ;

– une réorientation des comportements des intermédiaires financiers. Par leurs organismes de gestion collective des placements, ceux-ci privilégient les placements ayant une forte rentabilité à court terme ;

– une réduction du « détournement » de l'épargne effectué par l'État pour financer des déficits croissants, l'épargne placée en emprunts d'État ou en bons du Trésor n'est pas disponible pour les entreprises ;

– un changement de comportement des dirigeants français d'entreprises qui en protégeant leur pouvoir ont constitué une « financiocratie » contraire au dynamisme d'un marché financier.

• Ouvrir le capital

La deuxième fonction économique remplie par la Bourse est d'être un « sésame » vis-à-vis du capital des entreprises, considéré tant que la société n'est pas cotée comme étant « fermé » au public.

Une entreprise est créée par un ou plusieurs hommes, avec ou sans l'aide d'organismes financiers. Ce sont les créateurs de l'entreprise : ils apportent les capitaux nécessaires au démarrage de l'activité. Si celle-ci est florissante, l'entreprise est engagée dans une croissance du chiffre d'affaires, des équipements, des locaux, qu'il est nécessaire de financer. Dans le cadre d'une croissance soutenue, les capacités de réponse des associés à ce besoin de financement va s'amenuiser. L'introduction en Bourse est alors un des moyens d'assurer ce financement. Pour que l'entreprise puisse être cotée, il faut créer un marché de ses titres : il faut créer de nouvelles actions (augmentation de capital) destinées au public et/ou les premiers associés doivent vendre une partie de leurs actions. Cela s'appelle une **ouverture du capital** : il y a diffusion du capital social dans le public. Les associés initiaux réalisent une partie du capital qu'ils avaient investi et l'entreprise a accès directement au marché financier, ce qui sera un atout pour financer sa future croissance. La possibilité d'ouvrir le capital des entreprises est vitale pour le dynamisme d'une économie.

Les privatisations contribuent elles aussi à augmenter l'activité du marché financier.

• Faciliter l'évolution des groupes industriels

La troisième grande fonction d'une bourse des valeurs mobilières est de faciliter la mobilité des structures industrielles.

Pour fabriquer et vendre efficacement ses produits, une entreprise doit avoir des moyens de lutte contre ses concurrents. Conquérir des marchés, rechercher les meilleurs atouts commerciaux et techniques, investir avec une forte rentabilité sont des objectifs qui vont conduire certaines entreprises à réaliser des opérations sur le capital d'autres sociétés.

Les prises de contrôle, les rapprochements, les absorptions et les fusions sont grandement facilitées si le capital des entreprises est ouvert. Le moyen le plus efficace, ne serait-ce qu'en terme de rapidité, pour contrôler une entreprise cotée en Bourse est de proposer des **offres publiques d'acquisition** de ses titres. En effet, une société, ou un groupe, qui désire, pour des motifs financiers ou commerciaux, contrôler une entreprise, doit pour cela, soit l'acheter en totalité, soit acquérir un nombre suffisant d'actions. Il est donc indispensable de fixer un prix des titres de la société visée. Il est donc nécessaire d'évaluer cet actif et de déterminer à quel prix il sera racheté. Si l'entreprise n'est pas cotée, cela demande une longue période d'expertise et d'analyse. Si elle est cotée, l'action a un cours, elle a une valeur qui, multipliée par le nombre de titres, donne une première évaluation de l'entreprise à acheter. En proposant de racheter plus cher que le cours de bourse et en le faisant de manière publique (c'est-à-dire en s'adressant à la totalité du marché), il est possible de prendre rapidement le contrôle d'une entreprise et ce même sans l'accord de cette dernière.

• La Bourse est-elle un baromètre ?

Le comportement de la Bourse reflète-t-il correctement ou non les réalités économiques ? Répondre demande de distinguer l'entreprise et l'économie d'une nation.

Au niveau de l'entreprise, que représentent le cours et l'évolution du cours des actions ? Que signifient hausse et baisse ? Nous ne pourrons répondre qu'en sachant pourquoi des individus, ou des sociétés, achètent des actions. En investissant ainsi, ils acquièrent des parts de patrimoine, mais aussi, et surtout, des bénéfices futurs. En effet, vous n'achetez une action que si vous pensez que la part de patrimoine qu'elle représente va augmenter (rentabilité à long terme) ou que vous percevrez des dividendes qui satisferont vos objectifs de rentabilité à court terme ; les visions à long et court terme pouvant être liées. Donc, tout fait ou information concernant l'entreprise vous conduira à vérifier si vos objectifs peuvent être atteints ou non ; ceci vous conduisant à conserver (garder le même nombre de titres), à renforcer (acheter de nouveaux titres), ou à diminuer la part de votre investissement. Si vous êtes plusieurs épargnants à conduire le même raisonnement, le cours du titre va bouger, reflétant ainsi la confiance ou la défiance du marché. Le cours d'une action constitue une sanction du marché sur la capacité de l'entreprise à développer ses ressources et ses bénéfices. L'évolution du cours est non seulement une sanction de la gestion des dirigeants actuels mais aussi de la sensibilité de l'entreprise aux événements extérieurs. L'élément central de cette évaluation par le marché financier est bien évidemment la qualité de l'information diffusée par les entreprises.

Au niveau macroéconomique, la Bourse peut-elle être considérée comme un baromètre de l'économie nationale ? Répondre à cette question implique de distinguer le court et le long terme. À court terme, la Bourse est dotée d'une sensibilité de sismographe. « Des événements qui ne suscitent que trois lignes dans la presse peuvent influencer vigoureusement les cours dans la mesure où certains investisseurs les interprètent comme les prémices d'une évolution importante par exemple : une découverte de pétrole pour la société intéressée ou, pour l'ensemble de la Bourse, une nouvelle politique minière dans un pays du Moyen-Orient qui peut être analysée comme l'amorce d'une aggravation de la crise pétrolière. Un indice économique secondaire peut marquer le début d'un changement de conjoncture capital pour la Bourse. Une invention a des chances de condamner à terme telle activité d'une grande entreprise. Cette sensibilité de sismographe de la Bourse est une des explications d'un phénomène qui étonne toujours les non-initiés : que le cours d'une valeur ou de l'ensemble des valeurs puisse varier, quelquefois de manière notable, l'espace d'une même séance à quelques minutes de distance. » (*Le Particulier*, n° 592)

À plus long terme, la Bourse reflète plus l'évolution de l'activité économique. En effet, une fois les variations saisonnières éliminées, l'examen sur plusieurs années des indices boursiers est significatif. Il faut cependant remarquer que, comme les cours de Bourse sont mus par des anticipations, ils reflètent plus le pessimisme ou l'optimisme des milieux financiers sur les conjonctures économiques futures. Aussi, une hausse durable de la Bourse est moins le constat d'une bonne santé actuelle de l'économie que la prévision d'une amélioration.

lire aussi **Actif financier - Financement de l'économie - Marchés émergents**

CAPITAL (AUGMENTATION DE)

Augmenter le capital d'une entreprise revient à accroître son capital social en créant de nouvelles actions. Une augmentation du capital social accroît, toutes choses égales par ailleurs, la responsabilité des actionnaires. Elle reste une opération exceptionnelle et répond à différentes finalités.

L'augmentation de capital au service de la stratégie financière

• Les multiples façons d'augmenter le capital

Créer de nouvelles actions et augmenter ainsi le capital social d'une entreprise peut se faire de cinq façons principales :

– créer de nouvelles actions qui seront achetées par de nouveaux ou d'anciens actionnaires ; il s'agit d'augmentations de capital en numéraire qui apporte des liquidités supplémentaires aux sociétés ;

– créer de nouvelles actions qui seront la rémunération d'apports d'actifs comme des immeubles ou des matériels ; il s'agit d'augmentations de capital en nature qui accroissent les moyens de production des entreprises ;

– créer de nouvelles actions en incorporant une partie des réserves dans le capital social ; il s'agit d'augmentations de capital gratuites : les actions en résultant sont données aux actionnaires actuels puisque les réserves ont été précédemment constituées à partir des résultats non distribués, mais appartenant toujours aux actionnaires. Ces augmentations de capital ne se traduisent pas par un apport de liquidité ou de nouvel actif. Elles sont significatives, pour un même montant de bilan, d'un plus grand engagement des actionnaires, puisqu'ils sont responsables dans la limite de leurs apports, c'est-à-dire des actions détenues ;

– proposer aux actionnaires de percevoir leurs dividendes non pas en liquide mais en actions nouvellement créées ; cette modalité s'apparente à une augmentation de capital en numéraire puisque cela revient à payer des dividendes qui seraient réinvestis immédiatement dans l'entreprise ;

– créer de nouvelles actions à la suite de conversion d'obligations : les porteurs d'obligations choisissent alors d'être remboursés en actions plutôt qu'en liquide.

• Un outil de dernier ressort

Faire appel aux actionnaires et leur demander d'augmenter les fonds propres de la société demeure une opération exceptionnelle et souvent mise en œuvre quand toutes les autres possibilités de financement ont été épuisées. De nombreuses études ont montré que les dirigeants de sociétés, cotées ou non et quelle que soit leur taille, préfèrent utiliser les modes de financement dans l'ordre suivant : l'autofinancement, l'endettement et enfin l'augmentation de capital.

Cet usage en dernier ressort de l'augmentation de capital tient tout d'abord au fait qu'elle est jugée comme un moyen de financement complexe. Il est en effet nécessaire de fixer un prix aux nouvelles actions émises. Nous verrons que pour les sociétés cotées ce prix ne peut être trop éloigné du cours de bourse. Cela demande donc une anticipation précise et une préparation méticuleuse. Pour les sociétés cotées, il s'agit d'un **appel public à l'épargne**, et de ce fait l'augmentation de capital doit en respecter les nombreuses contraintes légales. Par ailleurs, en faisant appel au marché financier, les dirigeants prennent le risque que ce dernier sanctionne leur proposition, et par là-même leur gestion, en ne souscrivant pas ou mal aux actions nouvellement émises.

La deuxième raison du plus faible usage de l'augmentation de capital tient au fait qu'une action égale un droit de vote. Augmenter le nombre d'actions revient à augmenter le nombre de droits de vote. Si tous les anciens actionnaires participent à l'augmentation de capital dans la même proportion que leur participation avant l'opération, il n'y aura aucune modification de la structure du pouvoir. Mais les besoins financiers sont parfois tellement élevés que même les plus fortunés des actionnaires ne peuvent suivre : il y aura alors une modification du pouvoir se traduisant par un affaiblissement de celui des anciens actionnaires.

La troisième raison expliquant le moindre usage des fonds propres dans les stratégies financières des entreprises est qu'il s'agit de la ressource financière la plus coûteuse. Ce coût plus élevé provient du fait que les fonds propres assument la responsabilité du risque de faillite d'une entreprise. Contrairement à des dettes, ils ne peuvent absolument pas être garantis. Ce risque est parfaitement pris en compte par les modèles d'évaluation des actifs financiers qui montrent que la rentabilité attendue d'un actif financier risqué, Ri, doit être égale à Ri = Rf + ßi (Rm – Rf), soit la rémunération offerte par l'actif sans risque (obligation d'État ou bon du Trésor), Rf, à laquelle est ajoutée une prime de risque du marché. Il faut enfin noter qu'il existe une discrimination fiscale entre les dettes et les fonds propres : les intérêts des emprunts sont déductibles du résultat imposable alors que les dividendes, rémunération des fonds propres, ne le sont pas. Cela accroît le coût d'usage pour les entreprises.

• Les différents contextes

Faire appel aux actionnaires, c'est leur demander de s'engager sur les prochaines années. En fonction des contextes et des stratégies développées, le risque que les actionnaires financeront ne sera pas de même nature. C'est ainsi que les augmentations de capital peuvent être utilisées dans plusieurs contextes différents, que nous regrouperons en trois grandes catégories : la croissance, le redémarrage et le rééquilibrage.

Le concept de croissance d'une entreprise recouvre plusieurs réalités : une entreprise peut croître en développant son propre outil de production (**croissance interne**) ou en acquérant d'autres sociétés (**croissance externe**), elle peut croître sur le même secteur d'activité ou vouloir investir dans un domaine totalement différent, enfin elle peut choisir de grandir plus ou moins vite. Mode, direction et vitesse de la croissance seront les principaux critères d'analyse du risque lié au projet de l'entreprise ; plus celui-ci sera jugé élevé et plus les actionnaires auront des exigences de rémunération.

L'augmentation de capital est également un moyen de réorientation, voire de sauvetage d'une entreprise. Quand une société a connu de sévères difficultés, elle peut avoir besoin de capitaux pour se restructurer, pour poursuivre son redressement. Les actionnaires ont alors à choisir entre tout perdre ou réinvestir en espérant que la situation s'améliorera. Là aussi, il y a différents degrés dans l'urgence, mais il ne faut pas oublier que cela fait aussi partie du rôle des actionnaires de réinjecter des capitaux dans des situations de risque élevé. Les dotations en capital de l'État dans Air France relèvent de cette logique.

Enfin, les contextes de croissance ou de redémarrage ne peuvent être isolés de la dimension financière des entreprises. Il est communément admis que ces dernières ne peuvent se financer uniquement par dettes et qu'il existe une limite à l'évolution du taux d'endettement. Le principal argument tient au fait que les prêteurs ne peuvent pas prendre à eux seuls le risque économique de l'entreprise. En effet, plus une société utilise de dettes et plus le risque des prêteurs de ne pas retrouver leur mise est grand. Une situation de faibles fonds propres par rapport à des dettes très lourdes signifie que les actionnaires n'ont pas un niveau de responsabilité suffisamment élevé. Les augmentations de capital peuvent donc avoir pour objectif de rééquilibrer la structure financière des entreprises, et donc de plus impliquer les actionnaires ; ce rééquilibrage n'ayant pas le même sens pour une société se développant rapidement et pour une autre à la limite du dépôt de bilan.

Les modalités des augmentations de capital

• Gérer les effets de dilution

L'augmentation du nombre d'actions va créer un triple effet de dilution, au détriment des anciens actionnaires, sur le patrimoine, les résultats et le pouvoir.

Prenons l'exemple d'une entreprise dont le capital social est constitué de 100 000 actions d'une valeur nominale de 100 F. Cette société, ayant plusieurs années d'existence, a mis régulièrement en réserve une partie de ses résultats passés. Si nous supposons que les réserves sont de 5 000 000 F, la valeur comptable de ses fonds propres est de 15 millions et la valeur mathématique d'une action est de 15 000 000/100 000 = 150 F. Les dirigeants de cette entreprise décident de doubler le capital et de créer 100 000 actions supplémentaires. Si celles-ci sont émises à la même valeur nominale que les anciennes (il est plus qu'exceptionnel qu'une entreprise ait des actions de différente nature), le montant des fonds propres, après l'augmentation de capital, sera de 15 000 000 + 10 000 000 = 25 000 000 F. La valeur mathématique d'une action sera de 25 000 000/200 000 = 125 F. Comment vont réagir les anciens actionnaires ? Si un ancien actionnaire avait 10 actions, son patrimoine était de 1 500 F. Comme il y a création d'une action nouvelle pour une action ancienne, s'il décide d'acheter 10 nouvelles actions, il ne perd aucun argent.

Valeur mathématique des anciennes actions : 1 500 F.

Valeur d'achat des nouvelles actions : 1 000 F, soit 2 500 F pour 20 titres dont la valeur mathématique est 125 F.

Mais si cet actionnaire ne souscrit pas (et il peut avoir de très bonnes raisons depuis l'absence de confiance dans le projet de la société jusqu'à sa propre impossibilité financière), son patrimoine passe de 1 500 à 1 250 F. Cette dilution est inadmissible et si elle perdurait, cela conduirait les anciens actionnaires à s'opposer à toute augmentation de capital. Pour la corriger, deux techniques existent et cohabitent très souvent dans la pratique.

La première possibilité de correction de la dilution du patrimoine est d'attacher à chaque action ancienne un nombre de **droits préférentiels de souscription (DPS)** proportionnel au nombre d'actions nouvellement créées. Dans notre exemple, il y aura un DPS par action ancienne, puisque le rapport entre actions anciennes et nouvelles est de 1/1. Tout ancien actionnaire est donc titulaire de DPS. S'il souscrit aux nouvelles actions, il les utilise. S'il ne souscrit pas, il pourra vendre ses DPS, qui, en théorie, auront un prix égal à la baisse de la valeur mathématique des titres. Le DPS sera acheté par un nouvel actionnaire qui le paiera 25 F et qui souscrira à une action de 100 F : son investissement sera bien de 125 F, soit la valeur mathématique du titre. Ainsi, le DPS permet de faire payer aux nouveaux actionnaires leur accès aux réserves précédemment constituées, et de conserver la valeur patrimoniale des anciens actionnaires (1 action à 125 plus 25 F de liquide représente bien 150 F).

La deuxième possibilité de corriger la dilution du patrimoine est d'émettre l'action à un prix d'émission supérieur à sa valeur nominale, la différence entre les deux s'appelant une **prime d'émission**. Dans notre exemple, si l'entreprise émet ses nouvelles actions à 140 F (100 F de nominal + 40 F de prime), la valeur de ses fonds propres sera de :

Capital social	: 20 000 000	(200 000 actions × 100)
Prime d'émission	: 4 000 000	(100 000 actions nouvelles × 40)
Réserves	: 5 000 000	
Fonds propres	: 29 000 000,	soit 145 F par action.

Nous constatons que si la prime d'émission n'est pas strictement égale à la diminution de la valeur mathématique, la correction de la dilution n'est pas parfaite. De même, cette technique ne laisse aucun choix aux anciens actionnaires.

Pour les entreprises cotées, la dilution potentielle se mesure aussi par l'écart existant entre la capitalisation boursière (cours boursier × nombre de titres) et la valeur comptable (au bilan) des fonds propres. Il est même courant de mesurer un levier boursier qui est le rapport entre ces deux variables. Droit de souscription et prime d'émission seront donc maniés conjointement par les sociétés cotées afin de gérer au mieux le risque de dilution. La valeur des DPS est alors déterminée par le marché puisque ces derniers font l'objet d'une cotation. Il faut savoir que si les DPS sont couramment utilisés en France, ils sont inexistants sur les marchés nord-américains.

Une augmentation de capital peut modifier la structure du pouvoir dans une entreprise. Il est en effet aisé de comprendre que tout actionnaire qui souhaite maintenir à un niveau identique sa participation doit participer à l'augmentation de capital dans les mêmes proportions. Ainsi, dans notre exemple précédent, si un investisseur détient 35 % du capital avant l'augmentation, il devra souscrire à 35 % s'il souhaite avoir toujours 35 % après l'augmentation. Une souscription inférieure à la participation initiale se traduit par une dilution du pouvoir, qu'il est quasiment impossible de corriger. En effet, cette dernière peut être plus ou moins maîtrisée à condition d'augmenter le capital avec des titres privés de droit de vote (comme les actions à dividende prioritaire ou les certificats d'investissement).

Le troisième aspect de la dilution liée à une augmentation de capital concerne le résultat. Pour apprécier la cherté d'une entreprise, il est courant d'analyser son ***Price Earning Ratio*** (**PER**), c'est-à-dire le rapport « cours/bénéfice par action ». Plus le PER est élevé et plus l'entreprise est considérée comme chère. Or, si à la suite d'une augmentation de capital, le nombre d'actions augmente de 50 ou de 100 %, rien ne dit que le bénéfice augmentera d'autant. Il est même quasiment certain que cela ne se produira pas. Il est fort probable que les investissements réalisés grâce aux capitaux collectés aient une rentabilité immédiate inférieure à celle des précédents ; en effet, il est fréquent que les investissements aient une phase de montée en puissance diminuant leur rentabilité dans leur phase de démarrage. Si cela se manifeste, le bénéfice par action va diminuer et le PER augmenter : l'entreprise vaudra plus cher sauf si le marché corrige par une baisse des cours. C'est en réalité ce qui va se passer : il est fréquent qu'une augmentation de capital se traduise, pour une période de temps plus ou moins longue, par un tassement du cours de bourse. Cela est quasiment impossible à corriger et explique, dans une certaine mesure, la réticence des dirigeants à réaliser une augmentation de capital.

• Les pratiques

L'augmentation de capital modifiant les statuts d'une entreprise, elle doit être autorisée par une assemblée générale extraordinaire des actionnaires. Cette autorisation a une durée maximale de cinq ans. Une fois votée, il reste à la monter. Le choix de la période sera le fruit d'un arbitrage entre les besoins de fonds et la hauteur des cours de bourse. L'idéal est de pouvoir augmenter le capital quand le cours de bourse est au plus haut : en effet cela réduit la dilution des anciens actionnaires. Faut-il encore pouvoir attendre cet instant et être sûr que le cours ne continuera pas à monter. Pour réaliser son augmentation de capital, l'entreprise cotée fera appel à un ou plusieurs intermédiaires financiers qui l'assisteront dans la détermination des conditions d'émission (date, prix d'émission...) et dans la logistique (information financière, garantie du placement, collecte des fonds...).

lire aussi **Action - Dividende**

CHARTISME

Prévoir les cours de bourse, au même titre que la découverte du Graal, a alimenté et continuera d'alimenter de nombreux débats. Parmi les principales approches, certains professionnels de la prévision, les chartistes, estiment que les cours de bourse suivent des cycles et qu'il est donc possible de repérer des signaux d'achat et de vente, essentiellement à partir de graphiques. Reposant sur les évolutions des cours passés, l'analyse technique est fortement controversée par les tenants de la théorie financière moderne.

L'analyse graphique

L'idée que tous les phénomènes pourraient s'expliquer selon des lois naturelles est très ancienne puisque déjà évoquée par Anaxagore, penseur pré-socratique. La logique de base est d'estimer que des faits peuvent se reproduire. Identifier le rythme de ces reproductions permettrait de les anticiper, et en ce qui concerne les cours de bourse autoriserait une gestion de portefeuille optimale.

• Il y a les vagues...

Les premiers travaux statistiques sur l'existence de cycles boursiers remontent à Charles Henry **Dow** entre 1900 et 1902. Dow est à l'origine d'une grande agence de presse spécialisée dans l'information financière et tous les jours, l'ensemble des marchés financiers du monde a l'œil rivé sur l'évolution de l'indice Dow Jones. Dow fut le premier à imaginer que les variations boursières pouvaient être assimilées aux vagues de la mer. Il y a en effet une tendance lourde : la marée montante ou descendante. Il y a ensuite des vagues, certaines confirment la tendance et d'autres la corrigent. Et puis, enfin, il y a l'écume... De cette métaphore, il est possible de retenir pour le marché boursier deux phases successives de trois vagues.

Quand une crise économique se termine, que toutes les entreprises ont résolu leurs difficultés, il y a une première **vague** dite **d'accumulation** qui traduit le passage du pessimisme à l'optimisme. Elle est suivie d'une **vague d'imitation** traduisant la hausse des cours entraînée par les ordres d'achat de tous les investisseurs ayant compris le sens de la première vague. Enfin, la **vague de distribution** exprime l'arrivée sur le marché de tous les acteurs non informés, attirés uniquement par la certitude du gain. Le marché va s'orienter à la baisse selon un rythme croissant, le début étant provoqué par le retrait des premiers investisseurs qui ont atteint le maximum de rentabilité pour leur placement.

Cette façon de penser a été reprise par Ralph **Elliott** au milieu des années 20. Il affine le modèle de Dow.

Le modèle de R. Elliott

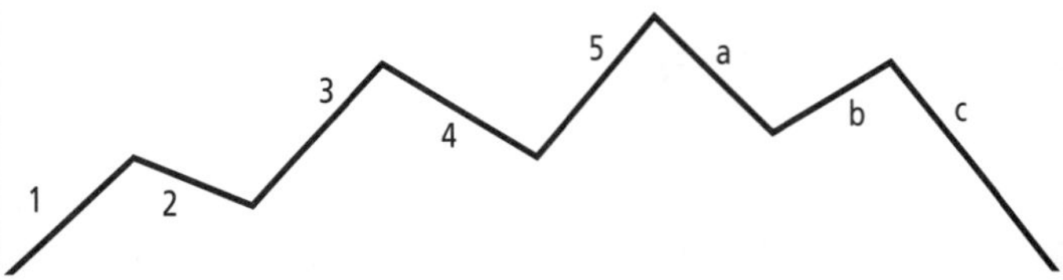

Source : d'après D. Pellissier, *Analyse financière*, octobre 1993

Les vagues 1 à 5 constituent la phase haussière et de a à c la phase baissière. Dans la hausse, il y a trois **vagues d'impulsion** (1, 3 et 5) et deux **vagues de correction** (2, 4) qui correspondent à des périodes de vente, où les opérateurs réalisent leurs bénéfices sur les opérations des vagues d'impulsion. Il en sera de même sur la tendance baissière. Les vagues d'impulsion à la baisse seront corrigées par des vagues traduisant la possibilité de bénéficier momentanément d'une reprise du marché. Dans son analyse, Elliott est allé très loin. En effet, il a calculé qu'un cycle complet se décompose en un cycle haussier et un cycle baissier. Le cycle haussier se décompose en cinq vagues primaires (trois d'impulsion et deux de correction), et chaque vague primaire se décomposera elle-même en huit vagues intermédiaires. Elliott a ainsi l'ambition d'expliquer un mouvement depuis le très court terme jusqu'au très long terme, et ce par un système d'imbrication des différents cycles.

Bien qu'il n'y ait véritablement aucun fondement scientifique à cette démarche, elle est à relier à toute une série de techniques qui, repérant graphiquement les évolutions des cours, sont supposées prévoir le futur.

• Quelques figures

Nous ne fournirons dans le cadre de ce dictionnaire que quelques exemples de l'analyse chartiste.

Points et figures

Cette méthode collecte les variations de cours significatives (5 ou 10 F par exemple) et les consigne de la manière suivante :

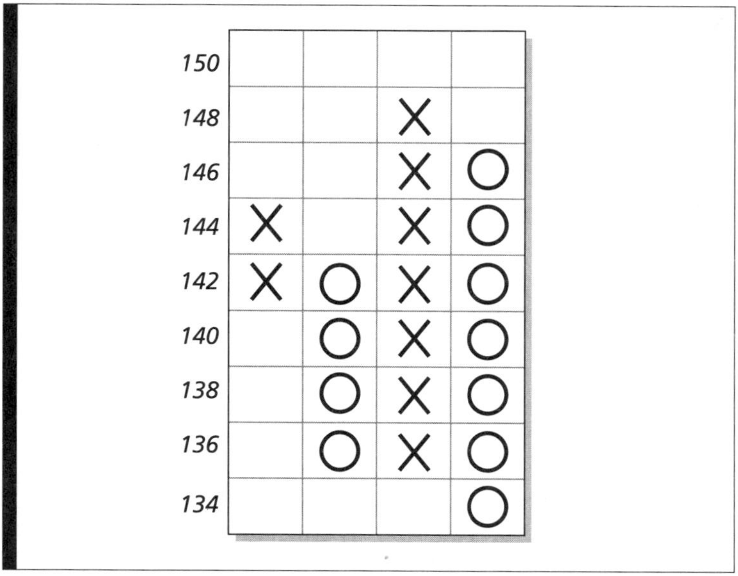

On note les hausses de 2 F, par exemple, par un X et les baisses par un O. Chaque signe représente une séance de bourse où a été enregistrée une variation de cours significative. Ainsi, sur le graphique ci-dessus, il y a eu deux séances de hausse (de 140 à 144) suivies de quatre séance de baisse (de 142 à 136), puis après se sont succédé 7 séances de hausse (jusqu'à 148) pour finir par 7 séances de baisse jusqu'à 134.

À partir de là, les chartistes repèrent dans les différentes configurations des signaux d'achat et de vente. Les signaux de vente apparaissent quand les cours atteignent les plus bas précédemment constatés et les signaux d'achat quand les cours dépassent les anciens plus hauts. Des phases intermédiaires existent (succession de renversement) et sont appelées **zones de congestion**.

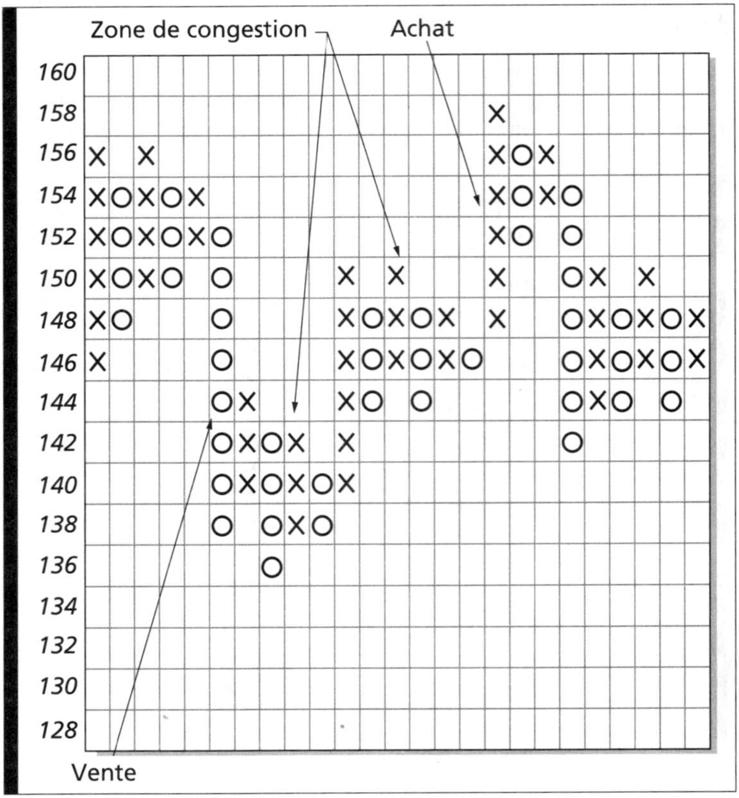

La méthode des canaux

Une tendance se détermine par référence à une ligne des « plus haut » et une ligne des « plus bas ». Ces deux lignes forment un « **canal** » dont le prolongement indique la pente de la tendance :

Tendance à la hausse :

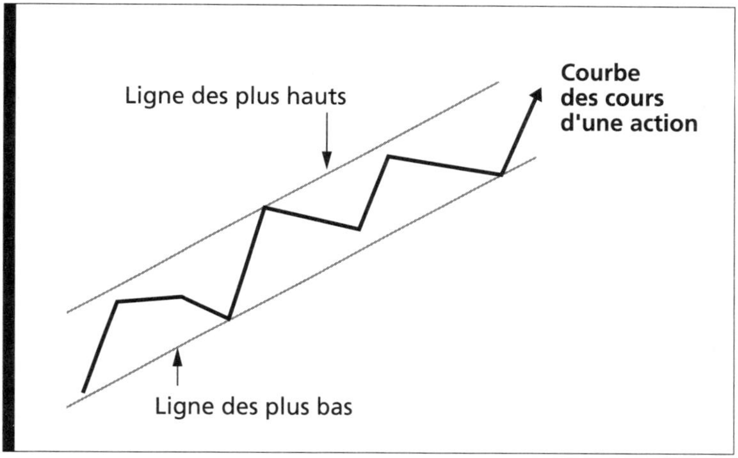

Il y a une tendance à la hausse lorsque les « plus hauts » et les « plus bas » se succèdent toujours en hausse. Il y a une tendance à la baisse lorsque les « plus hauts » et les « plus bas » se succèdent toujours en baisse.

Tendance à la baisse :

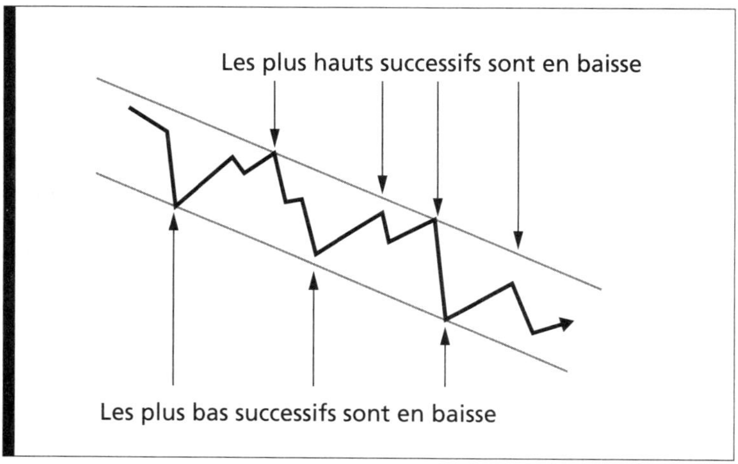

Entre les deux mouvements, il y a généralement des périodes plus ou moins étalées qui sont appelées à la baisse « planches de soutien », et à la hausse « plafonds de résistance ».

Lorsque la courbe des cours de l'action quitte nettement le canal (ligne inférieure ou ligne supérieure nettement enfoncée ou nettement dépassée), on considère qu'il y a changement de tendance.

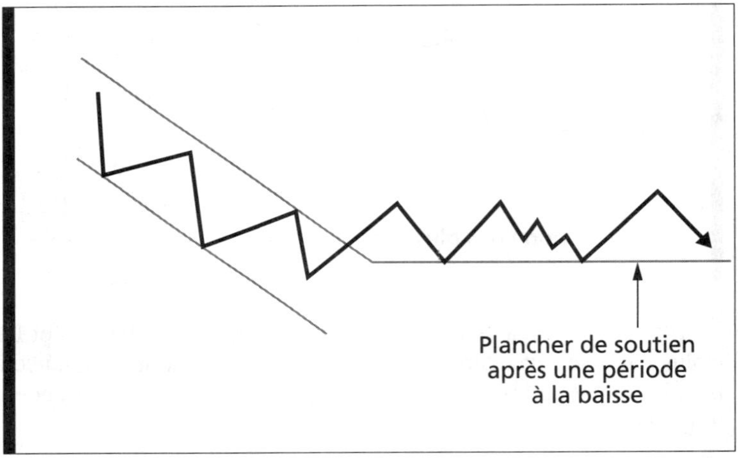

La méthode des moyennes

La décision de conserver ou de vendre un titre dépend en partie de l'anticipation de son cours, et ce, sur un horizon temporel qui peut être l'année. Si le cours baisse ou augmente brutalement, s'agit-il d'un accident, d'un renversement des tendances, combien de temps cela va-t-il durer ? Pour apporter des réponses à ces questions, certains analystes calculent la tendance des cours en supprimant toutes les variations occasionnelles. Pour cela, on utilise une technique statistique permettant de corriger les variations conjoncturelles, et dérivée de la méthode des moyennes mobiles. On retient tout d'abord une période d'analyse d'une durée de n séances (n peut être égal à 60, 90, 200 jours et plus), on choisit une première séance et on fait la moyenne arithmétique.

$$X\,n + 1 = \frac{\text{somme des cours de la } 1^{e} \text{ à la } n^{e} \text{ séance}}{n}$$

Nous obtenons une première moyenne qui est une anticipation du cours de la n + 1[e] séance, puis nous calculons une deuxième moyenne en retranchant le cours de la 1e séance et en rajoutant celui de la (n + 1)[e] séance.

$$X n + 2 = \frac{\text{somme des cours de la 2}^{e}\text{ à la (n + I)' séance}}{n}$$

et ainsi de suite, par exemple :

$$X n + 11 = \frac{\text{somme des cours de la 11}^{e}\text{ à la (n + I0)}^{e}\text{ séance}}{n}$$

En affectant chacune des moyennes obtenues à la séance correspondante, on obtient ainsi une tendance. Il est alors possible d'interpréter les résultats obtenus. Le tableau ci-après montre un exemple (dans la pratique, il serait nécessaire de prendre au moins 60 séances boursières) :

Séances	Cours réel	Cours anticipé
1	120	
2	118	
3	121	
4	122	
5	125	
6	127	
7	124	
8	122	
9	117	
10	120	
11	122	121,6
12	118	121,8
13	120	121,8
14	120	121,7
15	120	121,5
16	119	120,9
17	120	120,1
18	119	119,7
19	119	119,4
20	120	119,6
21		119,6

À partir de cette démarche, il est premièrement envisageable d'établir des modèles de prévision permettant de fixer les futures moyennes mobiles. Si celles-ci s'écartent trop des objectifs fixés, ou si elles laissent entrevoir une baisse, la décision de vente doit être étudiée.

Deuxièmement, nous pouvons confronter les moyennes mobiles (MM) obtenues aux cours réels (LC) sur un graphique. Les décisions d'achat ou de vente peuvent être prises lorsqu'il y a un changement de tendance, représenté non pas par l'intersection des deux courbes, mais par leur évolution opposée.

Confrontation des moyennes mobiles et des cours réels

Configurations réputées annoncées

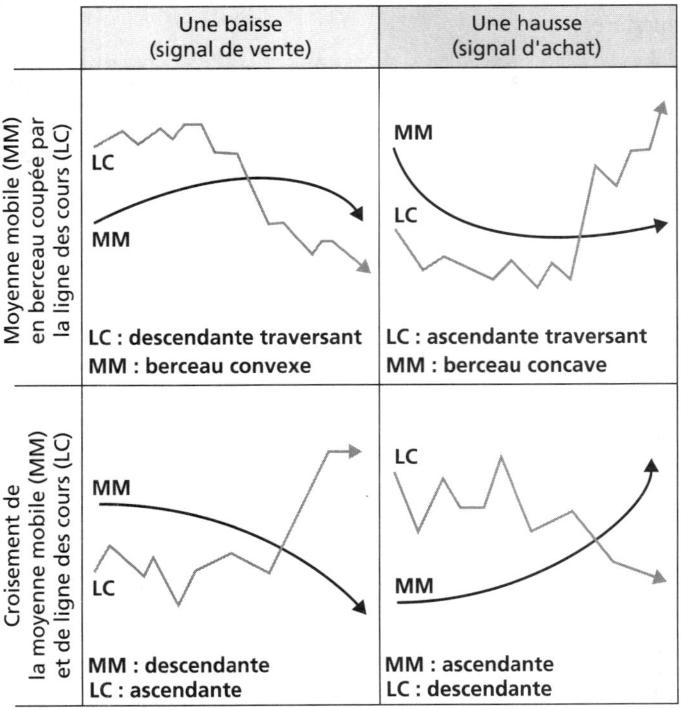

Source : Le Particulier, n° 679, nov. 1984.

Chartisme et mimétisme

Les caractéristiques graphiques ou statistiques des méthodes présentées ci-avant ne doivent pas faire illusion. Si elles étaient infaillibles, cela se saurait et de nombreuses études montrent qu'elles n'ont pas de résultats significativement meilleurs que les méthodes fondées sur l'analyse fondamentale. Les méthodes graphiques reposent sur l'idée que la psychologie des opérateurs les conduira à se comporter de la même manière, et ce d'autant plus qu'ils traitent les informations avec le même modèle d'analyse.

Les méthodes chartistes révèlent un mimétisme révélant des prophéties autoréalisatrices. Keynes a fort bien analysé ce phénomène. Le **mimétisme** est chez Keynes une stratégie rationnelle, dans la mesure où l'acteur est capable d'appréhender un système d'actions et de conséquences. Le point de départ de Keynes est l'hypothèse d'ignorance des agents économiques, leur incapacité à anticiper le futur. Si un agent économique ne sait rien, il a tout avantage à imiter les autres, car si ces derniers savent, il en retirera un gain. S'ils ne savent rien (et il est impossible de savoir s'ils savent), que l'agent prenne ou non en référence les autres ne se traduira par aucune différence, différence qu'il ne serait pas de toute façon en mesure d'apprécier. Ce rôle donné à l'ignorance met à mal les fonctions d'expert et notamment d'analyste financier ; il apparaît improbable que quelqu'un ne sache pas.

L'existence d'un véritable expert ne gêne pas le raisonnement keynésien. En effet si nous supposons qu'un expert sache qu'un actif financier est notoirement sous-évalué, en n'oubliant pas que Keynes considère un prix sur un marché comme étant la résultante de comportements d'acteurs ignorants, cet expert n'aura pas intérêt à acquérir le titre. En effet, le jour où il décidera de le vendre, il ne pourra le vendre qu'au prix fixé par les ignorants. Keynes démontre ainsi que celui qui gagnera sera celui, expert ou ignorant, qui aura anticipé ce que la foule va faire. La cohérence globale du système va être assurée par les acteurs eux-mêmes. En effet, sans le vouloir et sans le savoir, ils décident en fonction des signes qu'ils produisent eux-mêmes, c'est-à-dire les prix des actifs. Or ceux-ci sont l'objet d'une incertitude radicale autorisant toutes les fluctuations. « La seule conduite individuelle cohérente est alors d'imiter les autres. Mais c'est précisément parce que tous se conforment à cette maxime que le contexte a les traits qui la rendent valide. Boucle diabolique...

Cette émergence d'une objectivité, d'une extériorité par la clôture sur soi d'un système d'acteurs qui tous s'imitent, acquiert une vigueur accrue à mesure qu'augmente le nombre de ceux-ci » (Dupuy, *Introduction aux sciences sociales*, Ellipses, 1992). Il ressort de cette approche que les moteurs de la confiance dans les marchés financiers sont l'autoréalisation et l'autovalidation des représentations, autrement dit l'**autoréférence**. Que l'analyse technique puisse informer sur l'état psychologique du marché est une chose qui ne doit pas faire oublier que les actes d'épargne et d'investissement ne peuvent être fonction de ce qui s'est passé dans les mois précédents, mais sont fonction de la capacité d'un actif à rémunérer dans le futur la renonciation à la consommation.

lire aussi **Actif financier - Analyse financière - Entreprise (valeur de l')**

CONTRAT À TERME

Permettre aux opérateurs sur des actifs physiques (financiers, matières premières...) d'anticiper sur l'évolution des prix en immobilisant le moins de fonds possibles et en assurant la plus grande flexibilité : tel est l'objectif des contrats à terme (*futures* en anglais).

Finance moderne et agriculture du XIXe siècle

• Quand les assureurs sont des spéculateurs

Le discours sur les fonctions de la science économique s'articule le plus souvent autour du concept de rareté des ressources. Mais la mise en œuvre et la gestion des ressources rares ne sont qu'une partie du comportement économique. En effet, les agents ne prennent pas leurs décisions dans un avenir certain : des événements peuvent se produire et modifier le résultat escompté. Il en est ainsi d'un agriculteur qui au moment de la commercialisation de sa récolte doit faire face à une chute des cours.

La fonction économique d'un marché à terme sera donc permettre à des agents économiques (les *hedgers*), ayant besoin d'acheter ou de vendre un actif économique appelé **sous-jacent**, de se protéger contre des variations de prix qui leur seraient défavorables. Que le sous-jacent soit la pomme de terre, le pétrole, le riz, le blé, une monnaie, une action, un taux d'intérêt, les marchés à terme fonctionnent selon les mêmes bases. L'opérateur souhaitant se couvrir va prendre sur le marché à terme une position inverse de celle qu'il a ou aura sur le marché au comptant. S'il est vendeur de laine, il sera acheteur d'un contrat à terme sur la laine ; s'il est acheteur de nickel, il sera vendeur d'un contrat à terme sur le nickel. Cette prise de position inverse s'explique par le fait que si les prix du sous-jacent augmentent au comptant, les prix des contrats à terme vont augmenter : l'acheteur perdra sur le comptant mais gagnera sur le terme, alors que le vendeur gagnera sur le comptant mais perdra sur le terme. Et inversement en cas de baisse des prix sur l'actif sous-jacent. Se couvrir sur un marché à terme revient à prendre une assurance sur les fluctuations de prix.

Mais pour prendre une assurance, il faut un assureur, c'est-à-dire un agent économique qui accepte de prendre le risque à sa charge contre une rémunération. C'est la fonction des **spéculateurs** (en anglais : les ***traders***), qui n'ayant aucun intérêt dans l'achat ou la vente de l'actif sous-jacent, vont se porter acheteurs ou vendeurs de contrats à terme, en espérant simplement gagner de l'argent sur la différence de cours des contrats. Métier à très haut risque, la spéculation est indispensable pour une gestion efficace du risque économique.

Les marchés à terme sont aujourd'hui placés sous surveillance. Lors de l'achat ou de la vente d'un contrat, il faut verser un dépôt de garantie qui est un pourcentage du montant total du contrat à terme. Lorsque le prix de celui-ci évolue, le partenaire pénalisé par l'évolution, doit ajuster son dépôt de garantie en répondant à un appel de marge. Sur tous les marchés à terme du monde, il existe un organisme de surveillance et de réglementation. L'enregistrement des opérations, la réalisation des ordres, les appels de marge et le dénouement des opérations sont confiés, sur chaque marché dans le monde, à une **chambre de compensation**.

• Les composantes d'un contrat à terme

Depuis le marché à terme de Chicago à la fin du XIXe siècle jusqu'aux marchés informatisés de cette fin de siècle, les objectifs des contrats à terme n'ayant pas varié, leurs composantes sont les mêmes.

Derrière tout ***future***, il y a un actif sous-jacent dont la volatilité des prix est forte, et dont le marché au comptant a une liquidité telle qu'elle puisse permettre le dénouement physique des contrats, par la livraison des quantités d'actifs demandés. Bien qu'extrêmement rare (moins de 1 % sur les marchés de Chicago), ce mode de dénouement doit être envisagé.

L'acteur qui achète un contrat à terme s'engage à terme à acheter à un prix donné une quantité donnée de l'actif sous-jacent, et inversement pour un vendeur de contrat à terme. Cela implique des échéances standardisées (en général, sur les marchés mondiaux : mars, juin, septembre, décembre), mais surtout des quantités et des qualités standardisées : pour un contrat donné sur la pomme de terre ou le sucre roux, il faut savoir précisément combien de tonnes représente un contrat et de quelle qualité de produit il s'agit. Le cours du contrat à terme doit bien évidemment refléter l'évolution du cours sur le marché comptant de l'actif sous-jacent. Contrairement à une option, le cours coté du contrat à terme ne représente pas le coût à encaisser pour le contrat. L'acheteur ou le vendeur d'un contrat à terme n'a à débourser que le montant de la garantie qui lui est demandé, le coût du contrat à terme est donc représenté par l'immobilisation en capitaux que forment la garantie initialement déposée et les appels de marge réalisés si l'évolution des cours a été défavorable (baisse pour un acheteur, hausse pour un vendeur).

Deux illustrations de contrat à terme

• Les contrats à terme sur taux d'intérêt

Acheter une obligation, c'est acheter un taux d'intérêt, c'est penser que la rémunération proposée par l'émetteur des titres protégera le pouvoir d'achat du capital investi. Tout possesseur, actuel ou futur, est sensible à l'évolution des taux d'intérêt.

Prenons ainsi le cas d'une entreprise qui, en septembre de l'année (N), vient de vendre des produits pour un million de francs, somme qui lui sera versée à la fin de décembre (N). Son trésorier sait qu'il pourra conserver cette somme jusqu'en mars (N + 1) et il souhaite l'investir en obligations. Si en septembre (N), le taux du marché comptant pour ce type d'obligations est de 10 %, un placement immédiat rapporterait sur trois mois 1M × 10 % × 3/12, soit 25 000 F. Le problème du trésorier est de savoir quel sera le taux des placements en janvier. Pour se protéger contre une baisse des taux, qui amputera la rentabilité du placement, il pourra acheter sur le marché à terme deux contrats sur obligations. Supposons que ces contrats représentent un actif financier de 500 000 F placé à 10 % par an. En sachant que le cours de ces contrats augmente lorsque le taux d'intérêt baisse (et vice versa), supposons que lorsque trésorier achète ces deux contrats, ceux-ci cotent 105,42 pour l'échéance mars (N + 1) ; la cotation se faisant en pourcentage comme pour les obligations, un cours de 105,42 signifie que le marché anticipe une baisse des taux. S'il y avait une anticipation de stabilisation à 10 %, le cours du contrat serait de 100.

Pour acheter ces contrats, le trésorier doit verser un dépôt de garantie, que nous supposerons égal à 4 % du montant de sa position, soit 500 000 × 105,42 % × 2 × 4 % = 42 168 F. Si les taux sur le marché comptant baissent, notre trésorier est gagnant : il n'a pas à ajuster son dépôt de garantie. Si les taux montent, il devra le faire en répondant à un appel de marge de façon à ce que son dépôt de garantie soit toujours équivalent à 4 % de sa position.

À fin décembre (N), supposons que le taux des obligations sur le comptant soit tombé à 9 %, le gain réel du placement ne sera donc que de 1M × 9 % × 3/12, soit 22 500. L'attente a donc réduit la rentabilité potentielle de 2 500. Mais les taux d'intérêt ayant baissé, les contrats à échéance de mars vont coter plus haut, soit 106,42. Donc au moment où il achète réellement les obligations, le trésorier de l'entreprise pourra vendre ses deux contrats qui rapporteront [2 × 500 000 × (106,42 – 105,42)] × 3/12, soit 2 500 F. Il récupère ainsi sur le marché à terme ce qu'il a perdu au comptant. Cet exemple schématique permet de comprendre comment le trésorier a pu, aux frais de transaction près, se protéger contre l'évolution défavorable des taux d'intérêt.

• Gérer l'évolution d'un indice boursier

L'utilité des indices boursiers

Acheter ou vendre des actions à terme permet de bénéficier par rapport aux opérations au comptant d'un horizon temporel plus grand. Bien que les opérateurs gagnent en flexibilité, qu'ils s'adaptent mieux aux évolutions du marché, le « **terme ferme** » est lourd à gérer.

Pour illustrer cette lourdeur, prenons un exemple de protection d'un portefeuille d'actions déjà constitué. Si vous détenez 100 actions Essilor, cotant le premier jour du mois boursier 3 500 F, si vous craignez une baisse des cours, vous pouvez vendre à terme 100 titres à 3 500 F. Si d'ici la liquidation, le cours atteint 3 400 F, vous pouvez racheter à terme, gagnant ainsi (3 500 – 3 400) × 100 = 10 000 F. En supposant qu'à la fin du mois boursier, Essilor cote 3 400 F, votre portefeuille aura perdu, par rapport au début du mois, 10 000 F ; perte que vous aurez compensée par les opérations à terme. Il y a effectivement protection, mais il est aisé de comprendre qu'elle est théorique. En effet, l'exemple ne porte que sur une valeur, qu'en serait-il sur un portefeuille comprenant plus d'une vingtaine de titres ? Le poids des capitaux utilisés en couverture, le coût des opérations à terme, les difficulté de l'analyse des risques spécifiques à chaque valeur font que la protection d'un portefeuille par des opérations à « terme ferme » est en fait illusoire et inopérante.

Le « terme ferme » autorise la spéculation puisque les opérations peuvent être réalisées « à découvert ». On peut en effet vendre à terme sans avoir les titres ou acheter à terme sans avoir les fonds. L'obligation de couverture, si elle limite les risques, gêne les spéculateurs, en immobilisant une partie non négligeable de capitaux (cela peut aller jusqu'à 40 % de l'engagement). Ainsi, une vente à découvert de 1 000 actions X à 1 800 F peut demander une couverture de 720 000 F et leur rachat à 1 700 F (spéculation à la baisse réussie) laisse un gain avant courtages et impôts de 100 000 F ; la rémunération des fonds investis dans l'opération (100 000 F/720 000 F soit environ 14 %) est-elle suffisante par rapport au risque encouru ?

Supprimer ces lourdeurs, ouvrir de nouveaux horizons aux marchés des actions ont conduit les financiers à créer les **opérations sur indices**.

Un **indice boursier** est une mesure synthétique et systématique de l'activité et de l'évolution d'une bourse. Anticiper ses variations revient à anticiper les variations du marché, il est donc possible de vouloir « jouer » l'indice. Pour cela, il faut en faire un produit financier. À un indice choisi pour sa représentativité du marché des actions, on adosse un contrat à terme, ce qui revient à affecter à chaque point d'indice une valeur monétaire (appelée fréquemment **multiplicateur du contrat**). La valeur d'un contrat est donc évaluée en multipliant la valeur de l'indice à terme (fruit des anticipations des intervenants sur le marché) par le multiplicateur du contrat.

Mode d'emploi des contrats « futures » sur indice

Vous avez décidé d'investir en Bourse, pour cela vous achetez 10 contrats « futures » sur un indice donné, dont le multiplicateur est de 500 $. Vous achetez trois jours avant l'échéance, l'indice cotant (c'est son prix d'exercice) 105. Par cet achat, vous venez de vous engager pour : 10 contrats × 500 $ × 105 = 525 000 $. Vous devez bien évidemment faire face à un dépôt de garantie. Supposons dans notre exemple qu'il s'agisse d'un pourcentage de 10 %. Acheteur de 10 contrats, vous devrez donc déposer en garantie 52 500 $. Mais le « jeu » se fait sur 10 fois plus, pour vous comme pour le vendeur des contrats qui aura lui aussi déposé 52 500 $ en garantie.

Supposons que le lendemain l'indice à terme connaisse une hausse de 5 %, son prix atteint donc 110,25 en j–2. En tant qu'acheteur à terme vous êtes potentiellement gagnant puisque vous achèterez 105 en j des contrats qui valent en j–2 110,25. Le vendeur est *a contrario* potentiellement perdant de : 10 × 500 $ × (105 – 110,25) = 26 250 $.

Cette somme va être réclamée au vendeur : il s'agit de l'**appel de marge**. Concrètement, ces 26 500 $ vont être débités sur le compte de marge du vendeur et crédités sur le compte de marge de l'acheteur.

Supposons que en j–1, le cours à terme de l'indice pour l'échéance j soit de 110. Par rapport à la veille, c'est vous, l'acheteur, qui êtes potentiellement perdant de : 10 × 500 $ × (110,25 – 110) = 1 250 $.

En tant qu'acheteur du contrat, vous devrez faire face à un appel de marge de 1 250 $ qui seront débités de votre compte de marge et crédités sur le compte du vendeur.

À la date j, à une heure donnée, les cours des actions permettent de calculer une valeur de l'indice au comptant, valeur sur laquelle seront dénoués les contrats à terme. Si elle est égale à 109,75, en tant qu'acheteur vous avez une perte potentielle par rapport à j–1 ; un dernier appel marge (1 250 $) va être effectué. Acheteur d'un contrat à terme sur indice en période de hausse, vous avez néanmoins gagné. Les autorités de tutelle du marché vous remettront le solde votre compte, soit :
26 250 $ – (1 250 $ + 1 250 $) = 23 750 $, ce qui correspond bien au gain global sur les contrats :
10 × 500 $ × (109,75 – 105) = 23 750 $.

Telles sont les règles générales de fonctionnement d'un marché de contrats à terme sur indice. Notons premièrement qu'en remplaçant l'indice par n'importe quel instrument financier ces modalités de fonctionnement ne seraient en rien modifiées. Deuxièmement, cet exemple est schématique et la réalité des marchés d'indices est riche de différences d'application. Ainsi, sur certains marchés, les gains excédant le dépôt de garantie sont quotidiennement remboursés ; sur d'autres, les capitaux constituant le dépôt garantie sont rémunérés.

Les contrats « futures » sur indice pallient donc les lourdeurs inhérentes à l'usage du terme ferme pour des opérations de protection ou de spéculation.

La spéculation est grandement facilitée par la faiblesse du dépôt de garantie. L'exemple précédent a montré qu'avec 52 500 $ on « jouait » sur 525 000 et le gain rapporté aux capitaux utilisés est de 45,5 % (23 750/52 500).

Les contrats sur indice permettent aussi une protection des portefeuilles boursiers. Vous avez un portefeuille 300 000 F qui réagit très exactement comme le marché, quand ce dernier baisse de X %, votre portefeuille fait de même. Vous craignez, sans en être sûr, pour

les trois mois à venir une baisse du marché, vous vendez donc un contrat à terme CAC 40 dont le prix d'exercice est pour l'échéance trois mois de 1 400. le multiplicateur du marché français étant de 200, la valeur de votre contrat est 1 400 × 200 = 280 000 F. La valeur de l'indice au comptant étant de 1 405, cela montre que le marché anticipe une quasi-stagnation. Supposons que vous ayez eu raison et que la Bourse perde 10 % en trois mois. La valeur de votre portefeuille n'est plus que de 270 000 F, mais vous avez vendu à l'échéance un contrat sur indice à 1 400. Si à l'échéance l'indice au comptant est de 1 264,5, votre gain sera de :
200 F × (1 400 – 1 264,5) = 27 100 F.

Votre patrimoine s'élève à 270 000 + 27 100 soit 297 100 F ; alors que la Bourse a perdu 10 %, vous n'avez perdu que 0,96 %. Mais cette couverture a un corollaire : si le marché des actions était monté, les gains réalisés sur le portefeuille auraient été absorbés par les pertes sur le contrat à terme. Se protéger par des contrats à terme revient donc à se fixer un niveau de prix pour les actifs gérés.

Des contrats à terme peuvent être signés entre deux agents économiques en dehors de toute structure officielle : il s'agit de contrats de gré à gré. Se posent alors des problèmes de sécurité : qualité du sous-jacent, fiabilité de la contrepartie, etc. Les marchés organisés présentent les avantages de la standardisation et de la surveillance.

lire aussi **Marchés dérivés - Matif - Opérations et ordres boursiers - Option - Risque**

COTATION

La fiabilité d'un marché, qu'il soit boursier ou non, tient à sa capacité à définir des prix représentatifs des comportements d'achat et de vente. Le prix des actifs échangés est une information clé de la décision économique. Sur les marchés financiers, l'établissement des prix est réalisé par des systèmes de cotation faisant largement appel à l'informatique.

Équilibrer l'offre et la demande

• Confronter l'offre et la demande

Tout étudiant en sciences économiques est rapidement face à la fameuse **loi de l'offre et de la demande** qui traduit les comportements opposés des vendeurs et des acheteurs face aux variations des prix sur un marché. Une anticipation d'une baisse des prix conduit les acheteurs à accroître leur demande et les vendeurs à réduire leur offre. Cela peut provoquer un excès de la demande par rapport à l'offre. À partir de ce moment, certains acheteurs seront prêts à payer plus cher, et l'évolution à la hausse des prix conduira les vendeurs à accroître leur offre. Le marché est donc un jeu de tâtonnements et d'ajustements permanents conduisant à la fixation d'un **prix d'équilibre**. Ce dernier doit satisfaire le maximum d'acheteurs et de vendeurs. En effet, le prix d'équilibre doit permettre la satisfaction de tous ceux qui sont prêts à acheter ou à vendre à n'importe quel prix (absence d'indication de prix), mais aussi la satisfaction de tous ceux qui étaient décidés à acheter à un prix supérieur au prix d'équilibre (ils avaient fixé une limite d'achat supérieure au prix d'équilibre) et de tous ceux décidés à vendre à un prix inférieur au prix d'équilibre (ils avaient fixé une limite inférieure au prix d'équilibre). Comme tout marché de libre concurrence, la Bourse se doit de respecter cette règle économique.

Prenons un exemple. Supposons que pour une action X, les souhaits exprimés d'achat et de vente soient les suivants :

À l'achat	(quantités)	À la vente	(quantités)
Sans indication de prix	550	Sans indication de prix	200
jusqu'à 329,5	25	jusqu'à 328	200
jusqu'à 329	50	jusqu'à 328,5	150
jusqu'à 327,5	100	jusqu'à 329	75
jusqu'à 327	200	jusqu'à 329,5	250

Pour déterminer le prix d'équilibre, il faut savoir quel niveau de prix satisfera le plus grand nombre d'acheteurs et de vendeurs. Pour cela, pour chaque niveau de prix, il faut confronter les offres et les demandes cumulées :

À l'achat		Prix	À la vente	
Col. 1 Titres	Col. 2 Cumul	Col. 3	Col. 4 Cumul	Col. 5 Titres
550	550	Sans indication	–	–
25	575	329,5	875	250
50	**625**	**329**	**625**	75
0	625	328,5	550	150
0	625	328	400	200
100	725	327,5	200	0
200	925	327	200	0
–	–	Sans indication	200	200

La colonne 1 donne le nombre de titres à acheter au palier correspondant, représentant une limite : à 327,5 F 100 titres sont demandés, ce prix étant une limite à ne pas dépasser. La colonne 5 a la même signification pour les ordres de vente. La colonne 2 est le cumul des titres demandés selon le cours possible : à 328,5 F il y a 625 titres demandés (les 550 sans indication de prix, les 25 jusqu'à 329,5 et les 50 jusqu'à 329) ; sont exclus les ordres limitant le prix à 327,5 F. Le cumul des offres est fourni colonne 4. Nous constatons que c'est pour un prix de 329 que le plus grand nombre de demandes et d'offres est satisfait ; il y a donc un prix d'équilibre.

• L'établissement des cours boursiers à la Bourse de Paris

L'établissement des cours est assuré en France par le système SuperCAC depuis 1995, lequel est le résultat de dix ans d'évolution du système informatique CAC. Ce système comporte cinq périodes clés dans la journée de cotation. La première est la période de pré-ouverture, de 7 h 45 à 9 heures, durant laquelle les ordres s'accumulent sur un cahier de cotation et donnent lieu au calcul sans cesse réajusté d'un cours d'ouverture théorique. À 9 heures, le cours d'ouverture est fixé (prix d'équilibre), afin de permettre l'échange d'un maximum de titres. Jusqu'à 17 h 30 (depuis le 2 avril 2000) les ordres vont alors être exécutés instantanément dans la mesure où il existe une contrepartie. Sinon, ils restent en attente. De 17 h 30 à 17 h 35, plus aucune transaction n'est effectuée, mais les ordres sont pris en compte sur la feuille de marché afin de déterminer, selon la même méthode que pour la période de pré-ouverture, le cours de clôture. C'est la période dite de pré-clôture. À 17 h 35, le cours de clôture est déterminé, toujours selon la méthode du prix d'équilibre. Celui-ci doit satisfaire le plus grand nombre d'échanges de titres, mais ce calcul s'effectue en fonction des cours limite ; les ordres sans indication de prix, dits au prix ou au cours du marché, sont pris en compte en priorité à l'ouverture puisque l'ordinateur les transforme en ordres limités au cours d'ouverture. Ils ont préalablement été classés par ordre chronologique d'arrivée. Le système distribue ensuite des quotités de titres disponibles à chaque ordre selon son classement, jusqu'à épuisement des quantités disponibles.

Les différents types de cotation

• Les modes de direction des marchés

La cotation est l'aboutissement d'un processus de négociation. Celui-ci peut être dirigé de deux manières : par les ordres ou par les prix.

– La **direction par les ordres** consiste à obtenir le prix d'équilibre par une confrontation des offres et des demandes. C'est celle que nous venons de présenter. Elle est effectivement mise en œuvre sur le Marché officiel et le Second marché à Paris. Ce système est celui utilisé dans les grandes bourses mondiales : New York Stock Exchange (Wall Street), American Stock Exchange, Tokyo ou Toronto. Il est à noter que les systèmes actuels de cotation sont des « petits frères » de cette dernière bourse qui fut la première à informatiser son système de cotation dénommé **CATS** ***(Computer Assisted Trading System)***. En effet, aujourd'hui, la cotation des actions et des obligations ne se fait plus à la **criée**. Dans ce système, les ordres étaient acheminés sur un lieu géographique déterminé (ainsi, en France, au palais Brongniart, les grandes valeurs étaient traitées à la **corbeille**) et confrontés physiquement les uns aux autres par des agents de change ou leurs commis. L'imagerie populaire a conservé de ces séances les cris, les gesticulations du personnel de parquet. Sur les marchés dérivés, la criée est très généralement maintenue, fortement adossée à l'informatique. Sur les marchés d'actions et d'obligations, la criée a donc été remplacée par un système informatisé. Cela a pour premier effet de supprimer la dimension physique du marché boursier et d'accroître sa caractéristique d'immatérialité. Aujourd'hui, les ordres sont acheminés automatiquement, quelle que soit leur origine géographique, vers un système de traitement qui les exécute et diffuse immédiatement dans le monde entier les résultats des transactions et les conditions des négociations.

L'automatisation des négociations est allée de pair avec la **cotation en continu**, c'est-à-dire avec une cotation permanente tout au long de la journée boursière. Ce fut une innovation majeure mettant fin à la cotation en **fixing**, qui fixait le cours d'une valeur une ou deux fois par jour. Avec la cotation en continu, les marchés boursiers mondiaux peuvent être plus facilement connectés les uns aux autres, faisant fi des décalages horaires. L'affichage permanent des cours et la possibilité d'intervenir à tout moment, aux quatre coins de la planète, a considérablement accru la liquidité des marchés boursiers et les possibilités d'intervention des professionnels.

– Le second type de négociation est la **direction par les prix**. Un marché est dirigé par les prix quand des intermédiaires **teneurs de marché** (***Market Makers*** en anglais) proposent en permanence pour les titres dont ils ont la charge un prix d'achat et un prix de vente. Cela signifie qu'ils s'engagent à acheter et/ou à vendre aux prix proposés. Le métier des intermédiaires est de trouver dans les meilleurs délais la contrepartie de l'ordre qu'ils ont satisfait. L'écart entre les prix de vente et d'achat (le cours de vente est toujours supérieur au cours d'achat) est appelé **fourchette** et il permet la rémunération de l'intermédiaire. Contrairement aux marchés dirigés par les ordres où les intermédiaires n'ont qu'un rôle technique, le **market making** confère à ces derniers un rôle considérable. En effet, de leur compétitivité naîtra la qualité et l'importance du marché. Ainsi, plus la fourchette sera réduite et plus le volume de transactions sera potentiellement élevé. Les intermédiaires préfèrent gagner moins par titre échangé mais plus grâce à un volume élevé. Cette logique est limitée par la possibilité de proposer des fourchettes fonction des volumes demandés ou offerts, notamment pour tenir compte du fait que plus un ordre représente un volume élevé plus il sera difficile à l'intermédiaire de trouver une contrepartie.

La Bourse de Londres (London Stock Exchange), le Second marché de Singapour (Seasdaq), et le Nasdaq au États-Unis sont principalement organisés autour de cette logique de *Market Making*.

• L'organisation du marché français

– Le système :

Le marché français est organisé autour du système **SuperCAC (Cotation assistée en continu)** et comporte trois groupes d'intervenants. Pour une valeur, les ordres sont collectés par les sociétés de bourse ayant la responsabilité du marché de cette valeur. Les ordres peuvent provenir des particuliers en relation avec un négociateur au sein de la société de bourse. Mais les particuliers peuvent passer par leurs banques, leurs caisses d'épargne, ou tout intermédiaire financier autorisé et en relation directe avec le carnet d'ordres de la société de bourse, y compris sur Internet. Après l'arrivée des ordres, cette dernière les « lance » dans le système de cotation, c'est-à-dire dans le marché. Le système SuperCAC prend en compte les ordres, les exécute en totalité ou partiellement selon les conditions du marché, et met à jour la feuille de marché. ParisBourse SBF SA assure quasi immédiatement la diffusion des opérations venant d'être prises en compte, et organise les opérations de règlement et de livraison des titres.

Le règlement (paiement) et la livraison des titres sont assurés par le système **RELIT (REglement-LIvraison de Titres)**, mis en place à l'automne 1990. Ce dernier offre tout d'abord une garantie aux opérateurs en effectuant un contrôle des provisions lors des dénouements des transactions. L'objectif est d'éviter que des titres soient livrés alors qu'ils ne sont pas payés, ou qu'ils soient réglés sans être livrés. Ensuite, le système RELIT garantit des délais standard de dénouement en obligeant les intermédiaires financiers (et donc leurs clients) à couvrir leurs positions débitrices (soit un excès de ventes sur les achats créant des besoins de titres, soit un excès d'achats sur les ventes créant un besoin de capitaux) en empruntant soit des capitaux, soit des titres. L'objectif est de garantir les opérateurs d'être livrés ou réglés dans un délai de trois jours pour les opérations au comptant, de cinq jours après la liquidation pour les opérations RM.

– **Les groupes de cotation :**

Pour que la cotation en continu soit efficace, il faut qu'elle s'applique à un volume élevé d'échanges quotidiens. Il est donc facile de comprendre que selon leur taille et la quantité de titres mis à la disposition du public (le **flottant**) les entreprises ne seront pas l'objet du même intérêt et donc des mêmes volumes d'échange. Il n'y a en effet rien de commun entre France Telecom (capitalisation fin 1999 sur le RM : 925 milliards de francs environ, plusieurs millions de titres échangés par an) et Bongrain (capitalisation fin 1999 sur le RM : 4 milliards de francs et quelques centaines de titres échangés par an). De façon à ne pas pénaliser les plus petites firmes, de « ne pas utiliser un marteau piqueur pour écraser une mouche », quatre groupes de cotation ont été créés :

La **cotation en continu** s'applique de 9 h à 17 h pour les valeurs à liquidité élevée (**groupe A**) et à liquidité moyenne (**groupe B**). De ces conditions de liquidité dépendent des normes de surveillance par ParisBourse SA. En effet, celle-ci peut suspendre la cotation d'un titre si elle estime les variations trop fortes et injustifiées par rapport à l'absence de nouvelle information. Pour le groupe A, la variation autorisée est de plus ou moins 10 % par rapport au cours de la veille. Si ce premier seuil est atteint, le cours est alors réservé pendant quinze minutes. Les seuils suivants sont à + ou – 5 % par rapport au cours de réservation avec un maximum de + 21,25 % et de – 18,75 %, la durée de réservation étant toujours de quinze minutes. Pour le groupe B, la variation du premier seuil est de + ou – 5 %, les suivants étant de + ou – 2,5 % par rapport au cours de réservation avec un maximum de + 10,25 % et de – 9,65 %. Pour le groupe B, les durées de réservation sont de trente minutes.

Pour les valeurs de moindre liquidité, la cotation en continu est abandonnée au profit d'un fixing, dit **fixing A** pour les valeurs du Premier marché (ex-Cote officielle) et du Second marché. Pour ces dernières, le carnet d'ordres continue à être géré en continu, mais la confrontation des ordres (donc l'établissement des cours) ne

Les intervenants du système de cotation

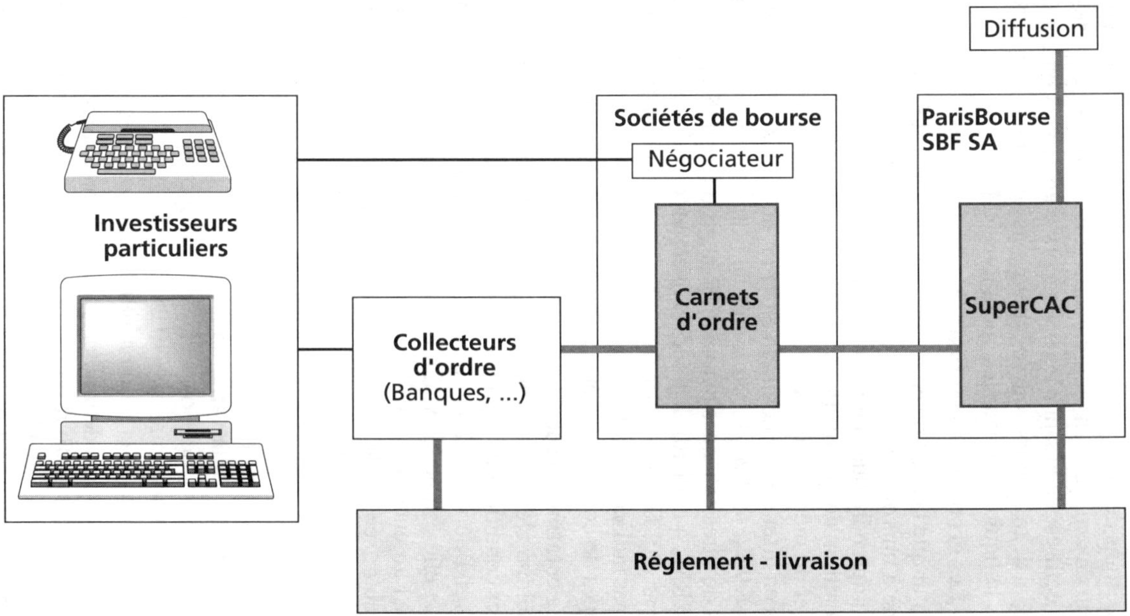

s'effectue que deux fois par jour, à 11 h 30 et 16 h. Sur ce groupe de cotation, les variations autorisées sont de + ou – 5 % par rapport au cours de clôture de la veille puis 5 % par rapport au cours de 11 h 30.

Les valeurs du Marché Libre appartiennent au groupe **fixing B** et ne sont cotées qu'une fois par jour, à 15 h (variations de + ou – 10 % par rapport à la veille, les valeurs **fixing NM** (double système de cotation sur ce marché avec le système en continu) donnent lieu à deux cotations à 10h30 et 16h30 (variation de + ou – 10 % par rapport à la veille puis par rapport au cours de 10h30).

– **La négociation de blocs :**

Dans certains cas, les volumes proposés à l'échange sont trop importants pour être négociés rapidement. Ils émanent essentiellement d'investisseurs institutionnels qui se constituent ou cèdent des lignes de titres de plusieurs millions de francs. Afin d'éviter une exécution trop fractionnée dans le temps et une incertitude quant au prix final, la ParisBourse SBF SA a défini pour un certain nombre de valeurs (dont celles du CAC 40) une **taille normale de bloc (TNB)**, fonction du volume moyen quotidien de transactions, d'un niveau minimum de un million de francs. La cession du bloc peut alors s'effectuer à un prix inclus dans la **fourchette de prix moyens pondérés (FMP)**, celle-ci étant constituée d'un prix d'achat moyen et d'un prix de vente moyen, les deux étant issus des demandes et des offres inscrites sur la feuille de marché. Ce système donne plus de flexibilité aux « grands » investisseurs, d'autant plus que la FMP est calculée et diffusée automatiquement et en temps réel pendant toute la séance boursière.

lire aussi **Autorités boursières - Opérations et ordres boursiers**

DIVIDENDE

Rémunération explicite des actionnaires, revenu du capital investi en fonds propres, le dividende est la part du résultat qui leur est distribuée. Il constitue pour les entreprises une véritable décision de politique financière.

Faut-il payer un dividende ?

Quand à la fin d'un exercice comptable, les entreprises dégagent un résultat bénéficiaire, la question qui se pose est de savoir quelle partie elles peuvent distribuer à leurs actionnaires. La réponse est d'autant moins facile à donner que les dividendes représentent une sortie d'argent et que les sociétés peuvent en avoir besoin pour financer leurs investissements.

• La neutralité théorique des dividendes

De nombreux théoriciens de la finance se sont penchés non seulement sur le fait de savoir s'il fallait ou non payer des dividendes, mais quel montant il fallait verser. Pour résoudre ce problème, tous étudient l'impact du dividende sur la valeur de la firme.

C'est dans cette optique que deux Américains, **F. Modigliani** et **M. Miller**, ont démontré en 1961 que le montant des dividendes distribués était sans influence sur la valeur des entreprises et que le montant du **taux de distribution** (dividendes payés/résultat net) ne devait pas poser de problème (**théorie de la neutralité**).

Dans des hypothèses de marché financier parfait (information gratuite pour tous, absence d'impôts et de coûts de transaction, concurrence parfaite) et de rationalité des investisseurs, Modigliani et Miller posent que la valeur d'une entreprise est fonction de ses flux futurs actualisés à un coût du capital représentatif du risque de la société. Si l'entreprise distribue la totalité de son résultat (taux de distribution = 100 %) et si elle doit financer un projet d'investissement, elle devra faire appel au marché pour y trouver les capitaux nécessaires. Si elle propose aux investisseurs un investissement maintenant ou améliorant sa performance, elle n'aura aucune difficulté à mobiliser les fonds nécessaires et la valeur du patrimoine des actionnaires ne baissera pas. Ces derniers seront à même de réinvestir dans l'entreprise ce qu'elle leur aura versé. Si elle choisit au contraire de ne rien distribuer et de conserver tout son résultat (taux de distribution = 0 %), les actionnaires ne conserveront leurs actions que si la valeur de leur patrimoine ne baisse pas. Pour cela, le résultat doit être investi de telle manière à ne pas amoindrir la performance de l'entreprise. Ainsi, pour Modigliani et Miller les actionnaires sont indifférents, à niveau de risque constant, à un franc de dividende ou à un franc de plus-value.

La thèse de la neutralité a été contestée par de nombreux auteurs, comme **J. Lintner** ou **M. Gordon**. Un premier type d'argumentation tourne autour des hypothèses restrictives sur lesquelles la théorie de la neutralité a été construite. Ainsi, la fiscalité et l'existence de coûts de transaction (plus élevés pour les émissions d'actions nouvelles que pour le paiement des dividendes) ne se traduiront pas par une indifférence des entreprises et des actionnaires. Par ailleurs, si ces derniers ont une aversion au risque plus forte, ils préféreront le paiement immédiat de dividendes plutôt que d'attendre de futurs dividendes plus élevés ou une éventuelle plus-value.

• Les pratiques des entreprises

Dans la réalité concrète et quotidienne des marchés, les entreprises cotées en bourse distribuent quasi systématiquement des dividendes. Les grandes entreprises continuent même à payer des dividendes quand un exercice est déficitaire en les prélevant sur les réserves. Ainsi, fin mars 2000, sur 858 sociétés du Premier marché et du Second marché (hors Nouveau marché), 483 ont versé des dividendes lors des 15 derniers mois. Sur le Nouveau marché, la proportion est beaucoup plus faible, pour des raisons de financement de taux de croissance élevés (12 sociétés sur 111, sur la même période).

La perception du dividende permet de mesurer le rendement d'une action en calculant le **taux de rendement du titre** : dividende/cours. Le rendement moyen de la cote officielle française a été en 1997 de 2,2 %. Mais ce rendement ne tient pas compte des mesures fiscales dont profitent les actionnaires. En effet, les dividendes étant calculés et payés sur un résultat ayant déjà supporté un taux d'impôt, les actionnaires les rajoutant à leur propres revenus, il est aisé de comprendre que cette source de revenu est ainsi imposée deux fois. Pour éviter cela, les détenteurs d'actions disposent d'un **avoir fiscal** (égal à 50 % des dividendes perçus) déductible de leurs impôts. Cette déduction fiscale accroît le rendement réel des actions. En 1999, les cinq plus importantes masses de dividendes mises en paiement ont été :

Sociétés	Capitaux versés (en millions d'euros)	Taux de rendement
France Telecom	1025	2,05 %
Totalfina Elf	687	2,24 %
Vivendi	597	2,00 %
Axa	592	2,28 %
Alcatel	391	2,25 %

Le paiement du dividende peut ne pas être effectué en liquide. Le dividende peut être payé en actions de la société. Le choix de la forme appartient aux actionnaires et ne peut être imposé par l'entreprise. En 1999, 49 sociétés du Marché officiel et 38 du Second marché ont proposé ce moyen à leurs actionnaires, aucune sur le Nouveau marché. Après avoir connu une accélération au milieu des années 90, le nombre d'entreprises utilisant ce mode de paiement tend à se stabiliser. Le paiement du dividende en actions permet à la fois de payer des dividendes et de conserver les capitaux.

En pratique, les dividendes doivent être payés dans les neuf mois qui suivent la clôture de l'exercice. Depuis 1994, des sociétés tentent de mettre en place un système de dividendes majorés pour les actionnaires qui détiendraient des actions depuis longtemps (la norme reste à définir). L'objectif est clair : il y a une volonté de fidéliser l'actionnariat. Mais cela n'est pas sans poser de problème : d'une part, l'égalité entre les actionnaires n'est plus respectée alors qu'ils prennent le même risque, d'autre part cela pose des problèmes d'évaluation des actions qui, ne percevant pas le même niveau de revenu pour un même risque, devraient valoir des prix différents.

Le dividende, vecteur d'information

Alors que Modigliani et Miller ont plaidé la cause de la neutralité dans un contexte de marché financier parfait, d'autres théoriciens se sont intéressés au rôle des dividendes dans des cadres d'asymétrie d'information, où les entreprises (ou leurs dirigeants) possèdent plus d'informations que les investisseurs sur le marché.

La **théorie du signal** s'appuie sur le fait que les entreprises, qui sont les demandeurs de capitaux, ont des informations, tant sur le plan quantitatif que qualitatif, supérieures aux investisseurs qui sont les offreurs de capitaux. Afin de permettre une allocation optimale des ressources, il faut un équilibre d'information obtenu par la fourniture par les firmes d'un certain nombre de signaux. Pour qu'un signal puisse être crédible, il faut qu'il soit coûteux et que la diffusion d'un signal « mensonger » soit sanctionné. Le dividende est considéré comme un signal potentiel. Non seulement il est coûteux pour l'entreprise, mais l'annonce inexacte d'une variation des dividendes devrait être sanctionnée par le marché. De très nombreuses études ont validé le rôle informationnel du dividende en montrant comment les investisseurs modifient leurs anticipations et réévaluent leurs placements lors de l'annonce des dividendes. Le marché apparaît sensible aux augmentations non anticipées des dividendes : il analyse celles-ci comme une capacité des entreprises à créer dans le futur de la richesse.

Les dividendes sont aussi considérés comme un moyen de discipliner les dirigeants non propriétaires des entreprises. À partir du moment où les dirigeants d'une société sont salariés, leurs objectifs peuvent être différents de ceux des actionnaires. Ainsi, les dirigeants peuvent laisser dans l'entreprise des liquidités très élevées. Leur objectif peut être, par exemple, d'acquérir une autre société. Mais ce projet peut mettre du temps à se concrétiser, il peut aussi modifier la performance future de l'entreprise. Autant d'éléments qui peuvent s'opposer à la valorisation maximale de l'entreprise pour ses actionnaires. Ces derniers ont donc intérêt à contraindre les dirigeants à leur verser des dividendes. Cela a pour effet de ne pas laisser des sommes trop importantes à leur disposition ou à les obliger à se présenter devant le marché financier lorsqu'ils estiment avoir besoin de fonds. Et cela peut aussi conduire les dirigeants à être très vigilants sur la rentabilité de l'entreprise de façon à dégager suffisamment de résultat pour pouvoir payer les dividendes.

lire aussi **Actif financier - Actionnaire - Risque**

ENDETTEMENT

Les années 70 et 80 ont porté au pinacle les dettes, présentées comme un moyen d'accroissement de la valeur des fonds propres. Les années 90, marquées par un phénomène de désendettement, ont mis en évidence le risque lié à un trop fort endettement et ont posé la question de savoir si les dettes, comme l'alcool, devaient être consommées avec modération...

Le financement par dettes

• Les avantages de la dette

Le financement par **dettes** présente pour premier avantage qu'il est moins onéreux que les fonds propres. Cela s'explique tout d'abord parce que les prêteurs ne fournissent pas leurs capitaux pour une durée indéterminée, tout emprunt a une échéance. Ensuite, les prêts peuvent être garantis : ainsi les emprunts obligataires sont-ils systématiquement adossés à des sûretés réelles (immeubles...). Ces deux aspects se traduisent par un niveau de risque inférieur à celui que prennent les actionnaires. Économiquement parlant, les dettes étant moins risquées que les fonds propres, leur coût est inférieur. Mais il le sera d'autant plus que la fiscalité avantage les dettes. En effet, leur rémunération, les intérêts, est déductible du résultat imposable : s'endetter permet de bénéficier de réductions d'impôts qui allègent d'autant le coût de la dette.

Les charges financières des emprunts d'une entreprise étant déductibles du résultat imposable, le paiement d'intérêts implique une économie fiscale.

	Entreprise sans emprunt	Entreprise avec emprunt
Résultat avant frais financiers	1 000 000	1 000 000
Intérêts des emprunts	0	300 000
Résultat imposable	1 000 000	700 000
Impôt (taux = s = 33 %)	330 000	231 000
Économie d'impôt	–	99 000

Le montant de l'économie fiscale est égal au produit des charges financières payées par (s), s étant le taux d'imposition, et le coût réel nominal de la dette sera (1 – s) (taux d'intérêt).

Le second avantage trouvé aux dettes est que, sous certaines conditions, elles accroissent la rentabilité des fonds propres. Prenons le cas de deux sociétés A et B ayant exactement la même activité et la même efficacité économique (leur rentabilité économique est identique) :

	Entreprise sans emprunt	Entreprise avec emprunt
1. Actif économique net	10 000 000	10 000 000
2. Fonds propres (FP)	10 000 000	5 000 000
3. Dettes financières (D)	–	5 000 000
4. Coût des dettes (i)	–	10 %
5. Rentabilité économique nette (Re)	15 %	15 %
6. Résultat d'exploitation (5 × 1)	1 500 000	1 500 000
7. Charges financières (3 × 4)	0	500 000
8. Résultat imposable (6 – 7)	1 500 000	1 000 000
9. Impôt (33 %) (s)	495 000	330 000
10. Résultat net (8 – 9)	1 005 000	670 000
11. Rentabilité des fonds propres (Rfp) (10/2)	10,05 %	13,4 %

Cet accroissement de la rentabilité des fonds propres par l'endettement est dû à l'existence d'un **effet de levier**. La rentabilité des fonds propres se mesure de la manière suivante :

$$Rfp = (1 - s)\ (Re + (Re - i)\ (D/FP)).$$

Le levier est constitué :

– d'un différentiel (Re – i) qui mesure ce que les capitaux empruntés investis dans le métier de la firme rapportent en plus de ce qu'ils coûtent ;

– d'un bras de levier, qui est le taux d'endettement (D/FP), qui accroîtra au fur et à mesure de son augmentation l'impact du différentiel.

Dans notre exemple,

13,4 % = (1 – 0,33) (15 % + (15 % – 10 %) (5/5) pour B

10,05 % = (1 – 0,33) (15 % + (15 % – 0 %) (0/10) pour A

Mais, nous pouvons remarquer que l'effet de levier peut se transformer en effet de massue tout aussi puissant, dès que le coût des dettes deviendra supérieur à la rentabilité économique des investissements qu'elles financent.

Dans les relations potentiellement conflictuelles entre les dirigeants salariés et les actionnaires mises en évidence par la théorie de l'agence, l'endettement est considéré comme un moyen de discipliner les dirigeants. En effet, un fort niveau de dettes implique une obligation forte de paiements des intérêts et des remboursements, ce qui exerce une pression : il est indispensable de trouver les liquidités nécessaires. Il faut donc que la rentabilité économique soit suffisamment forte et que la gestion des stocks et des créances soit suffisamment rigoureuse pour obtenir ces liquidités, et cela est dans l'intérêt des actionnaires.

Enfin, il faut reconnaître que la dette permet de financer l'activité et la croissance de l'entreprise sans toucher à la structure du pouvoir de décision, à la différence de l'augmentation de capital qui pose un problème de dilution.

• Le désendettement du début des années 90

Malgré ces avantages liés à la dette, les entreprises françaises, quelle que soit leur taille, cotées ou non, ont entrepris depuis 1984 un processus de désendettement visible dans la réduction du poids du coût de la dette dans le résultat dégagé par l'activité économique (ligne 1), repérable par l'amélioration de la capacité de remboursement (ligne 2) et confirmé par la réduction du taux d'endettement (ligne 3) :

	1984	1990	1992	1994	1995
1. Intérêts versés/Excédent brut d'exploitation (%)	38	28,2	35,4	30	27,5
2. Dette rémunérée/Autofinancement	8,1	6,9	7,2	6,0	5,5
3. Dette financière/Capitaux propres + amortissements et provisions (%)	80	41	36	28	25

Source : Lettre de conjoncture de la BNP, janvier 1996.

Les raisons de ce désendettement sont indissociables de la crise économique. En effet, cette dernière a réduit les niveaux de rentabilité économique, et par-là même le niveau du différentiel, accroissant les risques d'apparition d'un effet de massue. Ceux-ci étaient d'autant plus réels que la baisse des taux d'intérêt ne s'est pas produite en même temps que le ralentissement de l'inflation (1986), qu'elle n'a été sensible qu'à partir de 1993 et qu'elle a été lente à se diffuser. Sur le plan macro-économique, ce risque s'est constaté dès 1982, année à partir de laquelle le taux d'intérêt réel est devenu supérieur au taux de croissance économique.

Par ailleurs, le niveau non modulable des intérêts à payer et des remboursements à régler pouvait conduire les entreprises confrontées à un ralentissement de leur activité et à une baisse de leur profitabilité à un risque d'insolvabilité d'autant plus fort qu'elles étaient d'autant plus endettées.

Monter un emprunt obligataire

• Le montage et les partenaires

Toute société par actions, ayant deux ans d'existence et deux bilans approuvés par les actionnaires, dont le capital est libéré (tous les actionnaires ont versé les fonds liés à l'émission d'actions), sont autorisés à émettre des obligations. Cette émission est soumise à des conditions de publicité plus fortes lorsqu'elle fait appel public à l'épargne : diffusion d'une notice de présentation diffusée dans le Balo (Bulletin des annonces légales et officielles), diffusion d'un prospectus visé par la Commission des opérations de Bourse. L'objectif de ce cette publicité est de présenter aux investisseurs les caractéristiques financières de l'opération et de l'émetteur, et ce afin de réaliser une analyse du risque.

L'émission d'un emprunt obligataire est soumise à la consultation des anciens obligataires si le nouvel emprunt présente un droit de préférence modifiant les garanties des anciens emprunts. En dehors de cela, les conditions d'émission sont très libres. Pour un appel public inférieur à 1 milliard de francs (réalisé sur ce qui est appelé le **petit marché**), aucune autorisation ou information préalable ne sont nécessaires. Pour les émissions supérieures à 1 milliard, une simple information au Trésor est requise la veille du lancement de l'opération. Le Trésor joue une fonction « d'agent de la circulation » afin d'éviter les télescopages des opérations. Un calendrier des émissions est géré par un **Comité des émissions** (composé de dix établissements de crédit français) qui a également pour tâche de surveiller les conditions d'émission et les innovations techniques.

Pour placer les obligations dans le public, il faut faire la distinction entre les émissions syndiquées et non syndiquées. Dans une **émission syndiquée**, l'émetteur choisit une banque qui sera chef de file et qui dirigera un syndicat de garantie. Composé de banques et d'institutions financières, ce syndicat souscrit à une prise ferme des obligations à émettre. Moyennant une rémunération, ses membres s'engagent à les acquérir et les placer auprès des investisseurs. Cette garantie de prise ferme est une assurance pour l'émetteur qui est certain de percevoir la totalité des fonds demandés. Si une partie de l'emprunt est « rejetée » par le marché, ce n'est plus son problème immédiat mais celui des membres du syndicat.

Il peut y avoir des **émissions non syndiquées** sans contrat de prise ferme ; elles sont réalisées par des émetteurs qui ont leur propre réseau de distribution et dont les souscripteurs connaissent bien les produits, ne serait-ce que par leurs émissions répétées (grandes banques de dépôt, La Poste, Crédit Agricole...).

Il faut savoir que l'État ou quelques grands émetteurs publics émettent des emprunts obligataires par **adjudication** dite **« au mieux disant »** (anciennement appelée adjudication à la hollandaise). Les soumissionnaires proposent des conditions de prix et de quantités. Sera satisfaite en premier la soumission ayant le prix le plus élevé pour le taux le plus bas, et ainsi de suite jusqu'à concurrence du montant demandé par le Trésor.

Pendant la phase de lancement et avant la première cotation, les membres du syndicat peuvent réaliser des opérations de reclassement et de redistribution qui se déroulent sur le **marché gris**. Ce marché gris permet un meilleur ajustement des offres et des demandes des nouvelles obligations.

• Les composantes

Le montage d'un emprunt obligataire répondra, pour une entreprise, à trois critères fortement liés les uns aux autres : la durée, le prix et la quantité.

Le choix de la durée de l'emprunt à émettre se fera sous plusieurs contraintes. Tout émetteur a une préférence pour les durées longues, surtout s'il peut émettre à un taux fixe qu'il juge suffisamment bas. Mais en cela, il se heurte aux souhaits des investisseurs qui se situent à l'inverse. Depuis la fin des années 70, la durée des emprunts a eu tendance à se réduire et le 10-12 ans est apparu comme le terme le plus éloigné acceptable par le marché.

L'entreprise doit ensuite proposer un taux. Ce dernier sera fonction bien évidemment des taux pratiqués sur le marché et de son niveau de risque. Pour informer le marché sur ce dernier, les émetteurs peuvent demander à être notés. La **notation** (***rating*** en anglais) est délivrée par une agence de notation (Moody's, Standard & Poors, Agence d'évaluation financière (ADEF)). Après étude, celle-ci donne une note à la société sur son niveau de risque et l'entreprise décide ou non de communiquer sa note de marché. La grille de notation est la suivante :

Moody's	Standard & Poor's	Signification
Aaa	AAA	Ce rating est le plus élevé ; il indique une capacité à payer les intérêts et à rembourser le capital extrêmement forte.
Aa	AA	Capacité très forte de payer des intérêts et de rembourser le capital. La différence avec le rating précédent est très faible.
A	AA	Forte capacité à s'acquitter des intérêts et remboursements qui pourrait cependant être influencée par des modifications défavorables de la conjoncture économique.
Baa	BBB	Offre une assurance suffisante de paiement des intérêts et de remboursement du capital, qui a cependant une plus forte probabilité d'être affaiblie dans des situations économiques défavorables.
Ba	BB	Quelques doutes existent quant à la possibilité de faire face aux engagements. Il s'agit d'une obligation de qualité qui offre des garanties mais des incertitudes non négligeables existent à son propos.
B	B	Risque de défaut de paiement modéré.

/...

Moody's	Standard & Poor's	Signification
Caa	CCC	Risque de défaut de paiement élevé. Peut tomber en défaut de paiement ou en grand danger de défaut de paiement.
Ca	CC	Titre hautement spéculatif et ayant une forte probabilité de tomber en défaut de paiement.
C		Il s'agit du rating le plus faible du Moody's. L'obligation concernée a de très faibles chances d'être considérée comme un investissement fiable.
C	C	Obligation pour laquelle le paiement d'un intérêt vient d'être différé.
	D	Obligation par laquelle il y a des intérêts et/ou des remboursements en retard.

Le choix du taux ne pose pas qu'un problème de niveau ; il faut en effet choisir entre les différents taux possibles et surtout choisir entre un taux fixe et un taux variable. Si l'entreprise anticipe une hausse des taux, elle a tout intérêt à prendre un taux fixe pour éviter un accroissement futur du coût de sa dette ; si au contraire, elle anticipe une baisse des taux, son choix devrait se porter sur un taux variable puisqu'elle profitera de la baisse des taux. Mais les intérêts de l'entreprise sont opposés à ceux des investisseurs. En effet, si l'entreprise minimise son coût, elle minimise en même temps la rémunération des investisseurs. Cela conduit généralement les entreprises à choisir la formule de taux la plus favorable pour les épargnants et d'organiser, parallèlement à l'émission de l'emprunt obligataire, un **swap de taux** : elle échange avec une ou plusieurs banques son taux fixe contre un taux variable, ou inversement. Ainsi, elle satisfait le marché et ne pénalise pas le coût de son endettement.

Le troisième choix à réaliser est celui du volume à demander sur le marché. Aujourd'hui en France, il est quasiment impossible de faire un emprunt obligataire de moins de 100 millions de francs. Le volume demandé sera fonction des besoins financiers futurs de l'entreprise et du montant acceptable pour le marché ; ce degré d'acceptabilité s'exprimera dans l'évolution du taux d'endettement qui ne doit pas être trop forte et respecter les plafonds communément admis. Mais le problème du volume soulève aussi celui de la monnaie de référence de l'emprunt. En franc français, il peut être réalisé sur le marché domestique en francs ou sur le marché international en euro-francs, ce dernier étant moins coûteux, moins réglementé et permettant de lever plus de fonds. Mais une émission domestique peut également se réaliser en écus (euros). Par ailleurs, les emprunts peuvent être émis en devises étrangères ou en eurodevises sur le marché international. Le choix de ces différents supports sera fonction de la liquidité des marchés, de la stabilité des devises et des taux pratiqués.

lire aussi **Capital (augmentation de)**

ENTREPRISE (VALEUR DE L')

Après chaque séance de bourse, le cours de clôture multiplié par le nombre des actions de l'entreprise donne la capitalisation boursière représentative de la valeur des fonds propres de la société. Pour savoir si le marché effectue une évaluation correcte, ou au contraire sous ou surévalue la société, il est possible de confronter le cours de bourse à plusieurs méthodes de valorisation des sociétés.

Les méthodes boursières d'évaluation

• Valider par la capitalisation des résultats

Pour déterminer la valeur d'une entreprise à introduire en bourse, pour analyser les composantes d'un cours de bourse, un premier type de méthodes d'évaluation repose sur la **capitalisation des résultats**. Ces méthodes, issues de modèles théoriques aux hypothèses très strictes, sont plus des guides d'analyse que des outils de prévision absolue.

Le modèle de base est celui proposé par **Gordon** et **Shapiro** :

$$\text{Valeur de l'action} = \frac{\text{Dividende}}{k - g}$$, avec k = coût des fonds propres
avec g = taux de croissance des dividendes
avec k > g

Ainsi pour une entreprise versant un dividende de 100 F, ayant des actionnaires exigeant 12 % de rémunération et envisageant une croissance de 7 %, le prix de l'action devrait être de 100/(0,12 – 0,7) = 2 000 F.

D'autres modèles calculent la valorisation de l'action à partir du **bénéfice par action (Bpa) :**

$$\text{Valeur de l'action} = \frac{\text{Bénéfice par action}}{k - g}$$

Si g = 0, la valeur de l'action est Bpa/k. Sachant qu'une des mesures les plus utilisées de la cherté d'une action est son **Per** (***Price Earning Ratio***), que le Per est égal au rapport cours/bénéfice par action, le modèle ci-dessus permet de dire que le Per est l'inverse du taux de rentabilité exigé par les actionnaires :

$$\text{Cours} = \text{Bpa}/k \rightarrow \text{Per} = \text{Cours}/\text{Bpa} = 1/k$$

Ainsi un Per de 12 signifie que les actionnaires peuvent attendre une rémunération de 8,33 %.

Une des lacunes des méthodes précédentes est qu'elles ne prennent pas en compte des variations possibles du taux de croissance, qui peut être différent à différentes périodes. Ce point faible est comblé par la **méthode de Bates** qui permet de déterminer le Per d'une action à l'époque t, noté Mt, en connaissant pour les n années à venir :

– le taux de croissance attendu du bénéfice par action : g

– le taux de distribution des bénéfices : d

– le Per attendu en t + n : Mt + n

– le taux de rentabilité exigé par les actionnaires : k

Le modèle s'écrit :

$$M_t = d\frac{(1+g)}{(k-g)} \times \left[1 - \left[\frac{(1+g)}{(1+k)}\right]^n\right] + M_{t+n}\left[\frac{(1+g)}{(1+k)}\right]^n$$

Ainsi, lors de l'introduction en bourse de la société Fraikin, spécialiste de la location de véhicules, le modèle de Bates a été utilisé de la manière suivante :

– k = 9,4 % constitué du taux sans risque de 7,23 % (emprunt d'État à 7-10 ans) auquel a été rajouté une prime de risque de 30 % ;

– taux de distribution d = 20 % ;

– croissance de 22 % en 1995, 18 % en 1996 et 5 % sur les trois années suivantes.

Si l'investisseur souhaite un Per de sortie (Mt + 5) en fin de période de 13,9, le Per d'entrée (Mt) est de 16 fois le résultat 1994, soit une valeur des fonds propres de Fraikin de 1468 MF, soit 215 F/action puisque le capital de la société est constituée de 6 823 910 actions.

- **Valider par la comparaison**

Les comparaisons peuvent porter sur le PER, sur le rapport entre la capitalisation et le chiffre d'affaires, ou sur des données spécifiques au métier.

Ainsi, dans le cas de LibertySurf, le pionnier de l'Internet gratuit en France, la comparaison a été effectuée avec les sociétés comme Freenet.de, Freeserve (pour le marché européen) et AOL et Yahoo (pour le marché américain).

	Capitalisation boursière en millions d'euros	Valeur entreprise sur CAHT estimé pour l'an 2000	Valeur entreprise sur nombre d'abonnés estimé pour 2000
Freenet.de	4020	536	2451
Freeserve	13066	270	5507
AOL	154435[1]	20	4142
Yahoo	99447[1]	87	Non déterminé

Source : BNP Paribas, Bloomberg, Sociétés.

1. Cours de conversion utilisé : 1 euro = 0,85 USD.

Les moyennes obtenues peuvent être appliquées aux caractéristiques de l'entreprise analysée et déterminer ainsi un niveau de valeur pour une évaluation lors d'une introduction en bourse, ou pour apprécier une éventuelle sous ou surévaluation. Néanmoins, cette méthode est à manier avec une extrême prudence. Non seulement, elle ne repose sur aucun fondement scientifique, mais en plus les sociétés comparées sont rarement totalement semblables, notamment en terme de métier et de risque.

L'évaluation par la richesse future

En partant du principe qu'une entreprise est un actif financier et que la valeur d'un actif financier est la valeur actuelle de ses flux futurs, les sociétés sont évaluées en fonction des flux économiques, liés à leur activité, qu'elles vont dégager. Les flux économiques liés à l'exploitation sont déterminés par la séquence suivante :

+ Chiffres d'affaires
  (ensemble des flux « entrants » liés au métier)
- Charges d'exploitation décaissables
= **Excédent brut d'exploitation**
  (Surplus de flux laissé par l'exercice du métier)
- Variation du besoin financier d'exploitation
  (Variation de la différence entre les créances et les dettes d'exploitation « confisquant » de la trésorerie)
= **Excédent de trésorerie d'exploitation**
- Investissements liés au métier
- Impôt sur les sociétés
= **Flux économique d'exploitation *(Free Cash Flow)***

L'entreprise fournit au marché des informations permettant la construction de ces flux sur les prochaines années. Comme il est impossible de prévoir à l'infini, il est d'usage de considérer le flux prévisionnel de la 4e ou 5e année comme étant normalisé et reproductible *ad vitam aeternam* ; son actualisation à l'infini donnera la valeur résiduelle représentant la valeur de l'entreprise dans 4 ou 5 ans. Les flux économiques et la valeur résiduelle sont ensuite actualisés au coût moyen pondéré des ressources financières. Si Kd est le coût moyen des dettes après impact fiscal, D les dettes financières de l'entreprise, et si Ks est le coût des fonds propres exigé par les actionnaires et S les capitaux propres, le coût moyen pondéré des ressources est :

$$\text{CMPR} = \text{Kd}\,\frac{D}{S + D} + \text{Ks}\,\frac{S}{S + D}$$

La valeur obtenue est la **valeur de marché** de la firme, valeur issue de l'exercice du métier, quel qu'ait été le mode de financement de l'actif. Celui-ci ayant pu être financé par des capitaux propres et des dettes, la valeur des **fonds propres**, donc des actions, est obtenue en retranchant de la valeur de marché le montant des dettes nettes (dettes – disponibilités).

La valeur des fonds propres ainsi obtenue peut soit justifier le prix proposé au public lors d'une introduction en bourse, soit être comparée au cours boursier. L'analyse d'un éventuel écart entre le cours et la valeur calculée conduira les actionnaires à acheter (cas d'une sous-évaluation) ou à vendre (cas d'une surévaluation) les actions de la société. Ces derniers prennent ainsi une décision en fonction de l'évolution de leur richesse placée dans l'entreprise.

	Année 1	Année 2	Année 3	Année 4
+ EBE – Δ BFE				
= ETE – Invest. – IS				
= Flux économiques	Ft 1	Ft 2	Ft 3	Ft 4

Valeur de la firme = Σ Flux actualisés au coût moyen pondéré des ressources + Valeur résiduelle actualisée

→ Moins endettement net = Valeur des fonds propres

La valeur pour les actionnaires

Déterminer la valeur d'une entreprise revient à déterminer la valeur du patrimoine de ses actionnaires, ces derniers étant intéressés par la création d'une richesse supplémentaire. Le concept de **création de valeur** pour l'actionnaire, formalisé par **A. Rappaport**, recouvre une approche instrumentale et une approche normative.

L'**approche instrumentale** repose sur la détermination de la valeur des fonds propres de l'entreprise à partir des flux qu'elle dégagera. Dans le modèle ci-dessus, le calcul de la valeur résiduelle a été justifié par les difficultés de la prévision. Dans une approche de création de valeur, la période de séparation entre les deux périodes (dans notre exemple année 4) est considérée comme la limite de l'avantage stratégique de la firme, c'est-à-dire la période où ses concurrents seront à même de faire aussi bien qu'elle. À partir de ce moment-là, la firme est obligée de dégager une rentabilité au moins égale au coût de ses ressources financières.

L'**approche normative** repose sur l'étude des stratégies financières des entreprises et sur le bien-fondé des décisions stratégiques prises par les dirigeants des sociétés. Est-ce que les opérations de diversification, de course permanente à une taille supérieure, d'accumulation de liquidités ont créé de la valeur pour les actionnaires ou au contraire dilapidé leur patrimoine ? La deuxième position est celle défendue par les acteurs organisant des OPA inamicales sur des entreprises qu'ils estiment sous-évaluées (ne maximisant pas les flux qu'elles pourraient retirer de l'exploitation de leurs actifs).

Cette approche de la création de valeur pour les actionnaires donne les moyens à ces derniers de reprendre le pouvoir par rapport aux dirigeants salariés, et de les discipliner. En effet, ceux-ci doivent fournir au marché toutes les informations nécessaires à la correcte évaluation de la firme et ils doivent montrer ainsi que la stratégie qu'ils développent est la plus apte à optimiser le patrimoine des actionnaires. Si les dirigeants salariés des sociétés cotées ne le font pas, ils s'exposent au risque d'attirer l'attention de financiers capables de prendre le contrôle de leur firme, d'imposer une nouvelle stratégie et... une nouvelle direction, le tout avec la bénédiction des actionnaires pour qui la prise de contrôle est significative d'accroissement de richesse.

Cette réflexion sur la création de valeur permet de mettre en évidence que le résultat net comptable n'est pas l'instrument le plus adéquat pour analyser la capacité d'une entreprise à créer de la richesse pour ses actionnaires. Les décisions d'achat et de vente d'actions ne doivent pas se prendre simplement sur l'évolution du bénéfice par action. La variation du cours boursier reflète autre chose, elle est le signe de la confiance du marché dans la capacité de l'entreprise à créer de la valeur dans l'exercice de son métier. Dans le cours boursier, il y a intégration d'une dimension stratégique : il y a confiance ou non dans la pérennité d'un avantage stratégique. Cela montre bien qu'il y a dans un cours boursier une dimension à moyen et long terme.

lire aussi **Action - Actionnaire**

EURO-MARCHÉS

Issues de la volonté d'échapper à une surveillance ou à une réglementation, les euro-monnaies ont été la première forme de l'internationalisation globale de la finance. Elles ont servi de supports à des valeurs mobilières et créé des marchés « d'euro-titres » offrant aux investisseurs et aux émetteurs un cadre d'intervention totalement défiscalisé et déréglementé. Attention : les euro-marchés ne sont pas le marché de l'euro, monnaie unique européenne.

Les euro-monnaies ou la liberté inventée

• De l'euro-dollar aux euro-marchés

Dans les années 60 sont apparues de manière spontanée, c'est-à-dire sans intervention d'une autorité nationale ou supranationale, les **euro-monnaies** ou encore les **euro-devises** qui sont des dépôts en monnaies convertibles effectués dans des institutions financières situées en dehors du pays de la devise considérée. Des francs français détenus par une banque américaine en Australie sont des euro-devises (euro-francs), de même que des dollars détenus par une banque française en France ou au Royaume-Uni sont des euro-dollars.

L'origine des euro-monnaies est liée à l'apparition de l'**euro-dollar** à la fin des années 50. La première cause identifiée est le fait que dans les années 50 l'URSS disposait de fonds aux États-Unis afin de faciliter son commerce international. Le début de la guerre froide fit craindre aux autorités soviétiques un gel de leurs avoirs en dollars qu'elles déplacèrent donc, sans les convertir, dans des banques à Londres et à Paris, la Moscow Narodny Bank et la Banque Commerciale pour l'Europe du Nord. Par les prêts de ces capitaux en dehors des États-Unis, elles allaient créer le marché de l'euro-dollar. La première transaction fut identifiée le 28 février 1958. Au même instant, la livre sterling connaissait des difficultés liées à la diminution de son rôle international traditionnel après le deuxième conflit mondial. Pour résoudre ces difficultés, les autorités britanniques mirent en place une réglementation restreignant les crédits en livres et augmentèrent les taux d'intérêt. Pour contourner ces deux faits, les opérateurs eurent besoin du dollar et la place financière britannique développa son savoir-faire financier sur le développement de l'euro-dollar. Celui s'accéléra par le développement de la réglementation américaine. L'exemple le plus connu est celui de la **réglementation Q** qui interdisait aux banques américaines de rémunérer les dépôts à court terme au-delà d'un certain plafond. En 1967, la politique monétaire restrictive des autorités monétaires américaines (la Réserve Fédérale) eut pour effet de faire monter les taux au-dessus du plafond fixé. Les dépôts à court terme se déplacèrent des États-Unis à Londres pour bénéficier de la hausse des taux d'intérêt, et ils y furent encouragés par les banques américaines qui accueillirent dans leurs filiales anglaises ces capitaux.

La deuxième réglementation à avoir encouragé le marché de l'euro-dollar fut l'**IET** (***Interest Equalization Tax***) qui prévoyait un impôt sur les revenus financiers des américains. Cela ayant pour effet d'accroître le coût pour les emprunteurs (les prêteurs exigeant un rendement plus élevé afin de maintenir leur rémunération après impôt), ceux-ci prirent l'habitude de s'adresser au marché de l'euro-dollar, qui dès 1970 devint visible et crédible.

Si le dollar a été le premier support de la première euro-devise, les euro-marchés se sont étendus non seulement par le développement international de l'activité bancaire, mais aussi par l'accès au rang d'euro-devise d'autres monnaies. Aujourd'hui, toutes les grandes monnaies ont donné naissance à un euro-marché. Attention : il ne faut absolument pas confondre les euro-marchés avec le marché de l'euro, nouvelle dénomination de l'écu, monnaie européenne.

• Les avantages de la déréglementation

Les échanges sur les euro-monnaies ont donné naissance aux euro-marchés. Marchés caractérisés par la dissociation entre la monnaie de transaction, la localisation et la nationalité de l'institution financière réalisant l'opération, les euro-marchés offrent aux émetteurs, investisseurs et intermédiaires la possibilité de ne pas être soumis aux réglementations nationales. Cela leur permet tout particulièrement d'échapper à toute fiscalité.

Les euro-marchés sont des marchés délocalisés sur toute la planète. Ils sont le résultat des relations entre les institutions financières et leur croissance s'est appuyée sur le développement technologique des télécommunications. Les acteurs sur ce marché sont soumis à une très forte concurrence et doivent faire preuve de l'efficacité maximale. Cela a pour conséquence une diminution forte des coûts de transaction (en particulier les commissions et les marges des euro-banques) par rapport aux marchés domestiques. Il s'agit d'une source de gain aussi bien pour les émetteurs que pour les investisseurs. Il est en effet constaté que la rémunération des offreurs de capitaux est supérieure à celle obtenue sur le marché domestique, et que les taux d'intérêt demandés aux émetteurs sont moins élevés sur l'euro-marché que sur le marché national.

• Euro-marchés et internationalisation des capitaux

Le développement des euro-marchés doit s'analyser dans un développement de l'internationalisation de la finance. La taille mondiale des grandes entreprises et la déréglementation financière internationale (suppression des contrôles des changes par exemple) ont fait de la finance un gigantesque marché qui fonctionne 24h/24h. Mais l'internationalisation ne passe pas que par les euro-marchés. En effet, il est possible pour une entreprise française (comme le groupe français d'assurances AXA en 1996) de faire coter ses actions, en dollars, à la bourse de New York. Il y a également des entreprises américaines cotées à Paris en francs. À l'intérieur d'une nation, il y aura donc un marché financier domestique accueillant pour des opérateurs nationaux des opérations dans la devise nationale, mais aussi un marché « étranger » accueillant des flux financiers provenant de l'extérieur et convertis dans la devise nationale. Les euro-marchés se situent « à côté » de ces deux compartiments d'un marché financier national *(voir schéma p. 113)*.

Les titres émis sur le marché international des capitaux

• Le marché international des obligations

Le marché international des obligations se compose de deux catégories principales dont la frontière devient de plus en plus floue :

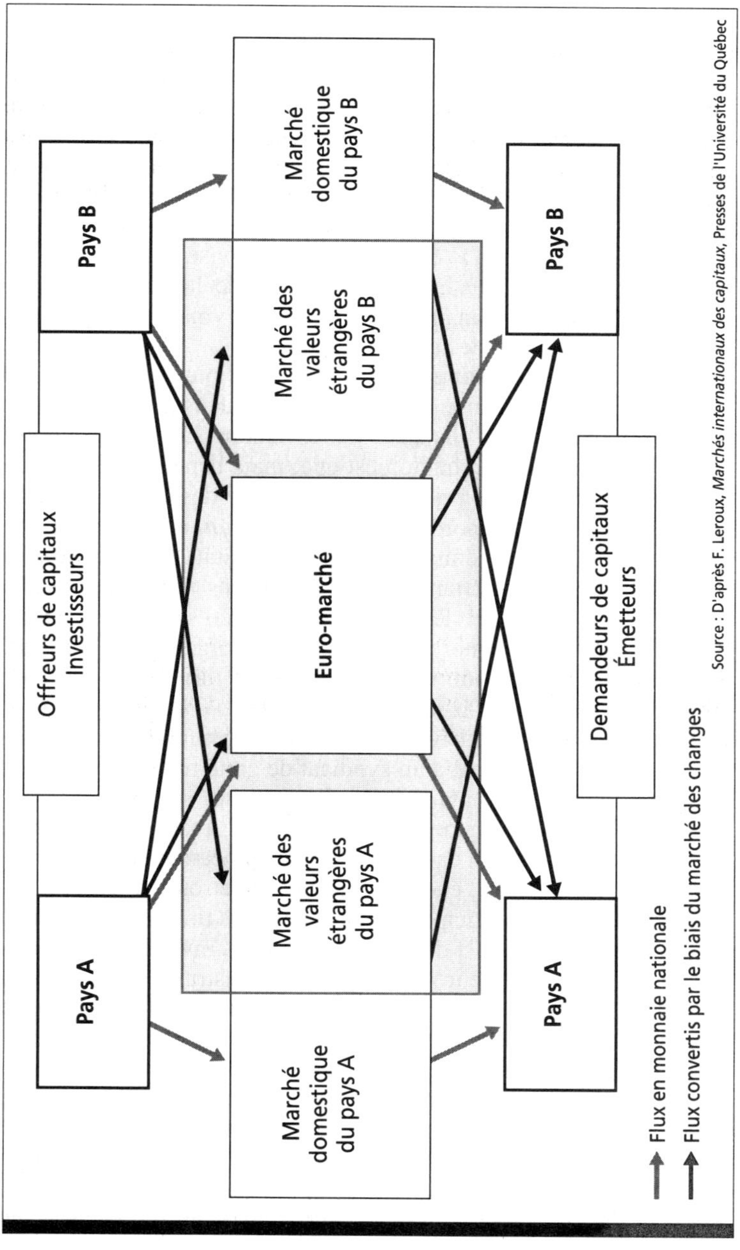

Source : D'après F. Leroux, *Marchés internationaux des capitaux*, Presses de l'Université du Québec

les obligations étrangères et les euro-obligations. Sur ces deux segments, tous les types d'obligation peuvent se retrouver, le marché international étant même souvent le laboratoire de innovations financières qui se retrouveront ensuite sur les marchés domestiques.

Les **euro-obligations** sont des obligations émises en euro-devises par un syndicat bancaire international et qui sont placées dans d'autres nations que celle dont la monnaie sert à libeller l'emprunt. Ces emprunts bénéficient bien évidemment d'un statut fiscal privilégié et dérogatoire. Le choix de l'euro-devise est fonction des volumes demandés, de la disponibilité et de la négociabilité de celle-ci en dehors de son pays d'origine, de la volatilité de ses cours (risque de change) et des taux pratiqués.

Les **obligations étrangères** sont des émissions domestiques réalisées par un émetteur non-résident, libellées dans la devise du pays et placées dans ce pays ou dans d'autres nations. Elles sont soumises à la législation du marché domestique, mais bénéficient généralement d'un statut fiscal privilégié. Le marché des émissions étrangères a vu fleurir des noms exotiques. Les ***yankee bonds*** sont des obligations étrangères émises en dollars aux États-Unis, les ***samouraï bonds***, obligations étrangères émises en yens au Japon et les ***chocolate bonds*** recouvrent les émissions étrangères en francs suisses.

L'émission d'un emprunt international s'organise autour d'une **syndication internationale**. L'emprunt est dirigé par des *lead-managers* (entre 1 et 4 banques) assistés de *colead managers* (de 4 à 20 banques) qui constituent le syndicat de direction (*management group*). Ils appartiennent à un syndicat de garantie plus vaste, pouvant regrouper une centaine d'institutions qui se portent garants (*underwriters*) de la bonne fin de l'emprunt. La totalité du syndicat de garantie se retrouvent dans un **groupe de placement** (*selling group members*) dans lequel, éventuellement, on retrouvera en plus des banques invitées à participer au placement des titres. La mission du groupe de placement est de faire souscrire les investisseurs finaux.

La crédibilité des euro-marchés s'est construite sur la fiabilité de leur marché secondaire. Sans liquidité, sans fiabilité des contreparties, il ne peut pas y avoir d'échanges, donc de marché secondaire. Sans ce dernier, il n'y aurait pas d'investisseurs sur le marché des émissions ou marché primaire. L'organisation du marché secondaire s'appuie sur des transactions par informatique et téléphone, constituant ainsi des marchés délocalisés, discrets et flexibles, car non réglementés (*over the counter*) et sur lesquels n'interviennent que des spécialistes qui se doivent de respecter les règles du jeu, sous peine de perdre leur clientèle en étant mis hors du circuit. La crédibilité du marché secondaire est liée à l'existence d'une **contre-partie permanente** (*market making*), permettant de répondre immédiatement aux ordres des investisseurs. Les *market makers* affichent en permanence une fourchette de prix et ils s'engagent à réaliser toutes les transactions sur cette base. L'absence de monopole et de réglementation est synonyme d'une concurrence très vive. Les intervenants (*market makers et dealers*) se sont regroupés dans l'**AIBD** (***Association of International Bond Dealers***), association de droit suisse édictant la déontologie du marché. Enfin les fonctions d'exécution des transactions, de compensation, de conservation des titres sont essentiellement assurées par deux organismes de compensation : **Euroclear** à Bruxelles et **Cedel** à Luxembourg.

• Les autres valeurs

Les actions internationales

Les émissions internationales d'actions comportent elles aussi un segment de placement des titres sur un marché domestique étranger et un segment d'émissions libellées en euro-devises. Comme pour les obligations, la frontière entre les deux a tendance à devenir moins nette. Les **euro-actions** (*euro-equities*) permettent aux entreprises d'accéder à un plus vaste volume de capitaux et d'accroître la diversité de leur actionnariat. Elles permettent d'éviter les éventuelles restrictions réglementaires du marché domestique.

Les titres à court et moyen terme

Les euro-marchés accueillent également des **financements intermédiés**, c'est-à-dire des financements accordés par des banques à des entreprises. Bien que de moins en moins utilisés depuis 1985, la première forme de prêts a été les **euro-crédits syndiqués**, qui consistaient en la mise à disposition par un syndicat bancaire de fonds dans des conditions identiques pour tous les participants des syndicats. D'une durée de 6 à 8 ans, les euro-crédits syndiqués étaient à taux variable, généralement le Libor (London InterBank Offered Rate). Ils ont été la première forme de prêts permettant d'accéder au financement international, augmentant ainsi la taille et la diversification des financements, et dont la rémunération suivait de près le coût de l'argent à court terme. Le marché des euro-crédits a vu sa croissance se bloquer en 1982, essentiellement à cause de la crise de l'endettement. Lorsqu'en août 1983, le Mexique informa les banques centrales des pays industrialisés sur son incapacité à faire face à sa dette, l'ensemble de la communauté financière internationale prit conscience du degré d'engagement trop élevé des banques, notamment américaines, sur des dettes dont la garantie était illusoire, puisque même les États devenaient insolvables. Une certaine méfiance s'est alors instaurée vis-à-vis des euro-crédits et des risques de surendettement. Parallèlement, du côté des emprunteurs, l'utilisation des taux variables avait provoqué de désagréables surprises. Entre la politique de lutte contre l'inflation engagée aux États-Unis et en Grande-Bretagne et la tension liée à la crise de l'endettement international, les taux à court terme avaient fortement augmenté, renchérissant considérablement les dettes. Ces événements ont entraîné le recul des euro-crédits.

Mais l'imagination financière s'est remise en mouvement et de nouvelles formes de financement intermédié sont apparues. Elles se sont tout d'abord orientées sur le court terme, puisque c'est sur le plan de la durée que les euro-crédits avaient connu des difficultés. À court terme se développèrent des **euro-notes**. Cette technique revient à émettre des euro-obligations à court terme en bénéficiant d'une garantie qui prend la forme d'une facilité à moyen terme, c'est-à-dire que les membres du syndicat bancaire s'engagent à apporter les fonds même si les notes ne se placent pas sur le marché. Les produits mis en place ont été nombreux, parmi eux les **NIF** (***Note Issuance facilities***) et les **RUF** (***Revolving Underwriting Facilities***).

Le succès de ces euro-notes fut tel que se créa dès 1984 un mécanisme de financement à court terme identique, mais sans garantie de placement. Ce fut les *Euro Commercial Paper* **(Euro CP)**. C'est après 1987 que se développa un marché des *Euro Medium-Term notes* **(E-MTN)** qui assura la jonction entre le court terme (Euro-CP ou euro-notes) et le long terme (euro-obligation).

Les euro-marchés offrent aujourd'hui une palette complète de produits, quels que soient les termes et les supports. Ils font l'objet d'une intense activité secondaire et sont le lieu d'émergence des innovations financières. À ce titre, la présence sur les euro-marchés a confronté les émetteurs au problème du choix entre des devises et des formes de taux. Les intérêts des investisseurs et des émetteurs n'allant pas automatiquement dans le même sens, se sont développés les **swaps**, techniques d'échange de taux ou de devise.

lire aussi **Obligation - Swap - Taux d'intérêt**

FINANCEMENT DE L'ÉCONOMIE

Dans une économie, le financement des investissements est assuré par le marché des capitaux, dont la bourse des valeurs mobilières est un des rouages.

Les capitaux s'échangent sur un marché

• La rencontre d'une offre et d'une demande

Tout le monde connaît le marché : c'est un lieu où des producteurs et des distributeurs proposent leurs marchandises à des consommateurs. Qui dit marché dit échange. Cet échange n'est possible que parce qu'une offre rencontre une demande. Un détenteur de biens souhaite s'en séparer : pour que cela soit possible il faut qu'il rencontre une personne qui veut les acquérir, en échange d'un autre bien constitué dans de nombreux cas par de l'argent. Si l'un accepte de vendre et l'autre d'acheter, c'est qu'ils pensent, l'un et l'autre, ne pas pouvoir réaliser ailleurs un meilleur échange, c'est-à-dire soit vendre plus cher pour le premier, soit acheter le bien moins cher pour le second.

Les économistes ont l'habitude de schématiser ainsi la rencontre de l'offre et de la demande :

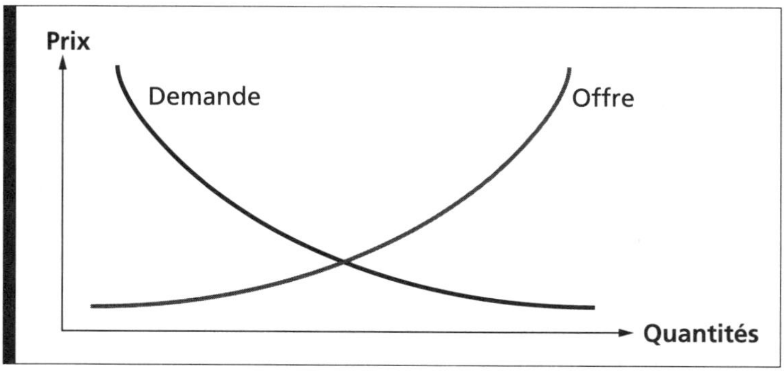

La courbe d'offre montre bien que si le prix de vente est faible, peu de possesseurs du bien proposé à l'échange seront prêts à s'en séparer. Plus le prix augmentera et plus les quantités offertes augmenteront. À l'inverse, la courbe de demande montre que les quantités demandées augmentent avec la décroissance des prix. L'intersection des deux courbes indique un **prix d'équilibre** qui doit satisfaire le plus grand nombre d'acheteurs et de vendeurs.

Très théorique, cette présentation a au moins le mérite de nous expliquer ce qu'est un marché :

– un lieu de rencontre qui peut avoir une existence physique (les Halles, l'Hôtel des Ventes aux enchères...). Mais il peut également ne pas avoir de limites physiques précises : le marché français de l'automobile, du micro-ordinateur... ;

– un lieu d'échanges : sans échanges il ne peut y avoir marché;

– une offre et une demande de biens dont les évolutions respectives permettront de fixer un prix d'échange du bien.

Tous ces éléments se retrouvent pour le marché des capitaux, c'est-à-dire le lieu, sans existence physique réelle, où vont se rencontrer les agents exprimant une **demande de capitaux** (agents à besoin de financement) et ceux ayant une **offre de capitaux** (agents à capacité de financement).

• Le marché des capitaux

L'offre de capitaux (l'épargne) et la demande (l'investissement) vont se rencontrer sur le marché des capitaux qui se compose essentiellement de trois branches. Sur chacune de ces branches, les demandeurs de fonds vont émettre des actifs financiers qui seront souscrits par les offreurs de capitaux.

La première est le **marché monétaire** où s'échangent monnaie et crédit, liquidités d'aujourd'hui contre liquidités futures, pour les besoins de l'État, des institutions financières et des entreprises, qui y ajustent de manière permanente leur trésorerie par des emprunts ou des prêts à très court terme. La deuxième est le **marché du crédit** où se rencontrent les demandes de capitaux à court, moyen et long terme qui sont, en gros, satisfaites par les crédits bancaires. La troisième branche du marché des capitaux est le **marché financier** où se rencontrent les offres et les demandes de fonds à long terme. Ce marché a pour objet de faciliter l'accès aux ressources financières, pour les agents économiques (essentiellement entreprises, administrations) qui ont des emplois (investissement) dont le financement dépasse leurs ressources propres actuelles.

Ces branches du marché se divisent en un **marché primaire** (émission des actifs financiers) et en un **marché secondaire** (échange et circulation des actifs financiers déjà émis).

Marché primaire et satisfaction des besoins financiers

Le marché des capitaux permet la rencontre des offres et des demandes de fonds, et le marché financier plus particulièrement une confrontation directe des offres et demandes sur le long terme. Quels sont les besoins motivant ces demandes ?

• Les besoins financiers des agents économiques

Qui a besoin de fonds à long terme ? De façon très rapide et très schématique quatre grands types de demandeurs de capitaux à long terme peuvent être distingués :

– L'État et ses administrations, ainsi que les collectivités locales (villes, départements, régions), ont à faire face à des besoins sans cesse croissants, aussi bien sur le plan de l'équipement et des infrastructures que sur le plan de la protection sociale. Il n'est pas toujours aisé de faire correspondre aux dépenses nécessaires des ressources, celles-ci ayant pour principale origine les prélèvements obligatoires (impôts, cotisations). Cela se traduit par des déficits budgétaires qui doivent être financés ; ce financement n'est possible que si des personnes physiques ou morales acceptent de prêter de l'argent à moyen et long terme. Dans l'immédiat, ce prêt (pour l'épargnant), cet emprunt (pour l'État ou la collectivité locale), servira à couvrir le déficit et il sera remboursé sur plusieurs années.

– Les entreprises privées sont à l'origine d'une demande de capitaux. Créer une entreprise implique de la doter d'un capital. Ainsi, avant même qu'elle ne vive, cette unité économique qu'est l'entreprise a besoin d'argent pour s'installer, pour acheter du matériel, etc. Cette demande rencontre généralement l'offre de capitaux émanant du ou des créateurs mêmes de l'entreprise. Si les capacités financières de ces derniers sont limitées, ils demanderont à des associés (membres ou non de leur famille), à des banques de les aider à répondre à la demande liée à la création de leurs entreprises. Une fois créée, cette entreprise va vivre et se développer. Or ce processus de croissance, indispensable à la survie, nécessite des capitaux : il faut s'agrandir, acheter de nouveaux matériels, en un mot continuer à investir. Pour répondre cette demande, il peut y avoir les résultats des entreprises. Mais ceux-ci peuvent être distribués (dividende) ou insuffisants par rapport aux besoins de la croissance. Il est alors possible de s'adresser aux premiers apporteurs de fonds ; s'ils ne peuvent faire face à la demande, de nouveaux offreurs de capitaux (actionnaires ou prêteurs) devront être trouvés. Il est donc important de bien comprendre que les entreprises constituent en règle générale des demandeurs permanents de capitaux.

– Les entreprises publiques seront, pour les même raisons que celles du secteur privé, des demandeurs de capitaux. Mais leurs besoins seront généralement plus forts. Cela tient d'une part à l'importance économique et stratégique des secteurs qu'elles recouvrent, où de forts investissements sont nécessaires : énergie (EDF et le nucléaire), transport (SNCF et TGV), aérospatiale (programmes Airbus et Ariane).

La deuxième raison de leur très forte présence sur le marché financier est que leur actionnaire principal, l'État, ne fait que très rarement face à ses obligations. Étant lui-même fortement demandeur de capitaux pour financer ses propres activités, il ne peut pas répondre aux besoins en capital des sociétés dont il est propriétaire. L'actionnaire principal étant défaillant, seuls les autres participants au marché financier pourront régler les problèmes de financement des entreprises publiques. Cela explique le poids de l'État et du secteur public sur le marché obligataire.

– Les banques et les intermédiaires financiers sont aussi des demandeurs de capitaux. Mais leur rôle est très particulier. En effet, si une partie des besoins en capitaux qu'ils expriment est liée à leur propre croissance, une autre partie servira à répondre aux besoins des entreprises, voire de l'État. Étant des spécialistes du financement, les intermédiaires financiers sont les mieux placés pour connaître les besoins réels d'une économie, mais aussi pour collecter l'épargne des particuliers (grâce notamment à leur réseau d'agences). Ils sont à même d'assurer ainsi une fonction d'**intermédiation** transformant une épargne liquide à court ou moyen terme en investissement à long terme. Ainsi les organismes financiers sont demandeurs de capitaux non seulement pour eux-mêmes mais pour l'ensemble de l'économie.

• Les capacités financières

Un marché permet la rencontre d'une offre et d'une demande. D'où provient l'offre de capitaux ? Son origine est simple : elle est issue de l'épargne. Les participants à la vie économique perçoivent un revenu après la fourniture de leur travail (ménages) ou la vente de leur production (entreprises). Cela leur permet de consommer, de payer les charges nécessaires à leur fonctionnement. Si l'ensemble de leur consommation est inférieur au niveau du revenu, il y a constitution d'une épargne, une capacité de financement se constitue. Les agents économiques qui en sont titulaires (individus ou entreprises) s'en serviront soit pour acheter des biens (investissement matériel), soit pour réaliser un placement (investissement financier) qui est un décalage dans le temps de la consommation. Le placement peut être fait directement auprès d'une entreprise demandant des capitaux ou auprès d'un intermédiaire financier qui disposera de celle-ci pour répondre à des demandes inconnues de l'épargnant.

• Le marché primaire des capitaux : la rencontre

La demande issue des besoins et l'offre née des capacités vont se rencontrer sur le marché primaire des capitaux.

Dans cette rencontre, les entreprises font appel au marché primaire des capitaux après avoir épuisé leur capacité d'autofinancement. Constituée des résultats et des dotations aux amortissements et provisions, celle-ci constitue un **financement interne**. Les entreprises utilisent leurs propres ressources, et il n'y a pas d'émission immédiate d'actif financier nouveau. Si celles-ci sont insuffisantes, les entreprises recherchent un **financement externe**. Celui-ci peut provenir des banques, des intermédiaires financiers (on parle alors de **financement indirect**) et dans ce cas-là les actifs financiers émis sont les contrats de prêt. Mais les entreprises peuvent s'adresser directement au marché des capitaux : on parle de **financement direct** et elles émettent, selon leur stratégie financière, des actions ou obligations pour le long terme, des bons négociables ou des billets de trésorerie pour le moyen et court terme.

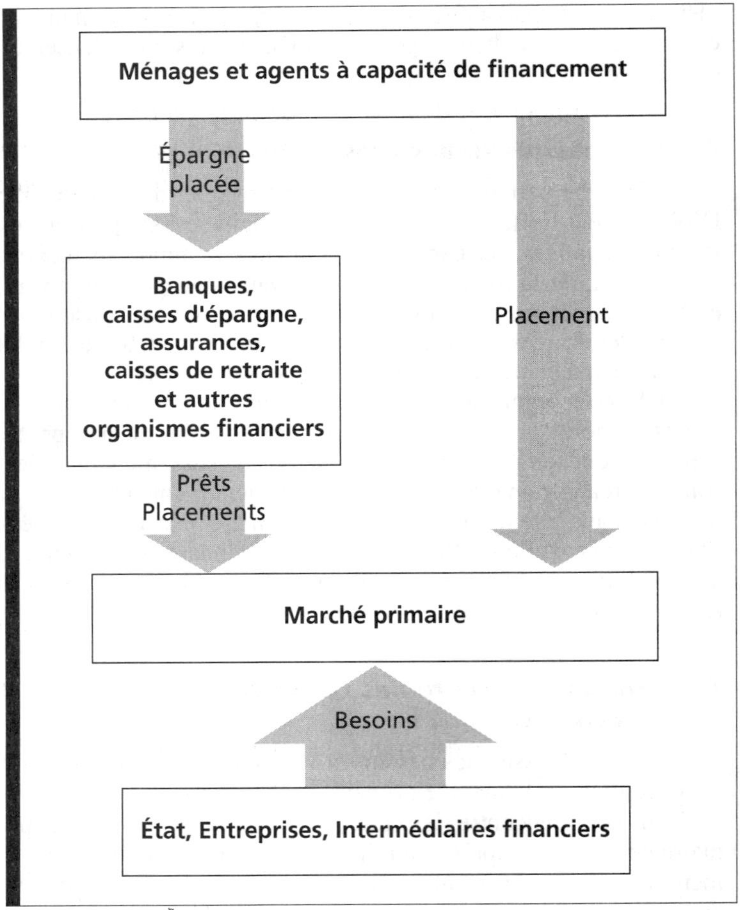

La bourse des valeurs mobilières trouve sa place dans le financement direct par l'émission par les sociétés cotées de nouvelles actions ou obligations.

lire aussi **Bourse (rôle de la)**

GLOBALISATION

Le développement de l'internationalisation de la finance aboutit non seulement à une interconnexion des marchés financiers nationaux, mais aussi à l'apparition d'un espace financier unique, globalisé, permettant l'émergence d'un prix unique dans le monde pour un actif financier donné. Cette globalisation exerce une forte concurrence sur les bourses nationales.

De l'internationalisation à la globalisation

• La très forte croissance des mouvements internationaux de capitaux

L'internationalisation de la finance s'est matérialisée jusque dans les années 80 par deux moyens :

– la cotation de valeurs mobilières émises par un émetteur de nationalité X sur un marché financier Y ;

– le développement des euro-marchés essentiellement fondé sur une volonté d'échapper aux contraintes imposées par les réglementations nationales.

Or, le mouvement de déréglementation des marchés financiers nationaux, motivé par une volonté d'attirer plus de capitaux internationaux, allié à un considérable progrès technologique a conduit à un développement des flux de capitaux entre les nations. La croissance des mouvements internationaux de capitaux sur valeurs mobilières est, depuis 1980, systématiquement supérieure à la croissance des volumes de transactions sur les bourses nationales. Cette croissance des flux de capitaux sur les valeurs mobilières entre les nations a toujours été plus rapide que la croissance du PIB.

Des pays comme l'Allemagne et la France ont été moins touchés par ce mouvement tout simplement parce que le poids de leur marché financier dans leur économie au début des années 80 était beaucoup plus faible qu'aux États-Unis ou au Japon.

en %	1980	1985	1990	Progression 1990/1980
États-Unis				
FTVM/PIB	9,3 %	36,4 %	92,5 %	846,6 %
TABV/PIB	15 729 %	25 091 %	25 132 %	59,8 %
Japon				
FTVM/PIB	7 %	60,5 %	118,6 %	1 594 %
TABV/PIB	17 323 %	28 776 %	52 731 %	204 %
Canada				
FTVM/PIB	9,6 %	26,7 %	63,8 %	564 %
TABV/PIB	11 197 %	11 452 %	11 824 %	5,6 %
France				
FTVM/PIB	8,4 %	21,4 %	53,3 %	534,5 %
TABV/PIB	2 059 %	3 247 %	13 919 %	575,9 %

FTVM = flux transfrontiers sur valeurs mobilières.
TABV = transactions actions sur bourses de valeurs.

Source : *Les Bourses de valeurs*, P. Lamy, Économica.

La croissance de l'internationalisation de la finance et des mouvements de capitaux s'est également appuyée sur le développement des marchés dérivés et le savoir-faire de certaines places. Singapour est devenue une grande place internationale, non pas par la croissance des produits financiers locaux, mais par la maîtrise d'une ingénierie financière portant sur d'autres produits. Parmi ceux-ci, nous pouvons citer comme exemple des contrats à terme dollar américain/deutschemark, des contrats à terme sur l'indice boursier de la bourse de Tokyo (le Nikkei 225) ou sur les obligations du Trésor américain. S'il devient plus efficace de se protéger ou de spéculer sur les taux d'intérêt américains à Singapour qu'aux États-Unis mêmes, de nombreux opérateurs n'hésiteront pas à faire circuler les capitaux jusqu'au Singapore International Monetary Exchange (SIMEX). L'internationalisation de la finance résulte donc en partie de la stratégie des marchés financiers nationaux visant à accroître leurs parts de marché en mettant en œuvre des instruments financiers liés à d'autres places financières. Ce phénomène s'est d'abord manifesté sur les marchés des changes, puis sur les taux d'intérêt et enfin sur les indices boursiers. En France, le Matif a suivi une telle stratégie.

• L'émergence de la globalisation

Cette course à la part de marché menée par des places financières situées dans une nation débouche sur une très forte concurrence entre les marchés mondiaux. La finalité d'un processus concurrentiel est de faire émerger les acteurs les plus efficients, qui vont petit à petit « dicter » leur comportement aux autres. En effet, si ces derniers veulent rester présents sur le marché, il faut qu'ils puissent offrir les mêmes services dans les mêmes conditions. C'est ainsi qu'au cours des années 80, la modernisation (tant en termes de technique que de réglementation et de défiscalisation) de certaines places financières a contraint leurs consœurs à les imiter, voire à aller plus loin. Il y a eu une spirale d'innovations et de libéralisation qui a conduit les marchés financiers nationaux à concentrer leur savoir-faire sur un nombre donné d'instruments financiers, issus ou non de leur propre réalité économique. Ainsi, des conditions techniques les plus optimales possibles, alliées à la diffusion instantanée partout dans le monde de la même information, ont abouti à l'émergence de la constitution de prix quasi uniques sur la planète pour un même type d'actif financier.

Mais cette globalisation n'est pas due qu'à l'évolution des structures ; il ne faut pas oublier les acteurs. Si les investisseurs individuels (les ménages) restent les « otages » des marchés nationaux, il n'en est plus de même des investisseurs institutionnels qui, quel que soit leur degré de spécialisation à l'international, sont de plus en plus à la recherche, tant pour eux mêmes que pour leurs clients (ménages, entreprises), des meilleures opportunités de placement sur la planète. Disposant d'une maîtrise des systèmes d'information et d'un haut degré d'expertise dans l'analyse des risques internationaux, ces investisseurs ne raisonnent plus en terme de nation mais de produit. Les instruments financiers sur les indices de la bourse de Tokyo leur apparaissent mieux traités à Singapour qu'au Japon et ils se dirigeront sans hésitation sur le SIMEX, même s'ils sont de nationalité japonaise. Contrairement aux marchés financiers d'avant 1950, il n'y a plus de barrière dans la circulation des capitaux, les différences fiscales tendent à s'estomper (d'autant plus qu'elles peuvent être « détournées » sur les euro-marchés), les fuseaux horaires ont disparu grâce aux technologies de l'information et la demande de titres et d'instruments financiers est issue d'investisseurs techniquement très compétents et moins atomisés (il y a moins de grandes maisons de courtage internationales que de petits porteurs). C'est pour cela que nous passons d'une finance parcellaire et nationale à une finance globale, ce mouvement pouvant remettre en cause l'existence de certains marchés financiers nationaux.

Une nouvelle concurrence pour les bourses

La globalisation financière ne se traduit pas seulement par une concurrence entre des marchés financiers nationaux. En effet, rien n'empêche d'imaginer des structures assurant les transactions (opérations de règlement et de livraison des actifs financiers) qui ne soient pas rattachées à un marché financier national. Cela est d'autant plus aisé que les euro-marchés voient, depuis la fin des années 60, assurer leur compensation par deux organismes indépendants, Euroclear (situé en Belgique) et Cedel (Luxembourg). Ces derniers ne sont pas restés cantonnés aux euro-titres et ont participé au développement des flux financiers entre les nations en ouvrant leurs services à des flux internationaux portant sur des produits nationaux. Aujourd'hui, leur activité portant sur des actifs financiers nationaux est même supérieure à celle sur les euro-titres. Euroclear et Cedel sont aujourd'hui les concurrents directs des bourses, notamment européennes, en proposant aux investisseurs internationaux d'excellentes conditions de règlement et de livraison sur des titres habituellement traités sur leurs marchés nationaux. Cette concurrence ne doit pas être prise à la légère : en 1994, Euroclear a connu un volume de transactions presqu'égal à la somme des volumes de transactions des quarante premières bourses mondiales !

Une deuxième source de concurrence pour les bourses nationales de valeurs mobilières réside dans les systèmes électroniques de négociation, facteur indiscutable de globalisation. Le principe est simple : un système électronique offre aux investisseurs la possibilité de négocier directement entre eux. Dans l'absolu, il s'agit d'un véritable marché boursier, ce qui pose de très nombreux problèmes. Le premier est bien évidemment celui de la sécurité des transactions, de la fiabilité des cotations, et en filigrane de la surveillance par une autorité compétente. Le second est celui de la liaison avec le marché boursier « officiel » : des écarts importants entre les deux ne sont pas concevables. Le plus ancien de ces systèmes est dénommé **Instinet**. Il est présent en France sous le statut de société de bourse, ce qui le place sous la surveillance des autorités de marché. Mais le développement d'**Internet** n'a pas fini de faire parler de ces marchés électroniques privés.

Face à ces deux formes de concurrence et pour justifier économiquement de leur place dans la globalisation financière, les bourses de valeurs ne se sont pas contentées de réagir en améliorant leur condition de fonctionnement, mais aussi en essayant de mettre sur pied un système de transactions qui leur serait commun. C'est l'objectif de **Globex (Global Exchange**). Créé en 1992 par le Chicago Mercantile Exchange (CME) et l'agence d'informations Reuter, Globex est un système informatique, dédié aux produits dérivés, permettant des transactions en dehors des heures d'ouverture des bourses qui y adhèrent. Ainsi, le Matif, qui est membre de Globex, voit ses instruments financiers continuer à faire l'objet de transactions après sa fermeture à 17 h 30 et jusqu'à son ouverture le lendemain à 10 h. Globex a pour vocation d'offrir un relais aux bourses nationales permettant de faire coter leurs contrats à terme et d'options (en réalité uniquement ceux faisant l'objet d'un fort volume d'activité) 24 h/24. En 1996, le bilan de Globex est mitigé. Les grands marchés mondiaux (CBOT et Liffe) en sont absents et il fonctionne essentiellement sur les instruments du CME et du Matif. La conséquence est que le volume de contrats traités est relativement faible et que cela ne permet pas de baisser suffisamment les coûts ; en tout cas, cela ne permet pas à Globex d'être beaucoup plus efficace que des accords bilatéraux entre deux places financières.

Parmi les évolutions les plus récentes, la création de l'***International Exchange*** par les Bourses de Londres et de Francfort début mai 2000 bouscule la géographie des places européennes. L'***International Exchange*** pèsera près de 4 500 milliards d'euros alors que l'**Euronext** regroupant les places de Paris, Amsterdam et Bruxelles ne représente qu'une capitalisation (sur actions) de 2 400 milliards. Londres sera chargé de gérer les valeurs traditionnelles et Francfort les valeurs de croissance. La question se pose désormais de savoir comment les places boursières de l'Euronext et notamment celle de Paris peuvent relever le défi d'être désormais au second rang en Europe…

lire aussi **Euro-marchés - Marchés dérivés - Matif**

HYBRIDE

Pour financer leur croissance, les entreprises ont besoin de capitaux. Les sociétés peuvent se les procurer en bourse soit par endettement, soit par augmentation de capital. Ces deux types de financement présentent à la fois des avantages et des inconvénients. Afin d'optimiser le financement des entreprises, les ingénieurs financiers ont développé des produits financiers, dits « hybrides », qui permettent de passer d'un statut « dette » à un statut « fonds propres », ou de ressembler à des capitaux propres sans en avoir toutes les caractéristiques.

Quand l'obligation peut devenir action

Pour une entreprise, émettre de nouvelles actions pose un problème de dilution du capital, du résultat et du pouvoir. De plus, le capital propre est la ressource financière la plus chère car la plus risquée. Pour éviter ces problèmes, il est possible de recourir à l'endettement, mais celui-ci n'est pas infini et a une durée de vie limitée. Il confronte également l'emprunteur et le prêteur au risque d'une évaluation défavorable des taux. Afin d'offrir une solution à ces problèmes, l'ingénierie financière a mis au point les **obligations convertibles en actions (OCA)**. Lors de l'émission, ce titre a le statut d'une dette et il offre une rémunération garantie. Son originalité est que son détenteur peut demander sa conversion en actions (une ou plusieurs selon les parités choisies) : au lieu d'être remboursé en liquide, l'obligataire perçoit un ou plusieurs titres de propriété. L'investisseur a ainsi la possibilité d'investir dans une entreprise en limitant ses risques, et si tout se passe bien de transformer sa créance en capital et de profiter alors de la croissance de l'entreprise. La convertibilité de l'obligation permet à l'entreprise de proposer un taux nominal de rémunération inférieur à celui d'une obligation classique : en effet le choix du type de remboursement est une opportunité qui se paie. Enfin, en cas de conversion, l'entreprise n'a pas à rembourser les fonds prêtés, ce qui lui facilite sa trésorerie et son financement.

L'obligation convertible en actions laisse le choix à son porteur. Ce n'est pas le cas de l'**obligation remboursable en actions (ORA)**. Ce produit définit clairement lors de l'émission de l'emprunt que l'obligation ne sera pas remboursée en liquide mais en titres de propriété. L'investisseur n'ayant pas le choix du mode de remboursement, la rémunération d'une ORA est supérieure à celle d'une convertible, tout en restant très légèrement inférieure à celle d'une obligation classique. Les entreprises qui émettent des ORA cherchent à limiter dans le temps l'effet de dilution qu'entraînerait une augmentation de capital immédiate.

Les bons de souscription

Une des contraintes des politiques financières des entreprises est de faire en sorte que la firme ait à tout moment les ressources financières nécessaires au financement de son exploitation et de ses investissements. Or les politiques de croissance peuvent se construire sur plusieurs années et une entreprise peut prévoir qu'elle aura besoin de capitaux non seulement tout de suite mais aussi dans trois, cinq ou sept ans. Que faire quand il n'est pas possible de demander tous les capitaux tout de suite, ne serait-ce que parce que cela n'est pas nécessaire ou que la bourse juge que cela déséquilibrerait la structure financière de la firme ? La solution consiste à réserver le marché, c'est-à-dire d'annoncer des opérations futures et de permettre à certains investisseurs d'y avoir un accès privilégié. Cette technique est possible grâce aux **bons de souscription** (ne pas confondre avec les droits de souscription). Lors de l'émission de nouvelles actions ou obligations, l'entreprise attache à chaque titre nouvellement émis un bon (ou plusieurs) donnant le droit de souscrire à une période donnée à un nouveau titre (action ou obligation) à un prix prédéterminé. C'est ainsi que les marchés ont vu se développer les **actions à bon de souscription d'actions (ABSA)**, les **obligations à bons de souscription d'obligations (OBSO)**, les **obligations à bons de souscription d'actions (OBSA)**. L'émission de bons de souscription autorise les entreprises à moins rémunérer le titre support, puisqu'elles offrent à leur détenteur la possibilité de participer à une future opération dans des conditions généralement privilégiées. Quant à la « réservation » de capitaux, elle n'est possible que si, au moment de l'exercice des bons, les conditions offertes sont meilleures que celles du marché. Ainsi, une société qui propose d'émettre des actions à 1 000 F en mars 1996 ne pourra le faire que si le cours de ses actions est supérieur à 1 000 F. Depuis 1987, les fortes fluctuations de la bourse ont provoqué le non-exercice d'un nombre élevé de bons. Cela a conduit les entreprises à proposer des bons remboursables en cas de non-exercice, à une valeur prédéterminée ; c'est ainsi que les OBSA sont devenues les **OBSAR**, le R annonçant le remboursement potentiel.

Les entreprises peuvent émettre des bons de souscription sans les rattacher à un titre support : il s'agit de **bons de souscriptions autonomes (BSA)**. Quels que soient leurs types, les bons de souscriptions font l'objet d'une cotation à la bourse, ils sont évalués comme des options puisqu'ils offrent à leur détenteur le droit mais non l'obligation d'acquérir un titre. Mais, attention, le marché des bons est très spéculatif !!!

Les « Canada Dry » de la finance

« Avoir l'aspect de l'alcool sans en être », tout un chacun connaît ce caractère distinctif du Canada Dry. En Finance, cela se traduit ainsi : comment avoir des fonds propres sans en avoir les inconvénients ? Autrement dit : comment bénéficier de la durabilité des fonds propres sans avoir à partager les droits de vote, c'est-à-dire le pouvoir ? Tous les propriétaires de sociétés sont confrontés à ce dilemme, y compris l'État qui, incapable d'accroître significativement les capitaux propres des sociétés nationalisées, ne souhaite pas (ou peu) partager le pouvoir. La solution a donc été de créer des titres ayant toutes les caractéristiques des actions, mais sans leur donner le droit de vote.

Le premier moyen consiste à « démembrer » une action en séparant la partie droit de vote (matérialisée par un **certificat de droit de vote**) et la partie capital, matérialisée par un **certificat d'investissement (CI)**. Des groupes industriels publics ont utilisé cette formule : Péchiney, Rhône-Poulenc, mais aussi des firmes privées (Bouygues, L'Oréal). Les porteurs de certificats d'investissement ont les mêmes droits qu'un actionnaire sauf celui de voter, leur droit au résultat peut être privilégié (**Certificat d'investissement privilégié, CIP**) avec la garantie d'un bonus ou d'une marge par rapport aux dividendes traditionnels. Il est à noter que la bourse française accueille un marché qui cote les certificats de droit de vote. En effet, si ceux-ci sont mis en circulation par la firme, ils peuvent être achetés. Le détenteur d'un CI et d'un certificat de droit de vote détient en fait une action classique.

Cette possibilité de retour à un titre normal n'est qu'exceptionnelle avec les **actions à dividende prioritaire (ADP)**. Ces dernières sont des actions qui donnent droit à un dividende supérieur, versé prioritairement aux dividendes des actions classiques. En échange de quoi, les ADP n'ont pas de droit de vote, elles permettent ainsi d'éviter toute dilution du pouvoir. Casino, Essilor et Legrand sont des sociétés ayant émis des ADP dans cet objectif. Une entreprise ne peut avoir plus de 25 % de son capital en ADP ; si pendant trois exercices, elle n'a pu distribuer de dividende prioritaire, les actions redeviennent normales avec la récupération du droit de vote.

Les **titres participatifs** sont le troisième type de valeurs « quasi fonds propres ». Réservés aux entreprises publiques et aux sociétés à caractère coopératif, ils ne confèrent aucun droit de vote. Contrairement aux certificats d'investissement et aux ADP, ils ne pourront jamais être des actions (sauf transformation statutaire dans le cas d'une dénationalisation) et ne confèrent aucun droit aux réserves. Leur rémunération est généralement composée de deux parties : une fixe (généralement un taux d'intérêt) et une variable, le plus souvent fonction de l'activité. Les titres participatifs sont remboursables au gré de l'émetteur ; en cas de faillite ils sont remboursés juste avant les actions. Les grandes firmes nationalisées (Renault, Thomson, Crédit Lyonnais, BNP...) avaient émis des titres participatifs essentiellement en 1985 et 1986.

Dernière « manipulation génétique financière », les **titres subordonnés** présentent comme caractéristique que les intérêts ne sont pas payés si l'émetteur a fait des pertes et n'a pas versé de dividendes. Ils peuvent être à durée indéterminée (**TSDI**) : leur durée de vie est celle de la société émettrice et en cas de liquidation, ils ne sont remboursables qu'après toutes les dettes. Il existe aussi des **titres subordonnés remboursables (TSR)** à une date donnée, que les législations internationales assimilent à des fonds propres pour les banques. Ainsi, la plupart des banques françaises en ont émis.

Ces produits financiers hybrides peuvent ne pas être utilisés isolément, mais en liaison avec d'autres produits. Ainsi, afin de financer dans les meilleures conditions sa croissance dans les branches emballage et papier recyclé, la société La Rochette a émis en mai 1990 des **OCBSAR**, sigle barbare pour désigner des **obligations convertibles à bons de souscription d'actions avec faculté de rachat**.

Le produit hybride le plus utilisé en 1999, aura été l'**OCEANE** (Obligation avec option de Conversion En Actions Nouvelles ou Existantes). Ce produit permet d'émettre une obligation et le détenteur de l'obligation aura la possibilité au gré de l'émetteur d'être remboursable en liquide ou par une ou plusieurs actions existantes ou nouvellement émises.

L'imagination des ingénieurs financiers n'est jamais en reste : la société Cerabati, spécialisée dans la céramique, a émis en juillet 1989 des **TSRBSORA**, c'est-à-dire des **titres subordonnés remboursables à bons de souscription d'obligations remboursables en actions** !!!

Exemples d'hybrides en 1995

Sociétés	Opérations	Montant collecté (millions d'euros)	Banque chef de file
Infogrames	OCEANE	200	Lazard Capital Markets
Vivendi	OCEANE	1500	Sole Bookrunner

lire aussi **Capital (augmentation de) - Endettement - Obligation**

INDICE

Il n'y a pas une radio ou une télévision qui en fin de journée ne donne pas l'évolution du jour du CAC 40. Plus qu'une information sur la tendance boursière, un indice boursier est avant tout un instrument de gestion.

L'utilité des indices boursiers

• Qu'est-ce qu'un indice ?

Tout un chacun connaît l'indice Insee des prix à la consommation et tout le monde sait plus ou moins que son objectif est de mesurer la variation du niveau des prix à la consommation. La fonction d'un indice est donc de mesurer la variation de l'objet étudié entre deux périodes : prix, nombre d'usagers, volumes consommés, etc.

Sur les marchés financiers, les prix des valeurs mobilières et les volumes de transactions évoluent chaque jour. Les intervenants sur ces marchés ont donc besoin d'une information synthétique pour connaître l'évolution du marché, et par là même sa performance. Tous les grands marchés financiers internationaux publient aujourd'hui des indices dont l'évolution est le signe de leur performance. Ces **indices** sont dits « **de capitalisation** ». Cela est bien évidemment le cas de la bourse française, la ParisBourse SBF SA calcule tous ces indices selon la même méthodologie.

Un premier calcul détermine tout d'abord un **indice** dit « **nu** » car ne mesurant que l'évolution des cours :

$$1000 \times \frac{\text{Capitalisation boursière de l'échantillon en t}}{\text{Capitalisation de base ajustée en t}}$$

La capitalisation boursière de l'échantillon en t est obtenue en additionnant toutes les capitalisations des titres choisis dans l'échantillon, celles-ci s'obtiennent en multipliant le nombre des n titres de chaque valeur i par leur cours en t ($C_i^{t)}$. La capitalisation boursière de base (CBA^0) est la capitalisation boursière de l'échantillon le jour de base, c'est-à-dire le jour de démarrage, du calcul de l'indice.

$$I_t = 1000 \times \left(\sum_{i=1}^{n} (Q_i^t \times C_i^t)\right) / (K^t \times CBA^0)$$

Ainsi, le CAC 40 a pour jour de base le 31.12.87, ce jour-là il était égal à 1 000. Cette capitalisation de base est ajustée par un coefficient (K^t) qui prend en compte la radiation ou l'admission d'une valeur, les opérations sur titres (division du nominal, attribution gratuite d'actions...), les opérations exceptionnelles (OPA...).

Les indices nus sont le plus souvent adossés à des **indices de rentabilité** (R^t) qui prennent en compte la distribution des dividendes (**indice de rentabilité nette**) et l'impact de l'avoir fiscal (**indice de rentabilité globale**). Ils sont corrigés en introduisant dans le calcul le dividende (net ou global) versé par la société i à la période t (D_i^t) multiplié par la quantité de titres le percevant :

$$R^t = ((R^{t-1}) / (I^{t-1})) \times (I^t + 1\,000) \times \left(\sum_{i=1}^{n} (Q_i^t \times D_i^t)\right) / (K^t \times CBA_0)$$

• À quoi sert un indice boursier ?

Le calcul des indices boursiers doit permettre de suivre l'évolution des prix des actifs financiers, mais aussi leur rentabilité. Un indice boursier, prenant en compte les dividendes, est un indicateur de performance. Il s'agit tout d'abord de mesurer la performance globale du marché. Ainsi, l'indice CAC 40, à la fin de la journée boursière du 11 avril 2000, présentait les caractéristiques suivantes :

Séance	– 1,63 %
Liquidation	– 0,11 %
Ouverture	6253,59 (– 1,75 %)
Plus haut	6316,8
Plus bas	6201,51
Clôture	6261,42

Pendant cette journée, le CAC 40 a baissé de – 1,63 %. Il était en baisse à l'ouverture de la Bourse de – 1,75 %. Il s'agit de la poursuite d'un phénomène de stabilisation puisque, par rapport à la dernière liquidation, il a diminué de – 0,11 % après une augmentation depuis la fin de l'année boursière 1999 de + 5,09 %. Les autres lignes donnent la valeur absolue du CAC 40 à l'ouverture et à la clôture (rappelons que la valeur 1 000 correspond au 31.12.87). Le tableau permet également de savoir quelle a été l'amplitude de ses variations pendant la journée.

Les indices de rentabilité permettent de suivre et de comparer les performances d'une entreprise, d'un secteur économique et bien évidemment d'un portefeuille boursier. La comparaison de la rentabilité d'un portefeuille sur un an à l'évolution de l'indice sur la même période fournit une image précise de la compétence du gestionnaire. Dans le suivi de l'évolution d'un indice, il est nécessaire de savoir si l'évolution globale concerne ou non la totalité des titres (en effet, des hausses peuvent être compensées par des baisses). L'analyse d'un indice s'accompagne des indicateurs suivants : nombre de valeurs en hausse ou en baisse par rapport à la période étudiée (jour, mois...), moyenne des variations de cours des valeurs à la hausse ou à la baisse, nombre de valeurs inchangées, réservées, suspendues ou non cotées.

Enfin, les indices permettent la construction de **produits dérivés** : les options sur indices boursiers et les contrats à terme sur indices boursiers. Ceux-ci permettent à des gestionnaires de s'assurer contre des évolutions défavorables du marché financier. Le CAC 40 est ainsi le support de deux produits : le « **CAC 40 option court terme** » qui permet de prendre des positions sur les trois mois à venir et le « **CAC 40 option long terme** » qui permet de prendre position sur les échéances trimestrielles standard (mars, juin, septembre, décembre) de l'année à venir à partir de la dernière échéance couverte par l'option court terme.

Lire les indices boursiers

• Les indices français

Le marché français des actions comprend quatre principaux indices de capitalisation :

– Le **CAC 40** (CAC = Cotation assistée en continu) est le plus connu et le plus utilisé d'entre eux. Il est calculé à partir d'un échantillon de 40 valeurs françaises cotées au Réglement mensuel (RM). Ces dernières figurent dans les 100 premières capitalisations du marché RM et doivent répondre à des critères stricts de liquidité concernant le flottant, le volume et le montant des transactions, le **taux de rotation quotidien** (rapport du volume de transactions sur la capitalisation boursière), la **fourchette moyenne** (écart entre la meilleure demande et la meilleure offre en %) et la volatilité. Le critère de liquidité est impératif pour être adapté aux opérations de couverture, d'arbitrage et de spéculation des marchés dérivés. Au 1er avril 2000, les valeurs composant le CAC 40 sont :

Accor	BNP	Danone	LVMH	Société Générale
Aérospatiale-Matra	Bouygues	Dexia	Michelin B	Sodhexo Alliance
AGF	Canal +	Equant NV	Peugeot SA	Suez Lyonnaise Des Eaux
Air Liquide	Cap Gemini	France Telecom	Pinaud Printemps Redoute	STMicro-electronics
Alcatel	Carrefour	Lafarge	Renault	Thomson CSF
Alstom	Casino Guichard	Lagardère	Saint Gobain	Total Fina
Aventis	CCF	Legrand	Sanofi-Synthélabo	Valeo
Axa	Crédit Lyonnais	L'Oréal	Schneider SA	Vivendi

Le calcul du CAC 40 est continu.

– Le **SBF 120** est composé des 120 valeurs les plus actives de la cote. Son échantillon est composé des valeurs du CAC 40, plus 80 entreprises inscrites sur un autre marché français. Ces valeurs sont retenues selon quatre critères : le montant des capitaux engagés, le nombre de transactions quotidiennes, le taux de rotation quotidien et la fourchette moyenne (écart entre la meilleure offre et la meilleure demande). Les valeurs du SBF 120 font partie des 200 premières capitalisations du marché français. Plus diversifié que le CAC 40, cet indice est un outil de référence à l'indexation de fonds et un outil de mesure de performance de la gestion en actions françaises. Le SBF 120 est calculé toutes les 30 secondes entre 9 h et 17 h 30.

– Le **SBF 250** a pour objet de représenter l'évolution du marché dans son ensemble et dans ses composantes économiques. Il est un instrument de référence pour la gestion à long terme des fonds investis en actions françaises, soit sur la totalité de la cote ou sur certains

Indices mondiaux

Places	11.04.00	Var. (%) veille	Var. (%) fin 99
New York			
DJ Industrie	11 351,3	+ 1,47	- 1,27
DJ Transports	2 902,4	+ 2,08	- 2,51
DJ Services	301,2	+ 0,66	+ 6,31
S&P 500	1 510,9	+ 0,43	+ 2,83
Nasdaq Composite	4 158,0	+ 0,72	+ 2,18
Russel 2000	516,9	+ 0,35	+ 2,40
Tokyo			
Nikkei 225	20 522,5	- 0,47	+ 8,39
Topix	1 701,1	- 0,91	- 1,23
Ind. Pan-Européens			
EURO Stoxx 50	5 174,4	- 2,04	+ 5,50
EURO Stoxx LARGE	430,6	- 2,28	+ 1,44
EUROTOP 100	3 769,0	- 1,45	+ 2,73
EU NM All Shares	5 672,0	- 7,09	+ 38,11
Londres			
FTSE 100	6 379,2	- 2,36	- 7,95
FTSE 250	6 361,0	- 1,53	- 1,3
Mines d'or	783,6	+ 0,05	- 15,58
Francfort			
DAX 30	7 442,7	- 0,99	+ 6,86
Euro NM	6 186,0	- 6,89	+ 35,3
Bruxelles			
BEL 20	2 913,4	+ 1,82	- 12,78
GENERAL	17 136,8	+ 1,44	- 10,17
Milan			
MIBTEL	30 673	- 2,33	+ 5,86
MIB 30	45 048	- 2,43	+ 4,78

Places	11.04.00	Var. (%) veille	Var. (%) fin 99
Amsterdam			
AEX	660,62	- 1,70	- 1,61
Madrid			
Général	1 050,3	- 1,64	+ 4,14
IBEX 35	11 515,3	- 2,15	- 1,08
Stockholm			
OMX	1 368,7	- 3,22	+ 14,15
Vienne			
ATX	1 109,35	- 0,72	- 7,39
Toronto			
Séance Composite	9 439,9	- 0,22	+ 12,2
Sydney			
Général	3 155,4	- 1,00	+ 0,09
AX20	1 966,4	- 0,88	+ 4,97
Hong Kong			
Hang Seng	16 487,7	- 2,15	- 2,80
Singapour			
Strait times	2 131,4	+ 0,21	- 14,04
Buenos aires			
Merval	561,6	- 1,01	+ 2,03
Mexico			
Bolsa Index	395,3	- 0,45	- 14,04
Wellington			
NSZ 40	2 135,2	- 0,88	- 3,24
Johannesburg			
Industrielles	8 788,7	- 2,95	- 4,59
Mines d'Or	1 044,7	- 0,08	- 9,05
Djakarta			
Composite	569,7	+ 0,02	-15,83

Source : FIBV.

segments. De ce fait, il est un outil de comparaison utilisé par les économistes et les analystes financiers dans l'évaluation économique des entreprises. Il comprend les 120 valeurs du SBF 120, complétant ainsi la logique d'emboîtement des deux précédents indices.

– Le **Midcac** et le dernier né de la bourse de Paris. Son objectif est de fournir un outil de mesure à tous les investisseurs ayant un intérêt de plus en plus marqué pour des entreprises de taille moyenne, dont les caractéristiques sont différentes, et dont le comportement boursier n'est pas rendu par les autres indices. L'échantillon du Midcac est composé de 100 sociétés cotées à la Cote officielle ou au Second marché. Il ne comprend aucune société immobilière et financière, aucune firme ayant été cotée moins de 175 jours sur les 250 séances annuelles et il exclut les 20 % de capitalisation les plus fortes et les 20 % les plus faibles. Des critères de liquidité sont bien évidemment requis. Le Midcac n'est pas emboîté avec les autres indices, mais certaines valeurs peuvent appartenir au SBF 120 ou 250. Le Midcac est calculé deux fois par jour : à l'ouverture et à la clôture.

– Il existe également un indice Second marché et un indice Nouveau marché.

• Quelques indices internationaux

Sur tous les marchés financiers du monde, des indices sont calculés. Ils peuvent être produits par les autorités de marché elles-mêmes ou par des sociétés produisant de l'information financière (Standard & Poors, Morgan Stanley...). Ils peuvent porter sur la totalité du marché (indice général), sur un nombre réduit de valeurs (le Nikkei 225 à Tokyo...), sur des secteurs industriels (le Dow Jones (DJ) Industriel ou le DJ Transport, les mines d'or à Londres ou Toronto). Les **indices composites** sont des indices combinant plusieurs approches. La comparaison des indices permet de confronter les performances de différents marchés ou secteurs ; l'analyse doit être conduite en tenant compte des caractéristiques de calcul qui peuvent être différentes. Un indice mondial des bourses de valeurs est également calculé par Morgan Stanley Capital International.

Parmi les indices internationaux, signalons la création d'indices paneuropéens. Ainsi, l'indice EuroStoxx 50 mesure l'évolution de cinquante valeurs phares européennes.

lire aussi **Cotation - Marché boursier français - Marchés dérivés**

KRACH

Depuis la crise des tulipes en Hollande en 1636, en passant par la banqueroute de Law en France en 1720, le mardi noir d'octobre 1929 et la crise immobilière de cette fin de siècle, la mémoire des marchés est jalonnée de situations où la chute des cours a été aussi profonde que rapide, phénomène pouvant aboutir à l'arrêt total du marché et à la faillite des intervenants.

Le krach de 1929

• Les origines financières du krach

Sans entrer dans le débat sur la place des éléments financiers dans la dépression des années 30, micro-phénomène ou au contraire variable décisive, une chose est sûre : la crise boursière est la plus facile à repérer et elle atteint son paroxysme les fameux jeudi et mardi noirs, les 24 et 29 octobre 1929. Ces deux jours-là, la bourse américaine allait s'effondrer.

Le krach boursier ne peut s'expliquer sans comprendre comment s'était développé un engouement pour les valeurs cotées en Bourse. Celui-ci mettait en lice trois intervenants un acheteur, un courtier, une banque, qui avaient tous intérêt à ce que les cours montent sans arrêt, et ce même au mépris des principes d'évaluation d'un actif financier. La hausse continue des titres était alimentée par des achats permanents reposant sur le principe de l'achat à crédit et sur marge. Un acheteur, qui anticipe la poursuite de la hausse, achète sans avoir les capitaux correspondants (**opération à découvert**). Il emprunte à un courtier (broker) la somme nécessaire à son achat, et garantit son emprunt par les titres achetés à crédit. À terme, quand le cours des titres a suffisamment monté, l'acheteur peut les revendre, rembourser le courtier, lui laisser un taux d'intérêt élevé et empocher le gain. Mais la chaîne ne s'arrête pas là. En effet, pour pouvoir prêter, le courtier doit emprunter. Il le fait auprès des banques, qui face à la demande croissante de crédit (la hausse des cours attirant de plus en plus d'acheteurs) exigent des taux d'intérêt élevés, ce qui est favorable à leurs déposants. Tous les intervenants sont donc gagnants tant que les cours ne cessent de monter. Nous sommes bien dans un mouvement spéculatif pur, où la valeur intrinsèque des actifs n'est plus prise en compte.

Mais supposons qu'à un instant donné, les cours se mettent à stagner, voir à très légèrement baisser, soit parce que des mauvaises nouvelles économiques sont diffusées, soit parce que de opérateurs estiment que le potentiel de hausse est devenu nul et qu'ils vendent. Si la baisse succède à la hausse, cela entraîne immédiatement la baisse de la valeur des titres laissés en garantie chez les courtiers. Ceux-ci vont demander à leurs clients d'ajuster leur garantie, non pas en fonction de la valeur des titres, mais en fonction de l'emprunt qui a été fait. Cet ajustement se nomme un **appel de marge**. Pour y répondre, le client, qui est endetté au maximum, est alors obligé de vendre des titres sur le marché afin de récupérer des liquidités. Cette attitude est d'autant plus probable que face à la montée des risques, les banques vont soit refuser des prêts supplémentaires, soit augmenter fortement leurs taux. Mais la vente des titres sur le marché va accélérer la baisse des cours, et c'est ce mouvement à la baisse qui s'est déclenché en octobre 1929, ruinant de nombreux épargnants.

• Les faits

Le krach fut d'autant plus violent et fit d'autant plus de victimes qu'une véritable folie boursière s'était emparée des États-Unis.

G. Thomas et M. Morgan-Witts la racontent dans *Les coulisses du krach de 1929* (Éditions Belfond). « ... La rage débordait jusque dans les wagons du métro !... un forcené s'indignait qu'il n'y ait pas de téléscripteur dans chaque rame... cette revendication n'était pas si absurde. Ainsi, dans une usine de Boston, on avait dans tous les ateliers de grands tableaux noirs où un commis venait, toutes les heures, écrire à la craie les derniers cours de Bourse. Au Texas, dans un ranch, les cow-boys pouvaient se tenir au courant minute après minute grâce à des haut-parleurs branchés sur la radio et disposés dans les pâtures et les corrals. Où cela allait s'arrêter ? [Cela ne pouvait pas s'arrêter]. Il était facile, trop facile d'acheter à terme. De fait, il était presque impossible de faire autrement, une fois que l'on avait ouvert un compte chez un agent de change. Mais il était autrement difficile de savoir revendre à temps, d'être assez sage pour empocher ses bénéfices et devenir véritablement millionnaire. Il était trop tentant, au contraire, de s'accrocher à son portefeuille et d'attendre que le cours des valeurs continue à monter, comme il ne cessait de le faire depuis si longtemps, pour s'assurer ainsi des profits encore plus mirobolants.

Ce mécanisme se perpétuait et se nourrissait de lui-même. Comme les investisseurs ne se séparaient de leurs titres qu'avec la plus grande répugnance, il fallait bien en créer de nouveaux pour rassasier la fringale de tous ceux qui exigeaient d'en acheter. Cela ne posait d'ailleurs aucun problème. Ainsi, en ce mois de septembre, il avait été émis pour plus d'un milliard de dollars d'actions nouvelles de plus que les émissions de tous les mois de septembre des années précédentes ! La fournaise du Stock Exchange devait à tout prix être alimentée en carburant. Elle flambait haut et clair. Il y avait toujours en abondance des actions et des obligations à la disposition de tous, grands et petits. Et que la Bourse montât ou baissât, peu importait. Tout le monde, ou presque, était intimement persuadé que le boom durerait éternellement. »

Personne ne voulait vendre, tout le monde s'accrochait à son portefeuille, et les banques et les entreprises alimentèrent cette vague spéculative.

La fin du mois de septembre 1929 ne fut pas sans problème. Les cours baissèrent et remontèrent à chaque fois grâce à l'intervention des banques. Mais personne ne comprit les signaux d'alarme montrant que le système mis en place ne pouvait plus fonctionner, que les possibilités de financement étaient épuisées. Le mouvement de baisse des cours s'accentua à partir du samedi 19 octobre, mais comme le mardi 22 il y eut une légère amélioration, les petits porteurs ne s'inquiétèrent pas de la baisse des cours du mercredi 23 octobre...

Seuls les professionnels (banquiers, agents de change...) étaient inquiets en cette matinée du 24 et attendaient avec angoisse l'ouverture de la Bourse à 10 heures. Ils étaient d'autant plus soucieux que de longues queues d'épargnants s'étaient formées devant les banques afin de s'informer ou de retirer leurs dépôts, ce qui réduirait d'autant les possibilités de prêt par les banques et confirmerait la situation d'illiquidité. Les premiers ordres qui arrivèrent entre 10 h et 10 h 30 n'avaient rien d'alarmant. Le raz de marée des ventes, des liquidations (les gens vendaient la totalité de leur portefeuille) démarra peu avant 11 heures. Le mouvement allait s'amplifier, accentué par l'impossibilité technique de communiquer les cours. En effet, les communications par téléphone et téléscripteur furent telles qu'un incroyable embouteillage retardait de plus d'une heure les échanges d'information. Ainsi un ordre parti à 10 h 30 de Baltimore n'arrivait sur les téléscripteurs de Wall Street qu'à 11 h. Ce fut donc la panique, dont Winston Churchill fut témoin pour le *Daily Telegraph* : « Je voyais ces hommes s'offrant d'énormes paquets d'actions à la moitié, au tiers de leur valeur et ne trouvant personne d'assez hardi pour accepter les fortunes assurées que les autres étaient contraints d'abandonner. » Le mouvement ne s'arrête que par une intervention massive de l'agent de change de la banque Morgan qui à 13 h 30 commença à racheter des titres. Ce fut le dernier soutien organisé, mais quatre heures après la fermeture de Wall Street, la presse annonce la débâcle : 12 894 650 actions avaient été échangées et à douze heures les pertes représentaient 6 milliards de dollars !

Tout le monde était persuadé que le plus dur était passé et fut encouragé en cela par le bon comportement de la Bourse le vendredi 25. Mais la baisse reprit le 26, le 28 et le 29 ce fut la deuxième journée noire.

Mardi 29 octobre 1929, Wall Street ouvre à 10 h. Dans les trois premières minutes, 650 000 actions de l'US Stell étaient proposées à la vente, ne trouvant pas preneur à 179 dollars alors qu'elles cotaient 205 dollars le 24 ! La chute de l'US Stell ouvrit la porte à la folie. L'action Westinghouse perdait deux dollars à la minute, et en un quart d'heure, ITT chutait de 17 dollars. À 10 h 30, 3 259 800 actions avaient été vendues et les pertes s'élevaient à deux milliards de dollars. Plus personne (du plus petit porteur à d'importants courtiers) ne pouvant financer son découvert, tout le monde se mit à vendre. À 17 h 30, 16 383 700 actions avaient été vendues et les pertes dépassaient les 10 milliards de dollars ! Tels sont, schématiquement présentés, les faits de 1929. La baisse s'est poursuivie : l'indice New York Times résumant l'évolution des valeurs à Wall Street était de 452 le 3 septembre 1929, il tombera jusqu'à 58 le 8 juillet 1932. L'effondrement de la bourse américaine touchera les autres bourses : l'indice des valeurs françaises de Paris passa de 507 en septembre 1929 à 269 en septembre 1931, mais la déconfiture fut moins importante, car la spéculation y avait été moins forte.

Les professionnels de la bourse tirèrent les leçons de ces événements. D'une part, les opérations boursières à crédit furent plus sévèrement contrôlées et les exigences de couverture, de garantie devinrent plus strictes. D'autre part, des normes de publication d'informations financières furent imposées aux entreprises et la première institution chargée de surveiller le marché, la ***Securities Exchange Commission (SEC)***, vit le jour. Le premier à la diriger fut d'ailleurs Joseph Kennedy, le père du futur président des États-Unis. Nous constatons donc que ces mesures avaient pour objectif de rassurer les épargnants en minimisant les risques de distorsion de l'information.

Octobre 1987 : un krach est toujours possible

L'absence d'incidents majeurs sur les marchés boursiers entre 1929 et 1987 laissait à penser que les événements d'octobre 1929 ne se reproduiraient pas. La Bourse apparaissait comme un domaine où il était possible de perdre ou de gagner de l'argent à l'abri de secousses violentes et des excès. Les systèmes de régulation mis en place en 29 semblaient s'être révélés efficaces. Le lundi 19 octobre 1987, de vieilles angoisses se sont réveillées, et en nous appuyant sur ce nouveau krach boursier nous repérerons les facteurs constitutifs du gonflement artificiel des cours, appelée **bulle**, et du retournement brutal.

• 1987 : un krach plus violent qu'en 1929

Le 19 octobre 1987, quand la cloche retentit à la bourse de New York pour marquer la fin des transactions, le Dow Jones affiche une perte de 508 points, soit une baisse de 22 %, qui efface le triste record du 29 octobre 1929 (12,9 %). Cette chute, liée au fait que 338 millions d'actions ont été vendues, annule huit mois de hausse. Des valeurs comme IBM n'ont pu être cotées qu'après plusieurs heures, signe d'une panique émanant aussi bien des grandes institutions que des petits porteurs. La chute des cours allait se poursuivre jusqu'à la fin du mois d'octobre, affectant la totalité des places mondiales. Quelle que soit sa brutalité, cette chute ne peut être directement comparée à celle de 1929. En effet, il est indispensable de revenir sur les années 1981-86, durant lesquelles les marchés financiers se sont développés sous la conjonction de trois phénomènes.

Le premier a été un vaste mouvement de **déréglementation** : la disparition de nombreuses contraintes législatives nationales (suppression de réglementation plafonnant les taux d'intérêt, suppression des commissions fixes, admission dans les Bourses nationales de firmes étrangères, suppression des monopoles des agents de change...), la suppression du contrôle des changes ont ouvert de nouveaux espaces financiers dans lesquels les capitaux du monde entier se sont engouffrés.

Le deuxième phénomène est le développement des technologies de communication internationale : leur progrès a été tel qu'il est possible d'intervenir quasi immédiatement sur n'importe quelle place financière. Cela a considérablement accru les possibilités de circulation des capitaux, d'arbitrage et de spéculation entre les différents produits financiers et les différentes places. Les barrières de temps, d'espaces, de capacités de traitement ont disparu des paysages financiers, facilitant les phénomènes de surréaction.

Enfin, le troisième phénomène a été la multiplication de produits financiers de plus en plus sophistiqués. Si cette sophistication croissante a permis à des opérateurs de se protéger, elle n'en a pas moins eu pour corollaire un développement de la spéculation.

Ces trois phénomènes ont donné naissance à un marché international des capitaux sur lequel le soleil ne se couche jamais et où le montant de l'ensemble des transactions financières (toutes devises, tous taux, tous termes, tous produits) atteint 1 000 milliards de dollars par jour (contre environ 15 milliards de transactions commerciales) ! La sphère financière s'est développée d'autant plus facilement que la croissance des besoins de financement des déficits publics (notamment aux États-Unis) a contribué au maintien de taux de rémunération d'autant plus élevés que, parallèlement, l'inflation baissait. Cela a attiré de plus en plus l'épargne des ménages et des entreprises, les uns et les autres séduits par des gains « faciles ». À partir de là, beaucoup ont franchi le pas qui les séparait de la spéculation, perdant de vue quel devait être le fondement de la valeur réelle des valeurs mobilières. De plus en plus de liquidités sur des marchés de plus en plus ouverts et sophistiqués (donc sensibles) ont conduit à une hausse effrénée des cours, sans aucune mesure avec la croissance réelle des entreprises. Nous retrouvons là, dans un contexte différent, les comportements de 1929.

• Les raisons potentielles d'un krach

Vu le contexte global décrit ci-dessus, le krach de 1987 ne peut avoir d'explication unique. La concomitance de plusieurs faits a conduit à un changement brutal et général du comportement des marchés. Ces faits pouvant se reproduire, il nous apparaît important de les identifier afin de mieux comprendre comment les phénomènes spéculatifs peuvent se reproduire et se terminer, systématiquement, par un krach.

– Un premier élément explicatif est économique et montre que les marchés financiers ne peuvent être déconnectés de l'économie réelle. Il mettait en cause en 1987 les déficits jumeaux américains (budgétaire et commercial). De nombreux experts estimaient que les États-Unis ne pouvaient vivre éternellement au-dessus de leurs moyens ; pour cela ils devaient réduire leurs déficits, or la réduction brutale de ces derniers aurait un effet récessif important sur l'économie mondiale, remettant en cause les bénéfices futurs des entreprises et ne justifiant donc plus la hausse des cours des actions.

– La deuxième explication du krach est essentiellement monétaire et repose sur les dangers que font courir à l'économie mondiale les mouvements de yo-yo des principales monnaies et notamment du dollar. En février 1987, les 7 pays les plus riches du monde signaient à Paris les **accords du Louvre**, dont l'objet était d'engager les signataires à tout mettre en œuvre pour maintenir le dollar entre 140 et 150 yens, et 1,8 - 1,9 mark. La mise en place de ces accords allait poser des problèmes. L'ensemble des pays signataires, sauf les États-Unis, estima que ces derniers faisaient peu d'efforts pour réduire les déficits jumeaux. Cela conduisait à une sous-évaluation croissante du dollar et obligeait les banques centrales européennes et japonaises à soutenir massivement ce dernier. Pour éviter que ce soutien ne conduise à un gonflement de la masse monétaire, les pays créanciers des États-Unis, principalement la République fédérale allemande, augmentèrent leurs taux d'intérêt. Les États-Unis ne l'ont pas toléré et le secrétaire d'État, James Baker, déclara le 18 octobre 1987 : « Nous ne resterons pas dans ce pays les bras croisés à regarder les pays à balance commerciale excédentaire remonter leurs taux d'intérêt et freiner ainsi la croissance mondiale, dans l'attente que les États-Unis remontent à leur tour leurs propres taux d'intérêt. » Cela a suffit pour que les marchés envisagent pêle-mêle une guerre monétaire, une récession mondiale, une relance de l'inflation et prennent les dispositions qui ont fait plonger les cours. Nous retirons de ces faits que les marchés financiers ont besoin de stabilité monétaire, élément important des anticipations des investisseurs. Toute dégradation du degré de coopération monétaire internationale, toute attitude gouvernementale ou toute information laissant peser le moindre doute sur la valeur d'une ou plusieurs monnaies entraînera de forts et brusques mouvements de capitaux, rendus d'autant plus possibles par la libéralisation internationale du marché des capitaux.

– La troisième explication du krach est financière et repose sur les principes fondamentaux de valorisation d'un actif financier.

Motivée par les mouvements erratiques du dollar et la crainte d'une reprise de l'inflation, une forte hausse des taux d'intérêt à long terme en 1986 et 1987 a conduit les gestionnaires de portefeuille à des arbitrages entre actions et obligations. La chute brutale des cours est expliquée par le fait que la rémunération des actions, fonction de leur risque, devient insuffisante par rapport à celle d'autres actifs. Ainsi, après cinq années de hausse des cours (1982-86), le rendement des actions à Paris était passé de 8 % à moins de 2 % ! Cette hausse des taux s'est traduite par une diminution forte de la prime de risque. À la fin de septembre 1987, la prime de risque à Paris n'était que de 0,6 et la différence de rémunération entre les obligations et les actions n'était que de 1,53 %. Face à la hausse des taux à long terme, ces quelques données montrent que Paris (et cela était identique sur les autres places) était un marché où il était fort probable que les investisseurs abandonnent les actions, puisque leur rémunération devenait insuffisante par rapport aux risques qu'elles faisaient courir. Mais si les informations ci-dessus sont significatives d'un changement probable du comportement du marché, elles n'indiquent en rien la date du retournement de tendance et encore moins son amplitude.

– La quatrième explication est liée aux techniques de gestion de portefeuille, et en particulier le type de gestion de portefeuille appelé «***portfolio insurance***». Il s'agit d'une technique de gestion, largement automatisée, dont l'objectif est de faire profiter le client de toute hausse de la bourse, tout en limitant le risque maximal de baisse à un niveau plancher prédéterminé par l'investisseur. Une étude détaillée des paramètres de cette technique de gestion dépasse le cadre de cet ouvrage, mais il faut savoir qu'elle conduit, en cas de hausse des actions, à accroître fortement leur part dans les portefeuilles, inversement en cas de baisse. C'est pour cela qu'une partie de la rapidité de la baisse d'octobre 1987 a été souvent attribuée à ce type de gestion, d'autant plus efficace qu'elle est généralement entièrement informatisée. Ainsi, les plus sophistiqués de ces programmes prévoient, lorsque le cours des actions baisse de 3 % et plus d'acheter des contrats à terme sur indice. En effet, si la baisse des cours se confirme, l'indice va baisser et le gestionnaire de portefeuille en rachetant les contrats réalisera un bénéfice venant compenser la baisse des actions au comptant. Ce faisant cette technique crée en général un décalage entre le terme et le comptant (environ 2 à 3 %), ouvrant la place à des stratégies d'arbitrage ; celles-ci consistent notamment à vendre des actions au comptant (car dans un premier temps, elles sont légèrement surévaluées) pour acheter des contrats à terme sur indice (dans un premier temps légèrement sous-évalués vu le courant de vente de ces mêmes contrats issu des programmes informatisés de porfolio insurance). Le 19 octobre 1987, l'écart comptant-terme atteignant 20 à 30 %, cela déclencha une avalanche de ventes au comptant, créant une spirale infernale à la baisse que les stratégies d'arbitrage ne pouvaient plus corriger.

Est-ce une version financière de l'apprenti sorcier ? Doit-on condamner l'ensemble des marchés à terme, qui ont tous fortement chuté, même quand ils n'étaient pas liés à des programmes informatiques ? Il est indéniable que les marchés à terme sont hautement spéculatifs, mais cela est inhérent à leur fonction d'outils de gestion des risques. Les supprimer reviendrait à priver de nombreux gestionnaires de techniques de couverture. Le principe même des marchés à terme ne peut être remis en cause, mais la façon dont ils sont utilisés, oui. Les marchés à terme et d'options rendent les opérateurs très mobiles (en quelques minutes il est possible de réagir à une information financière, industrielle, politique), et ils sont beaucoup plus larges et beaucoup plus liquides que les marchés au comptant. De ce fait les gestionnaires de portefeuille peuvent y intervenir dès qu'ils ne peuvent plus « passer » sur le comptant. Des chiffres illustrent cela : certains jours on traite sur le notionnel Matif 150 000 contrats, ce qui représente 50 milliards de francs d'obligations alors que le marché au comptant ne peut en traiter que 7 milliards. Cela signifie que ces marchés sont de formidables leviers et que si des **phénomènes mimétiques** (tous les opérateurs sont dans le même sens et d'autant plus si les comportements sont informatisés) s'y développent, les surréactions peuvent être très fortes et violemment secouer les marchés financiers.

De nouveaux intervenants, de nouveaux règlements, de nouveaux produits font que les bourses des valeurs mobilières sont mieux pilotées qu'au début du siècle. Mais au même titre que des champions de course automobile peuvent trouver la mort à leur volant, une spéculation excessive peut déboucher sur de sérieux revers. Il y a donc plus que jamais nécessité de se rappeler que Mark Twain a écrit : « Octobre est un mois particulièrement dangereux pour spéculer à la Bourse. Mais il y en a d'autres : juillet, janvier, septembre, avril, novembre, mai, mars, juin, décembre, août et février ».

lire aussi **Actif financier - Risque - Spéculation**

MARCHÉ BOURSIER FRANÇAIS

Un marché financier accueille de nombreuses entreprises différentes tant par leur taille que par les objectifs qu'elles assignent à leur présence en Bourse. C'est pour ces multiples raisons que la Bourse française est constituée de quatre marchés : le Premier marché, le Second marché, le Nouveau marché et le Marché Libre.

Le Premier marché (ex-Cote officielle)

Accueillant les plus grandes entreprises françaises (les ***blue chips***), le Premier marché est le marché le plus actif et le plus internationalisé de la Bourse française.

• Sa composition

Le **Premier marché** est le marché principal de la Bourse française. Il enregistre le plus grand nombre de transactions par jour (708 milliards d'euros en 1999) et offre une plus grande notoriété aux actions des 485 entreprises privées qui y sont présentes au 31/12/1999, à côté des obligations émises par l'État et les entreprises du secteur public. Pour y avoir accès, il faut satisfaire de nombreuses conditions *(voir tableau ci-contre)*.

Leur respect ne laisse accéder au Premier marché que des entreprises d'une taille relativement importante et dont les propriétaires acceptent de se séparer d'au moins 25 % du capital. De plus, le respect des publications obligatoires, ainsi que les publicités financières indispensables pour animer le marché du titre font du Premier marché un marché à coût élevé.

La structure de la cote

Premier marché	Grandes entreprises françaises et étrangères	Capitalisation boursière d'au moins 750/800 millions d'euros; 25 % du capital offerts au public
Second marché	Entreprises moyennes ou grandes entreprises avant leur admission au Premier marché	Capitalisation boursière d'au moins 12/15 millions d'euros; 10 % du capital offerts au public, d'une valeur d'au moins 4,5 millions d'euros
Nouveau marché	Entreprises à fort potentiel de croissance ayant un plan de développement à financer	Fonds propres minimum de 1,5 million d'euros; titres offerts au public d'au moins 4,5 millions d'euros dont 50 % par augmentation de capital

Depuis le 24 octobre 1983, le Premier marché est scindé en deux marchés. Le premier est le **marché à règlement mensuel** (le « **RM** ») où les valeurs sont négociées **à « terme »**. Toutes les entreprises vedettes de la Bourse française, c'est-à-dire celles qui ont un marché de leur titre très animé, y sont présentes.

Les autres titres du Premier marché sont sur le **Marché comptant** (le « **Comptant** »), où ils sont négociés **au comptant**.

Regroupant 486 sociétés, le Premier marché (ou Cote officielle) présente une capitalisation boursière (somme pour tous les émetteurs du nombre de leur titres multipliés par leur cours) de 1478 milliards d'euros pour les seules actions françaises (fin 1999) et présentait une capitalisation de 760 milliards d'euros pour les obligations (rémunération comprise, à fin 1998).

• Le Règlement mensuel : les stars

Le RM est le compartiment du Premier marché qui rassemble les plus grandes sociétés françaises : il est nécessaire que la quantité de titres mise sur le marché soit élevée et que le niveau quotidien des transactions soit soutenu. En effet, le RM sert de support à des **opérations** dites « **de terme ferme** » qui permettent aux opérateurs (acheteurs ou vendeurs) de ne dénouer leur achat ou leur vente qu'à la fin du mois boursier. Les grandes entreprises trouvent sur ce marché l'épargne nécessaire à leur croissance. Elles sont astreintes à la fourniture d'informations régulières ; ce fait et la taille élevée des entreprises présentes attirent plus facilement les investisseurs. Marché français d'actions le plus important au niveau des transactions (2,6 milliards d'euros en 1999 en moyenne quotidienne) le RM voit les quarante valeurs ayant le plus de transactions (la meilleure liquidité) servir de support à l'indice CAC 40, indice qui mesure quotidiennement les performances de la Bourse française.

Le Règlement mensuel en 1999

Les plus fortes capitalisations		Les valeurs les plus actives	
Valeurs	Capitaux (milliards d'euros)	Valeurs	Moyenne quotidienne des échanges (millions d'euros)
France Telecom	134 532	Vivendi	180
Total Fina	95 552	Total Fina	168
Carrefour	62 711	France Telecom	159
L'Oréal	53 848	Axa	122
Vivendi	52 843	Alcatel	113

Source : ParisBourse SA

• Le Marché au comptant désormais intégré au Premier marché

Deuxième compartiment du Premier marché, donc ayant les mêmes contraintes légales pour les entreprises que le marché RM, le marché au comptant accueille des entreprises dont la partie du capital mise sur le marché ne fait pas l'objet de transactions fréquentes. Il accueille donc des sociétés pour lesquelles la présence sur le marché financier n'est pas la clé de voûte de leur politique financière. Depuis la création du Second marché, le « Comptant » ne joue plus un grand rôle pour les actions de sociétés. Son rôle majeur est l'accueil de la quasi-totalité des obligations émises par les institutions françaises et étrangères. 225 sociétés sont cotées au comptant fin 1999.

Le Marché comptant en 1999

Les plus fortes capitalisations		Les valeurs les plus actives	
Valeurs	Capitaux (milliards d'euros)	Valeurs	Moyenne quotidienne des échanges (milliers d'euros)
Castorama Dubois	11,6	Finaxa	730
Christian Dior	11,1	Louvre	356
Finaxa	6,4	G.T.I.	291

Source : ParisBourse SA

Le Second marché

Destiné aux moyennes entreprises, le **Second marché** apparaît plus comme une source de notoriété que comme une structure de financement.

• Ses origines

Le Second marché a été créé le 1er février 1983 avec un objectif précis : permettre aux moyennes entreprises d'accéder au marché boursier, et d'améliorer leurs fonds propres, sans avoir à supporter les contraintes de taille du Premier marché. La principale différence avec les marchés officiels réside dans le fait que les entreprises ne doivent mettre à la disposition des investisseurs qu'un minimum de 10 % de leurs actions (contre 25 % sur le Premier marché). La diminution de cette contrainte a intéressé de nombreuses entreprises familiales qui souhaitaient profiter des avantages de la Bourse sans se séparer d'un nombre trop élevé de titres, c'est-à-dire sans remettre en cause leur pouvoir de direction. L'objectif d'attirer de nouvelles entreprises a été atteint de la manière suivante :

	1983	1985	1987	1991	1995	Mars 2000
Nombre d'entreprises	31	127	174	288	266	363
Capitalisation au 31.12 (milliards d'euros)	2,0	8,8	16,8	20,4	28,9	58,0
Volume des transactions	0,3	1,5	8,4	3,8	4,1	12,0

Bien que « réservé » aux entreprises moyennes, le Second marché accueille néanmoins de grandes sociétés (Digigram, Entrelec, Géodis, Hermès, etc.) souhaitant limiter le nombre de leurs titres diffusés dans le public et bénéficier de moins grandes contraintes. Mais leur présence sur ce compartiment de la cote apparaît comme anachronique. Il est à noter que dans l'esprit de ses concepteurs, le Second marché était considéré comme une étape transitoire vers le Premier marché.

Le Second marché en 1999

Les plus fortes capitalisations		Les valeurs les plus actives	
Valeurs	Capitaux (millions d'euros)	Valeurs	Moyenne quotidienne des échanges (milliers d'euros)
M6-Métropole TV	6 485	Hermès INTL	2 306
Hermès INTL	5 515	M6-Métropole TV	1 784
Rally	1 940	Rally	1 416
Alten	1 039	Ubi Soft EN	582
Finatis	645	Fraikin	542

Source : ParisBourse SA

• Un potentiel de gains pour les entreprises moyennes

Après une forte période d'emballement (1983-1990), le Second marché a connu de nombreuses critiques. Partant du fait que les entreprises qui y sont cotées font peu d'opérations financières, s'est répandu un sentiment de scepticisme sur ce que ce marché pouvait apporter à des entreprises moyennes, très souvent familiales. Or, les principaux intéressés, c'est-à-dire les dirigeants de ces mêmes sociétés, ne partagent pas cette opinion. Ils estiment même que leur présence en bourse leur a apporté de nombreux gains. Une étude de l'Observatoire fnancier des entreprises moyennes (« L'opinion des chefs d'entreprises cotées au Second marché sur leur présence en bourse », Observatoire Financier des Entreprises Moyennes, Groupe ESC Lyon/SBF – Bourse de Paris & Crédit Agricole) a montré en 1993 que la cotation sur le Second marché avait permis aux entreprises dans leur très grande majorité :

– d'acquérir une plus grande notoriété nationale et internationale ;

– d'avoir accès aux sources de financement dans de meilleures conditions de volume et de coût ;

– d'améliorer l'efficacité de leur système managérial ;

– de mieux intéresser les salariés au développement de l'entreprise.

• Un marché hétérogène et risqué

Si le Second marché présente des éléments de satisfaction pour les entreprises, en a-t-il été de même pour les épargnants ? De nombreux investisseurs se sont en effet précipités sur ce marché, en sous-estimant souvent les risques inhérents. Le fait que le Second marché autorise un nombre peu élevé de titres mis à la disposition du public a pour première conséquence d'entraîner, lors de l'introduction en Bourse, un excédent élevé de la demande de titres provenant des investisseurs sur l'offre proposée par l'entreprise. Cela peut être à l'origine dans les jours qui suivent d'une hausse significative du cours de l'action. La hausse a parfois été vertigineuse, ainsi la société Mecatherm a connu en 1995 une hausse de 245 %. Cette situation très fréquente jusqu'en 1990 (même après l'avertissement donné par le krach de 1987) a eu tendance à faire oublier à des investisseurs que le Second marché est un marché plus étroit, et donc plus spéculatif, que le Premier marché. Les transactions sont donc modestes, la liquidité est dite réduite et cela a pour conséquence d'amplifier les variations de cours à la hausse… comme à la baisse !

Cette analyse s'est souvent montrée fondée. Par exemple, la hausse des cours jusqu'en septembre 1987 a été vertigineuse (les cours ont été multipliés par 5,3 entre 1984 et 1987), mais le krach de 1987 a considérablement affaibli le Second marché, qui à la mi-1991 n'avait toujours pas retrouvé son niveau d'avant octobre 1987. Que s'était-il donc passé ? Avant le krach, les cours ont monté continuellement, les acheteurs se sont tous auto-persuadés que la hausse n'aurait pas de fin : il n'était pas dangereux d'acheter cher puisqu'on était sûr de revendre plus cher. Ce comportement spéculatif aboutit à la constitution d'une bulle financière qui ne diminuera pas, mais au contraire explosera : quand les cours commenceront à baisser, tout un chacun voudra vendre, développant ainsi une spirale infernale de baisse des cours, aussi économiquement injustifiée que ne l'avait été la hausse. Cela a conduit les investisseurs à délaisser le Second marché, comportement accentué par l'existence de quelques accidents en série qui n'ont pas arrangé la situation. Des valeurs comme Sedri, Foucray, LME, Tuffier, et Point à la ligne ont purement et simplement disparu de la cote. Dans l'euphorie des premières années, la course aux introductions pratiquée par les banques et les institutions financières a mis sur le marché des sociétés parfois très fragiles. Des groupes de taille moyenne, dont l'activité reposait sur un seul produit ou un seul homme étaient devenus du jour au lendemain des vedettes de la Bourse. Quelques défaillances graves ont fait la une de la presse financière et provoqué un malaise. Nombre de sociétés qui se sont introduites ne connaissaient rien à la Bourse et ont accumulé les erreurs dans la gestion de leur titre et de leur image financière.

D'autres n'ont pas toujours eu la rigueur nécessaire dans l'annonce de prévisions de bénéfices. Technomed en fut l'exemple type. Quelques mois après son introduction, la firme connut de graves difficultés et vit son cours divisé par six. « Nous avons été victimes à la fois des excès d'optimisme et de pessimisme du marché, et de notre inexpérience, expliquait le P-dg. Mais, ajoutait-il, c'est la règle du jeu : on a fait des erreurs, on a été sanctionné. Cela n'enlève rien à l'utilité du Second marché, qui permettra peut-être dans quelques années de financer notre croissance ». Les difficultés industrielles de Technomed devaient conduire cette société à disparaître de la cote. Mais, il n'y a pas que sur le Second marché que les entreprises peuvent connaître des difficultés, EuroDisney et Eurotunnel sont sur le Règlement mensuel et mettent les nerfs de leurs actionnaires à rude épreuve. La qualité d'un marché financier est de refléter correctement la valeur d'une entreprise, que celle-ci monte ou baisse, et certainement pas d'être un mécanisme permanent de hausse. Le Second marché n'échappe pas à cette règle. Il faut simplement savoir que les entreprises qui y sont cotées présentent un profil de risque différent de celles présentes au Premier marché, et que le faible niveau de liquidité accroît la volatilité des cours. Mais cette réalité est parfois difficile à prendre en compte en raison de l'hétérogénéité des sociétés. Malgré les disparités et les problèmes rencontrés sur ce marché, la fin des années 90 a montré un regain d'intérêt des entrepreneurs pour le Second marché avec notamment de très nombreuses introductions au printemps 1998. L'activité sur ce marché reste néanmoins liée à la tendance générale sur les marchés leaders de la place de Paris.

Mais le Second marché n'est pas à jeter aux orties pour autant. D'une part, nous avons vu que les entreprises y avaient trouvé les composantes d'une amélioration managériale et financière ; d'autre part, des sociétés y ont trouvé des sources de financement, et ce même pendant des années de crise économique.

	1993	1999
Nombre d'augmentations de capital sur le Marché officiel	120	264
Montants collectés sur le Marché officiel (en millions d'euros)	6 109	8896
Nombre d'augmentations de capital sur le Second marché	52	125
Montants collectés sur le Second marché (en millions d'euros)	279	457
Nombre d'augmentations de capital sur le Nouveau marché	–	62
Montants collectés sur le Nouveau marché (en millions d'euros)	–	434

Le Second marché reste donc une structure dédiée aux moyennes entreprises et des sociétés saines doivent attirer l'intérêt des investisseurs. Seule précaution à prendre : il est indispensable d'investir en connaissance de cause et en sachant que les marchés des titres sont étroits et volatils. Il faut donc absolument passer des ordres à des cours limités et à des niveaux proches des dernières cotations.

Le Marché Libre

Structure « fourre-tout », ayant remplacé le Hors-Cote en juillet 1998, il ne peut accueillir que des sociétés ayant une vision très marginale du marché financier.

Le Marché Libre, quatrième structure de la Bourse française, abrite, en 1999, 175 entreprises et collectivités publiques pour une capitalisation de 6 milliards d'euros. Son accès très facile, puisqu'il n'y a aucune contrainte, ne permet pas pour autant de bénéficier des avantages de la Bourse. Dans la mesure où il n'y a pas d'informations obligatoires, pas de contrôle systématique des autorités boursières, sa notoriété est insuffisante pour attirer durablement les investisseurs, et donc les entreprises ayant besoin de ces derniers pour financer leur développement. Le Hors-Cote est un marché très peu animé – de nombreux cours ne peuvent être fixés par absence d'ordres suffisants. C'est aussi un marché très hétérogène : tous les secteurs et toutes les tailles d'entreprises y sont présentes. Il abrite aussi bien les valeurs les plus chères que les moins chères du marché…

Il apparaît aujourd'hui destiné à des entreprises qui, après avoir connu ou connaissant encore de très graves difficultés financières, ne peuvent être cotées sur les autres structures. Il est aussi le refuge de sociétés ayant un très faible nombre de titres (flottant inférieur à 10 % du nombre d'actions) ou souhaitant des cotations momentanées, ne serait-ce que pour permettre très épisodiquement à des actionnaires minoritaires de « sortir », c'est-à-dire de vendre leurs titres.

Le Nouveau marché

Financer le développement de sociétés à besoins financiers élevés et à croissance très rapide : telle est la fonction de la dernière structure du marché boursier français.

L'hétérogénéité et la faiblesse du Marché Libre, ainsi qu'une opinion réservée sur le Second marché, alliées à une volonté des autorités financières françaises de favoriser l'accès aux capitaux propres pour des entreprises à très forte croissance, généralement jeunes, ont conduit à la naissance en février 1996 de la dernière structure du marché financier français. Fortement inspiré du Nasdaq américain, le **Nouveau marché** s'adresse aux entreprises européennes ayant un projet de croissance rapide et souhaitant diversifier leurs sources de financement. Le Nouveau marché se distingue du Second marché, non seulement par des contraintes moins fortes, mais aussi par la possibilité qu'il donne à des entreprises risquées d'avoir accès à la Bourse. Ses structures sont en effet destinées en priorité à des entreprises jeunes (moins de deux ans d'existence, voire quasi-création dans le cas de la première société inscrite à ce compartiment de la cote : Infonie), à des entreprises fortement innovatrices (secteurs high-tech, bio-tech, Internet), à des sociétés à forte croissance (taux de croissance du chiffre d'affaires au moins de 25 % par an). En résumé, il s'agit de faire financer par la Bourse des croissances rapides auxquelles ne peuvent faire face les fondateurs ou les propriétaires-dirigeants.

La différence par rapport au Second marché est que les autorités boursières veulent privilégier le financement et non la réalisation de plus-values des anciens actionnaires. Ainsi, quand la société a moins de deux ans d'existence, l'introduction sur le Nouveau marché ne peut se faire que par augmentation de capital et non par cession de titres déjà existants ; de même, les fondateurs et les dirigeants s'engagent à conserver, pendant trois ans, 80 % des parts qu'ils détiennent au moment de l'introduction (100 % pour les entreprises de moins de deux ans pendant les deux premières années, puis 80 % la troisième année).

Le Nouveau marché se veut résolument international, non seulement en accueillant des entreprises européennes à forte croissance, mais en attirant des capitaux étrangers. Ainsi, le savoir-faire de la Bourse de Paris en matière de réseaux et de technologies informatiques s'exprime dans sa capacité à diffuser en temps réel les données du Nouveau marché vers les principaux relais d'information que sont les grandes agences de communication (Reuters, Telerate, Bloomberg…). Surtout, le Nouveau marché a su développer sa philosophie et sa technologie dans d'autres pays européens : il fait désormais parti du réseau de marchés européens EURO. NM en partenariat avec les Bourses de Bruxelles, Francfort, Amsterdam et Milan.

Au 31 décembre 1999, 111 sociétés étaient cotées au Nouveau marché pour une capitalisation de 15 milliards d'euros et un volume moyen de transactions quotidiennes d'une centaine de millions d'euros (92 millions par jour en moyenne sur décembre 1999).

Le Nouveau marché en 1999

Les plus fortes capitalisations		Les valeurs les plus actives	
Valeurs	Capitaux (millions d'euros)	Valeurs	Moyenne quotidienne des échanges (millions d'euros)
Avenir Télécom	3 143	Europ stat	10,9
Wavecom	1 953	Integra	9,4
FI System	1 705	FI System	8,8
Europstat	1 594	Valtech	8,5
Genset	1 393	Genset	6,8

Source : ParisBourse SA

lire aussi **Bourse (introduction en) - Opérations et ordres boursiers**

MARCHÉS AMÉRICAINS

Lieu mythique du capitalisme, les marchés nord-américains ont été à l'origine, depuis vingt-cinq ans, de la quasi-totalité des innovations financières. Quant aux marchés financiers sud-américains, ils présentent les espérances de rendement et de risque caractéristiques des marchés émergents.

Les marchés nord-américains d'actions

La taille de l'économie américaine est telle qu'elle autorise la présence de plusieurs marchés. Il est habituel de distinguer quatre types de marché aux États-Unis.

• Les premiers marchés

Ce sont des marchés officiels et organisés, désignant des transactions effectuées et enregistrées sur une bourse. Depuis 1998, le **New York Stock Exchange** (NYSE ou Wall street) et le **Nasdaq-Amex Market Group**, issu de la fusion du Nasdaq *(National Association of Securities Dealers Automated Quotations*) et de l'AMEX *(American Stock Exchange)*, dominent les marchés américains. Il existe également cinq bourses régionales à Boston, Cincinnati, Chicago (**Midwest Stock Exchange**), San Francisco et Los Angeles (**Pacific Stock Exchange**), et Philadelphie.

Le NYSE est de loin la bourse la plus importante en terme de capitalisation boursière. C'est un marché organisé autour de spécialistes des valeurs, ayant le monopole des transactions sur les valeurs dont ils sont responsables, qui offrent en permanence un cours à l'achat ***(ask)*** et un cours à la vente ***(bid)***. Les spécialistes des valeurs peuvent intervenir pour le compte de leurs clients ou pour leur propre compte, mais des règles très précises évitent qu'ils fassent passer leur propres intérêts avant ceux de leur clientèle. Les négociations directement réalisées sur le parquet sont aujourd'hui de plus en plus rares. Les ordres sont essentiellement négociés par le système informatique **DOT** ***(Designated Order Turnaround)***. Le reste des transactions a lieu entre le système DOT et les courtiers du parquet agissant pour leurs clients.

Il est à noter que depuis plusieurs années, Wall Street subit la concurrence des bourses régionales et surtout celle du Nasdaq.

• Le Nasdaq : un véritable Second marché

Aux États-Unis, le **Second marché** désigne les transactions effectuées hors marché officiel pour des sociétés n'étant pas enregistrées sur un marché officiel. Le second marché américain, qui est donc un marché OTC (Over the Counter), regroupe des maisons de titres rassemblées dans une association, la **NASD** ***(National Association of Securities Dealers)***. Tous les types de valeurs mobilières peuvent être échangés sur ce marché, dont la Nasd assure la réglementation et le contrôle. Le fonctionnement du marché s'appuie sur des ***market makers*** **(teneurs de marché)** qui s'engagent à acheter et à vendre les titres à des prix d'achat et de vente annoncés. Contrairement à des courtiers, leur rémunération n'est pas la commission, mais la différence entre les prix d'achat et de vente.

Les valeurs les plus actives sont regroupées sur le **NASDAQ** ***(National Association of Securities Dealers Automated Quotations)***, système automatisé de cotations regroupant 450 teneurs de marchés (1998). Le Nasdaq regroupe près de 5 100 entreprises (dont environ 300 sociétés étrangères) en 1998, qui viennent chercher sur ce marché les avantages de la présence en bourse sans avoir à supporter les contraintes réglementaires du marché officiel. De ce fait, le Nasdaq, initialement prévu pour favoriser le développement des PME, accueille aujourd'hui des entreprises de taille élevée, regroupées au sein d'un compartiment dénommé le **Nasdaq/NMS** ***(National Market System)***.

Dernier né des marchés américains (il a été créé en 1971), le Nasdaq a connu un succès remarquable, puisqu'en terme de transactions il est devenu le premier marché du monde. Sa réussite s'explique par des modalités d'entrée très souples et par le fait qu'il a permis de financer la croissance de nombreuses entreprises sur des secteurs nouveaux. Le Nasdaq a su attirer des investisseurs pour financer des croissances risquées et un compartiment spécial a été créé pour s'adapter aux contraintes des petites entreprises, le **Nasdaq Small Caps**. Le Nouveau marché français s'est d'ailleurs fortement inspiré de la philosophie et de la logique de fonctionnement du Nasdaq Small Caps. Le succès du Nasdaq s'est aussi construit sur une très bonne liquidité des titres, une compétitivité élevée en termes de coûts tant pour les opérateurs que pour les sociétés cotées et une bonne ouverture à l'international. Tout cela en fait un concurrent redoutable pour les autres marchés nord-américains voire européens.

	Nasdaq	Nyse
Bénéfice minimum avant impôts (millions de dollars)	Small Caps: 0,75 NMS: 1	2,5 - 5
Actifs net (millions de dollars)	Small Caps: 4 NMS: 75	Aucun
Nombre de titres minimum (en millions)	Small Caps: 1 NMS: 1,1	1,1
Valeur de marché minimum (millions de dollars)	Small Caps: 5 NMS: 8-18-25	60-100
Nombre minimum d'actionnaires	Small Caps: 300 NMS: 400	2000
Prix minimum par action en dollars	Small Caps: 4 NMS: 5	Aucun

Malgré (ou à cause ?) de ce succès, le Nasdaq subit quelques critiques (existence de fourchettes de teneurs de marché jugées trop élevées, divulgation tardive d'informations). Face à ces critiques et à quelques plaintes en justice, la Nasd s'est engagée à entreprendre des réformes.

• Les Troisième et Quatrième marchés

Les **Troisième** et **Quatrième marchés** regroupent des transactions sur des valeurs mobilières cotées mais qui sont effectuées hors du marché officiel par des intermédiaires boursiers. Le Troisième marché s'appuie sur des systèmes informatisés de courtage *(Proprietary Trading Systems)* ; le Quatrième marché sur des investisseurs négociant directement entre eux. La taille de ces marchés reste limitée.

Les bourses nord-américaines

Bourses (1998)	Nombre de sociétés cotées	Capitalisation (en millions de dollars)	Volumes de transactions (en millions de dollars)
Amex	711	144 581	143 230
Chicago	251	2 397 197	198 325
Mexico	195	112 995	54 962
Montreal	550	593 178	44 689
Nasdaq	5 068	2 779 347	4 481 682
Nyse	2 669	10 921 071	5 777 601
Toronto	1 433	553 443	305 155
Vancouver	1 384	4 447	6 470

Source : FIBV.

• Les bourses canadiennes

Les bourses canadiennes subissent de plein fouet la concurrence des marchés des États-Unis. Elles se doivent donc d'être extrêmement compétitives. La place de Toronto est le principal marché financier canadien. Elle est suivie par les bourses de Montréal et de Vancouver. Cette dernière a eu longtemps une spécialisation sur les mines d'or et a été fréquemment l'objet de scandales fondés sur le **système de la bouilloire**. Celui-ci consiste pour un escroc à racheter une toute petite société cotée et à faire courir les rumeurs sur la découverte de filons ou autre source de richesse. Cela tire les cours à la hausse et un démarchage d'actionnaires dans le monde entier alimente une spirale à la hausse. À un niveau élevé de cours, l'escroc revendra et prendra ses bénéfices, laissant aux autres actionnaires une coquille vide. Un renforcement de la réglementation de la bourse de Vancouver et une plus grande vigilance en matière d'information financière ont limité ces pratiques frauduleuses.

Les marchés nord-américains d'obligations

Les marchés obligataires aux États-Unis représentent plusieurs segments différents.

La première catégorie est représentée par les valeurs émises par le **Trésor américain** et les collectivités locales publiques. À la fin 1999, les stocks de titres d'État représentaient 2 109 milliards de dollars (à titre de comparaison : 568 en France). Ils sont essentiellement représentés par des ***T-bills*** (T comme *treasury*) émis pour une durée inférieure à un an, les ***T-notes*** pour une durée entre deux et dix ans et les ***T-bonds*** pour les durées supérieures à 10 ans (certains emprunts ont une échéance à 30 ans). Au milieu des années 90, les *T-bills* représentaient le quart de la dette négociable du Trésor américain, les *T-notes* plus de la moitié de cette même dette. Pour émettre ses titres, le Trésor américain procède par adjudication à laquelle tout investisseur peut participer, ce qui est une différence par rapport au cas français où peuvent seulement participer les spécialistes en valeurs du Trésor. Quant au marché secondaire, il est assuré par environ 2 000 marchands de titres ou courtiers.

Les obligations publiques se répartissent elles-mêmes en deux catégories : les obligations du Trésor américain et les obligations des collectivités locales. Ces dernières représentaient en 1994 environ 1 200 milliards de dollars. Il s'agit de titres émis soit pour financer le développement des collectivités locales, soit pour réaliser des investissements financiers. Il s'agit d'un marché étroit, tant au niveau primaire (émission) que secondaire où les obligations sont négociées sur un marché *over the counter*.

Le marché des créances titritisées ***(Mortgage Backed Securities)*** représente le marché où des entreprises et des banques transforment leurs créances en produits financiers, les cèdent à des investisseurs qui peuvent ensuite les revendre à d'autres investisseurs. Ont été ainsi l'objet de titrisation les prêts hypothécaires, les prêts automobiles, les prêts aux PME mais aussi les simples créances commerciales.

Les obligations émises par le secteur privé représentaient fin 1999 un montant d'environ 231 milliards de dollars sur le Nyse (348 émetteurs). Les règles d'émission et de transactions sont peu éloignées de celles des actions. Mais un type particulier d'obligations doit être signalé : les obligations à haut rendement, dites aussi **obligations pourries *(Junk Bonds)***. Ces obligations dont les encours représentaient, au milieu des années 90, 250 milliards de dollars ont connu leur heure de gloire dans les années 80. Initialement émises par des entreprises en difficulté, ces obligations à risque (et donc à haut rendement) ont ensuite été utilisées dans les acquisitions d'entreprises dans le cadre des **LBO** ***(Leverage Buy Out)***. Pour acquérir une société, il était possible d'émettre des obligations qui présentaient un risque non seulement lié à l'acquisition, mais surtout au fait que les entreprises rachetées étaient payées très, très cher. Pour financer des acquisitions hasardeuses, des taux d'intérêt très élevés furent proposés pour acquérir des actifs ayant une rentabilité nettement inférieure. Ainsi, ce qui était acheté rapportait moins que ce que coûtait l'argent pour l'acquérir. La récession économique de 1989/1990 fit exploser plusieurs de ces montages; aboutit à la faillite d'une des plus grandes banques spécialisées dans ce montage (Drexel Burnham Lambert). Aujourd'hui, ce marché connaît un regain d'activité mais sur des bases plus saines et il est essentiellement orienté vers des entreprises dont la notation est faible.

Les marchés dérivés nord-américains

Les marchés dérivés américains sont très divers tant dans leur nombre, leur localisation géographique, les produits dérivés utilisés que dans les actifs faisant l'objet de contrats financiers portant dans le futur.

Sans aucune contestation possible, Chicago est La Mecque des marchés à terme. Non seulement d'un point de vue historique (le **Chicago Board of Trade**, **CBOT**, a été créé en 1848, le **Chicago Mercantile Exchange**, **CME**, en 1919 et le **Chicago Board Options Exchange**, **CBOE**, en 1973) où Chicago a marqué les grandes innovations financières, mais aussi en terme d'activité puisque, selon les années, les marchés à terme de Chicago traitent entre 30 et 40 % de l'activité mondiale de produits dérivés. Le CBOT et le CME traitent, chacun, par an plus de 200 millions de contrats ; sur le CBOE s'échangent quotidiennement en moyenne plus de 300 000 contrats sur le T-bonds (taux longs américains), ce qui représentent des engagements sur 30 milliards de dollars.

Plus globalement les marchés à terme américains voient 60 % de leur volume dédié aux taux d'intérêt (américains mais aussi japonais et européens), 15 % aux produits agricoles et 12 % à l'énergie.

Les principaux marchés à terme américains

	Produits de base			Financiers		
	Agriculture	Énergie	Métaux	Taux	Indices Actions	Changes
Chicago Board Options Exchange (options)				• Indice de taux d'intérêts • T-bonds	• S & P 500 • Small Cap 600 • Nasdaq 10 • Actions	
Chicago Board of Trade	• Maïs • Avoine • Soja • Blé		• Argent • Or • Phosphate	• T-bonds		
Chicago Mercantile Exchange	• Viandes • Riz • Soja			• Eurodollar • Libor • T-bills • Euromark 3 mois		• Mark • Livre • Franc suisse • Franc Français
Mid America Commodity Exchange (affilié au CBOT)	• Viandes • Avoine • Riz		• Argent • Platine • Or	• Eurodollar • T-bills • T-notes • T-bonds		Futurs sur livre, mark yen, franc suisse
American Stock Exchange				Options sur T-bonds	Options sur indice international	
Coffee Sugar & Cocoa Exchange	• Cacao • Café • Sucre • Lait • Fromages					
New York Cotton Exchange	• Coton • Jus d'orange			Bons du Trésor US	Indice NYSE	• Dollar américain • Taux de change croisés
New York Mercantile Exchange		• Pétrole • Essence • Gaz • Propane	• Platine • Palladium • Cuivre • Or • Argent		Indice Eurotop 100	

/...

Les principaux marchés à terme américains *(suite)*

	Produits de base			Financiers		
	Agriculture	Énergie	Métaux	Taux	Indices Actions	Changes
Kansas City Board of Trade	• Blé	• Gaz			Indices Value-line	
Minneapolis Grain Exchange	• Blé • Crevettes					
Pacific Stock Exchange					• Indices de technologie • Options sur actions	
Philadelphia Stock Exchange					Indices sectoriels	• Livre • Mark • Dollar canadien australien • Franc suisse français • ECU

Sources : Mérieux-Marchand, *Les Marchés financiers américains*, REF, Le Monde Éditions, 1995 et FIBV & Cyclope, 1995.

Précisons qu'au Canada, les principaux marchés à terme sont à Montréal et Toronto en ce qui concerne les produits financiers et à Winnipeg pour les produits de base (colza, blé, orge, avoine).

Les marchés financiers sud-américains

Les marchés d'actions sud-américains ont tous les caractéristiques des marchés émergents et connaissent donc une volatilité très forte. Le développement des marchés d'actions est essentiellement fonction dans ces pays non seulement de la croissance économique, mais aussi de la maîtrise de l'inflation.

Bourses 1999	Nombre de sociétés cotées	Capitalisation (en millions de dollars)	Volume des actions échangées (en millions)	Valeur des transactions (en millions de dollars)
Buenos Aires	125	58 842	42 564	11 875
Lima	239	12 099	5 123	2 729
Brésil (Rio de Janeiro et Sao Paulo)	1 001	227 962	6 972 048	89 448
Santiago	282	68 227	27 970	6 859

Les marchés d'obligations sont limités. Cela est dû à la difficulté d'émettre des obligations quand l'inflation est forte. Ainsi, sur la place le Lima, les obligations d'État sont inexistantes alors qu'en Argentine elles représentent une capitalisation de 13 884 millions de dollars en 1999 (soit 54 % du total des obligations). Au Mexique, le marché était quasiment inexistant au milieu des années 90. Les émissions d'État représentent 7 894 millions de dollars en 1999 soit 56 % du marché total.

Les marchés à terme sud-américains se limitent essentiellement au Brésil et à la Bolsa Mercantil & de Futuros. Quant aux marchés sur options, ils ne concernent que le Brésil et la BOVESPA (21 millions de contrats échangés en 1999).

lire aussi **Marchés dérivés - Marchés émergents - Matières premières**

MARCHÉS ASIATIQUES

Les marchés financiers asiatiques bénéficient de la croissance économique de cette région du globe. Leur maturité est fonction de celle de l'économie qui les entoure. Si les marchés japonais (Tokyo ou Osaka), de Hongkong ou Singapour développent les caractéristiques des grandes places internationales, ceux de Taïwan, Thaïlande ou Malaisie sont des marchés émergents, alors que les marchés chinois en sont à leurs balbutiements.

Les marchés d'actions et d'obligations asiatiques

Le Japon possède le marché financier le plus important de la région Asie-Pacifique. Cela est en liaison avec sa puissance économique. Néanmoins, les marchés des actions japonaises, en particulier le **Kabuto-Cho** à Tokyo, souffrent depuis 1990 de ce que certains ont appelé un « krach rampant permanent ». Le Kabuto-Cho a connu une croissance phénoménale de 1972 à 1989, croissance soutenue par les performances des entreprises nippones, par la faiblesse de l'inflation, par l'excédent commercial et par une foi inébranlable dans l'économie japonaise. En 1989, l'indice Nikkei atteint les 40 000 points. Alors que le krach de 1987 avait été facilement absorbé, le marché s'effondrera en 1990 et continuera à chuter régulièrement pour osciller constamment de 1995 à 2000 entre 15 000 et 20 000 points.

À l'origine de cette faiblesse du marché japonais, il y a tout d'abord une faible ouverture internationale, cause et conséquence d'un manque de transparence. Ensuite, de nombreux scandales financiers ont terni l'image de la place japonaise. Enfin, les difficultés financières des banques et des maisons de courtage japonaises, amplifiées par le krach immobilier ont réduit les possibilités d'investissement. Depuis 1993, des réformes sont engagées tant au niveau de l'organisation du marché que de l'ouverture internationale et le Kabuto-Cho retrouve petit à petit un fonctionnement digne de son deuxième rang mondial en terme de capitalisation.

La région Asie-Pacifique abrite les bourses de pays ayant acquis un statut de nouvelle puissance industrielle. Les marchés australien, coréen, néo-zélandais, singapourien sont le reflet du dynamisme économique de ces pays. Les actions sont échangées sur des marchés officiels, surveillés et régulés selon les normes internationales.

Une troisième catégorie de marchés asiatiques appartient aux marchés émergents. Elle regroupe les marchés boursiers indiens (Bombay), indonésien (Djakarta), malaisien (Kuala Lumpur). La mise en place de procédures fiables de collecte de l'épargne, la sécurité des transactions, la transparence de l'information et l'acceptation par les entrepreneurs d'ouvrir leur capital sont les défis à relever pour assurer le développement et la pérennité de ces marchés.

Enfin, naissent en Asie de nouvelles places financières. Des bourses ont été ouvertes à Shangaï et Canton en Chine. Le Vietnam a des projets de création de marché financier. En plus des problèmes évoqués pour les marchés émergents, ces pays doivent assurer leur transition d'une économie socialiste vers une économie plus libérale, intégrant la propriété privée du capital.

En Asie, le développement de seconds marchés, plus orientés vers les moyennes entreprises et moins contraignants que les marchés officiels, est très limité. Des expériences sont développées à Kuala Lumpur et à Singapour, où fonctionne un marché proche du Nasdaq américain, le SEASDAQ (Singapour Association of Securities Dealers Automated Quotations).

D'une manière globale, les marchés obligataires asiatiques ne sont pas alimentés par l'État et le secteur public, à l'exception notable de l'Australie (l'État et le secteur public représente 85 % de la capitalisation obligataire) et du Japon (le secteur public représente 94 % des capitalisations des marchés obligataires de Tokyo et d'0saka). Cette faible présence s'explique essentiellement par une saine gestion des finances publiques dans les pays asiatiques industrialisés, et dans les autres par les difficultés de l'État ou du secteur public à émettre des obligations (inflation, qualité insuffisante de la signature). La Corée est le pays qui compte le plus grand nombre d'émetteurs privés d'obligations (1 081 contre 22 en Australie et 779 au Japon, en 1999).

La crise de 1997/1998 a montré les limites du système financier asiatique. Elle a mis en évidence les limites de la course au capital qu'ont livrée certains pays de la zone (la Corée par exemple). Des investissements douteux sont apparus au grand jour et le laxisme de certaines banques en matière d'octroi de financements aussi... Cette

Les marchés financiers asiatiques

Bourses (1998)	Nombre de sociétés cotées	Capitalisation (en millions de dollars)	Volumes de transactions (en millions de dollars)
Australie	1 222	572 917	168 999
Colombie	240	1 758	309
Hong Kong	680	353 404	453 657
Jakarta	287	22 206	42 604
Corée	748	2 495 757	170 626
Kuala Lumpur	731	2 439 548	145 688
Nouvelle Zélande	183	121 555	10 725
Osaka	1 272	97 066	221 990
Philippines	221	27 541	20 350
Singapour	349	34 998	74 137
Taïwan	437	161 730	1 308 633
Thaïlande	418	260 498	24 599
Tokyo	1 890	34 155	896 055

Source : FIBV.

crise, après avoir fait souffler un vent de panique sur l'ensemble des marchés financiers, a rappelé que le bon fonctionnement des marchés internationaux reposait sur la responsabilisation des acteurs et une plus grande transparence. Cette crise aura provoqué quelques suspensions de séances, même à Wall Street le 27 octobre 1997, et aura poussé le FMI à intervenir, à hauteur de plus de 60 milliards de dollars à l'automne 1997, pour enrayer la vague des faillites.

Les marchés dérivés asiatiques

Ceux-ci se sont essentiellement développés en Australie, à Hongkong, au Japon et à Singapour. La Nouvelle-Zélande en est au début.

Le Japon accueille plusieurs marchés. Le maïs, le soja, les haricots rouges donnent lieu à des contrats sur le Hokaido Grain Exchange, le Kanmon Commodity Exchange, le Kansaï Commodities Exchange et le Tokyo Grain Exchange. Des contrats sur différentes sortes de filés de coton sont cotés sur le Nagoya Textiles Exchange et le Osaka Textiles Exchange. Le Kobe Raw Silk Exchange et son confrère de Yokohama sont spécialisés sur la soie. Le Tokyo Commodity Exchange est dédié aux métaux (or, platine, argent, palladium). Quant aux options et futurs sur actions, taux d'intérêt et indices boursiers, ils sont essentiellement traités sur le Tokyo International Financial Exchange et le Tokyo Stock Exchange.

En plus des actions, taux d'intérêt et indices, notons quelques spécificités des autres marchés dérivés asiatiques : la laine au Sydney Futures Exchange, l'or au Hongkong Futures Exchange, l'huile de palme à Kuala Lumpur, le sucre roux, café, soja et cocon à soie au Manila International Futures Exchange (Philippines).

lire aussi **Marchés dérivés - Marchés émergents - Matières premières**

MARCHÉS DÉRIVÉS

Le jus d'orange concentré, les actions, la pomme de terre, les taux d'intérêt, l'indice de frêt maritime, ne sont que quelques uns des actifs qui ont donné lieu à des marchés dérivés, c'est-à-dire des marchés où sont négociés des contrats portant sur le futur. Ils autorisent la protection des opérateurs contre les variations de cours, mais cela n'est possible que grâce à la spéculation. Cette dernière, poussée à l'extrême, peut conduire à des catastrophes financières comme celle de la Barings à Singapour en février 1995.

La fonction économique des marchés dérivés

Parmi les négociants de produits de base, d'actifs financiers, il est fréquent d'entendre : « La hausse est à craindre, mais la baisse est à redouter ». Les variations de prix, brutales, non anticipées, sont en effet leur pire ennemi.

• Se protéger contre les variations de prix

Quel que soit l'actif (graine de soja, deutschemarks, actions Carrefour...), tout opérateur sur cet actif peut être présent sur le marché de trois manières :

– posséder l'actif ;

– être en situation de recevoir cet actif, à des conditions de prix déterminées, à une échéance plus ou moins proche ;

– être en situation de devoir livrer cet actif, à des conditions de prix déterminées, à une échéance plus ou moins proche.

Ces situations n'étant pas exclusives, un opérateur peut les connaître toutes les trois en même temps. Ainsi, un négociant de café peut avoir en stock 1 000 tonnes, s'être engagé à en recevoir 1 500 d'ici trois mois, et s'être engagé à en vendre 3 000 tonnes dans quatre mois, et ce à des conditions de prix déterminées. Pour connaître la situation globale d'un opérateur sur un actif X, on définit sa **position** :

> Position en X = X possédé + X à recevoir – X à livrer

La position est une sorte de bilan, comparant un actif (somme des emplois, des destinations) et un passif (somme des ressources, des origines). Si l'actif sur X est égal à son passif, l'opérateur détient une **position fermée** : il ne craint aucune variation de prix. En effet, une hausse accroît aussi bien la valeur de ce qu'il a à livrer que de ce qu'il possède et qu'il recevra. Et inversement, pour une baisse des prix.

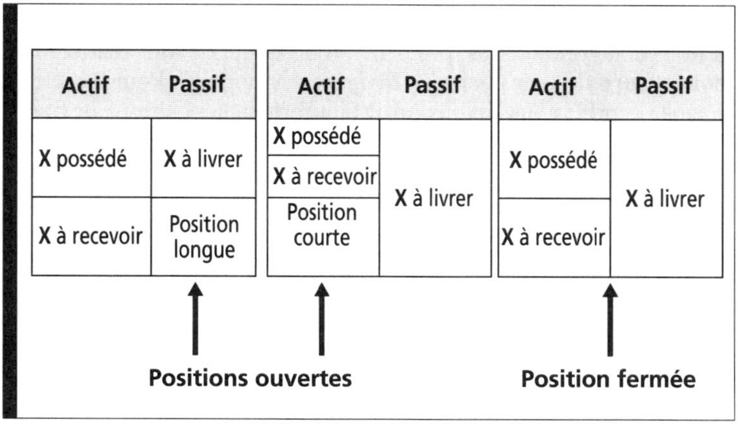

Quand l'actif sur X n'égale pas le passif sur X, la **position** est dite « **ouverte** ». Le risque de prix lié à une éventuelle variation du prix de X n'est pas nul. Ainsi, dans le cas d'une **position longue**, une anticipation d'une baisse des prix de X laisse envisager une diminution de la valeur de la position, puisque le passif de l'opérateur (ce qu'il a à livrer) est inférieur à ses emplois actuels et futurs ; la baisse de la valeur de l'actif sera supérieure à celle du passif. Par contre, toujours dans le cas d'une position longue, une anticipation d'une hausse des prix laisse augurer d'une plus-value anticipée.

Dans le cas d'une **position courte**, l'anticipation d'une hausse des prix provoque une anticipation de baisse de valeur de la position, liée à une augmentation plus forte de la valeur du passif par rapport à celle de l'actif. La valorisation des « avoirs » actuels et futurs de l'opérateur sera en effet inférieure à celle de ses dettes. Bien évidemment, l'anticipation d'une baisse des prix de X se traduit par un accroissement de valeur de la position courte.

C'est de l'existence de ces risques de prix que sont nés les marchés dérivés.

• Couverture et spéculation

Sur les **marchés « comptant »**, dits aussi les **marchés « physiques »**, de matières premières, de marchandises, de devises, d'actions et d'obligations, des opérateurs vont se trouver avec des positions ouvertes. Certains de ces opérateurs ont une forte aversion vis-à-vis du risque et ils vont souhaiter se protéger contre une évolution défavorable des prix. Ils vont donc devoir réaliser une **couverture** de leur position (***hedging*** en anglais). Pour annuler le risque de prix, nous savons qu'il faut fermer la position sur l'actif.

En supposant qu'un opérateur ait une position longue sur le marché comptant, physique, du cacao. Cela signifie que ses stocks de cacao plus ses engagements d'achat sont supérieurs à ce qu'il a à livrer. Une anticipation de baisse des prix lui fait courir le risque de diminution de valeur de sa position. Pour annuler ce risque, il lui faut fermer sa position. Il pourrait le faire sur le marché physique du cacao en prenant les positions « à livrer » nécessaires. Mais, les marchés comptant obligent à des mouvements physiques et ils ne sont pas assez souples pour autoriser des opérations de couverture très précises dans le temps et les quantités. De plus, les réglementations des marchés comptant obligent les opérateurs achetant (« à recevoir ») ou vendant (« à livrer ») à terme à des dépôts de garantie coûtant fort cher.

C'est sur ces difficultés matérielle et logique des marchés physiques (qu'ils soient de produits de base ou d'actifs financiers comme des actions) à permettre des opérations de couverture que sont nés les marchés dérivés. En effet, il sera possible de protéger des positions physiques en ouvrant des positions financières, c'est-à-dire en achetant ou en vendant des contrats portant sur l'avenir de produits (appelés « **actif sous-jacent** ») négociés au comptant. Le passage du physique au financier traduit un passage du réel au papier, au virtuel. Les marchés où sont échangés de tels contrats sont appelés les marchés dérivés, appellation qui traduit bien celle du *Petit Larousse* : « dérivé = corps obtenu par la transformation d'un autre ».

Mais le principal avantage des dérivés par rapport aux physiques réside dans l'existence d'un phénoménal **effet de levier** : en effet, il est possible d'acheter ou de vendre des contrats en ne payant ou en ne déposant comme garantie que des montants symboliques. Ainsi, sur le contrat français PIBOR 3 mois (taux d'intérêt à court terme), le montant du contrat est de 5 millions de francs mais le dépôt de garantie n'est que de 0,3 % soit 15 000 francs. Ainsi, avec un contrat et en n'immobilisant que 15 000 francs, il est possible de gérer des variations de prix sur 5 millions de francs.

Ainsi, les marchés dérivés vont faciliter la couverture de positions prises sur le marché en physique en prenant sur le marché financier une position inverse :

Position physique sur l'actif	Anticipation du prix comptant	Position financière recherchée	Stratégie
Longue	Baisse	Courte	Contrats conduisant à une vente à terme
Courte	Hausse	Longue	Contrats conduisant à un achat à terme

Source : d'après J.P. Gourlaouen, *Les nouveaux Instruments financiers*, Vuibert – Gestion.

Mais pour fermer financièrement leur position physique, les opérateurs recherchant une couverture doivent trouver en face d'eux des opérateurs agissant en sens inverse. Or, comme il est peu probable de trouver deux opérations de couverture de sens contraire, il y a sur les marchés dérivés des intervenants dont le métier est de permettre aux marchés d'être liquide, c'est-à-dire de pouvoir assurer la totalité des opérations de couverture. Pour cela, ces opérateurs prennent des risques permanents en ouvrant systématiquement des positions sur les marchés dérivés. Ce sont des **spéculateurs** (***traders*** en anglais), dont l'activité, aussi lucrative que risquée, autorise la protection des autres. Parmi les spéculateurs, il est courant de distinguer les ***scalpers*** ou ***tick-traders*** qui prennent et dénouent un grand nombre de positions dans la même séance et ferment leur position en fin de journée. Il y a aussi les ***day traders*** qui adoptent une seule position pendant la séance qu'ils terminent en position fermée. Enfin, il y a les ***long term traders*** qui prennent des positions sur plusieurs séances.

À côté des opérateurs en couverture, il existe des **arbitragistes** dont la fonction est, par leurs achats et leurs ventes, d'éviter des divergences, économiquement non expliquées, entre le prix du marché physique et le prix du marché financier.

Organisation des marchés dérivés

• Les différents types de marchés dérivés

Il existe deux types de marchés dérivés, traduisant des organisations et des niveaux de risque différents.

– Les **marchés organisés** sont structurés autour d'un organisme de **compensation** (***clearing house*** en anglais) qui assure la contrepartie des transactions. À cette sécurité, s'ajoutent, sur ces marchés, des systèmes de dépôts de garantie et d'ajustement de ces derniers à l'évolution des cours (technique de l'**appel de marge**) des contrats. Ne peuvent intervenir que des membres agréés qui interviennent pour le compte de clients (brokers) ou pour leur propre compte (market making). Les produits négociés sont généralement standardisés et cotés par des systèmes de criée. Les principaux intervenants sont des filiales de grands groupes bancaires internationaux ou des maisons de courtage. Le CBOT (*Chicago Board of Trade*), le LIFFE (*London International Financial Futures Exchange*) ou le MATIF (Marché à terme international de France) sont des exemples de marchés organisés et surveillés par des autorités de marché.

- Les **marchés de gré à gré** (**OTC**, ***Over The Counter***) sont des structures très souples, mettant très souvent en face à face direct les opérateurs. Il n'y a pas d'organisme de compensation et les risques de contrepartie (un acheteur qui ne paie pas ou un vendeur qui ne livre pas) ne sont pas nuls. Les contrats échangés ne sont pas standardisés et peuvent évoluer selon les besoins des opérateurs. Les principaux animateurs des marchés OTC sont des banques (pour les changes) ou de sociétés de négoce (produits de base, marchandises).

• Les différents types de contrats

Sur les marchés dérivés, quel que soit l'actif sous-jacent, nous trouvons quatre grands types de contrats.

– Les **contrats à terme** (***futures*** en anglais ; l'expression française de **futurs** tend à se développer) sont négociés sur les marchés organisés. Ils représentent des lots de l'actif sous-jacent qui sont standardisés tant dans les quantités, la qualité et les échéances. Dénouer un achat ou une vente de futurs ne peut se faire que soit par une résolution physique (acheter ou livrer le sous-jacent), soit par une prise de position contraire (« annuler » l'achat d'un contrat par la vente du même contrat). Aujourd'hui, dans le monde, les contrats à terme sont très utilisés pour la gestion des taux d'intérêts.

– Les ***forwards*** ressemblent de près aux futurs, mais en général ils ne sont pas standardisés. De ce fait, ils sont essentiellement mis en œuvre sur des marchés de gré à gré. Leur principal domaine d'application est le marché des changes, les actifs sous-jacents étant des devises.

– Les **options** donnent le droit d'acheter ou de vendre une certaine quantité d'un sous-jacent dans des conditions de prix et d'échéance déterminées. La différence avec un futur est la possibilité pour l'acheteur de l'option d'abandonner. Il est à noter que des options peuvent porter sur des futurs ! Les marchés organisés traitent des options dont les quantités et les échéances sont standardisées et les marchés de gré à gré offrent plus de liberté... et de risque. Les options se sont essentiellement développées sur les actions et assez faiblement sur les marchandises.

– Les **swaps** sont les dérivés les plus récents (années 80). Ils consistent en un échange de contrats permettant de renverser le niveau de risque en fonction de l'anticipation de l'évolution des prix. Ainsi, les swaps permettent d'échanger une dette à taux variable contre une dette à taux fixe, une dette en dollars contre une dette en francs français, etc. Les swaps sont l'affaire des marchés de gré à gré et connaissent un développement fulgurant. Les engagements sur les seuls swaps de taux représentaient en 1995 près de 18 000 milliards de dollars.

Aujourd'hui, les marchés dérivés touchent toutes les grandes familles de produits négociés dans le monde : les produits de base et les marchandises, les devises, les actions et leurs indices, les obligations (taux d'intérêt), les services (réassurance, fret, immobilier, droit à polluer, etc.). Le tableau suivant donne quelques exemples :

Marchés organisés	Principaux sous-jacents traités
Chicago Board of Trade	Taux d'intérêt long terme – Céréales
Chicago Mercantile Exchange	Taux d'intérêt court terme – Animaux
Chicago Board Options Exchange	Indices boursiers
MATIF (Paris)	Taux d'intérêt – Colza
NYMEX (New York)	Énergie – Métaux

Les enjeux des marchés dérivés

• Un jeu où les pertes peuvent être colossales

En 1995, les « exploits » de Nick Leeson, trader de la banque anglaise **Barings** basé à Singapour, ont fait la une de tous les journaux. Qu'avait donc fait ce golden boy ?

Fin 1994, en tant que spécialiste de l'économie asiatique, il fit le pari d'une reprise de l'économie japonaise en 1995. Pour lui, cela devrait se traduire par une hausse de l'indice de la bourse de Tokyo, le Nikkei 225. Alors que le marché japonais est baissier, Leeson spécule sur sa reprise et se construit des positions longues sur le Nikkei à la fois sur les marchés organisés d'Osaka et de Singapour, et ce pour des montants colossaux (Leeson a joué sur un engagement potentiel de près de 80 milliards de dollars !). Aux conditions du marché japonais, toute hausse de 1 000 points du Nikkei (aux alentours de 20 000 en décembre) lui rapporterait environ 400 millions de dollars, mais une baisse de 1 000 points coûterait la même chose. La spéculation se faisant sur des marchés organisés, Leeson et la Barings ont dû verser un dépôt de garantie dont le versement a informé l'ensemble de la communauté financière et les autorités boursières singapouriennes de l'énormité des positions prises. Comme sur tout marché organisé, chaque soir, un bilan est fait pour chaque opérateur et celui qui est perdant doit ajuster son dépôt de garantie en répondant à un appel de marge.

Le Nikkei s'affaiblissant, Barings fit face en janvier et début février 1995 aux appels de marge, mais Leeson et sa banque refusèrent de reconnaître leur erreur d'anticipation et d'arrêter là les dégâts, estimés à cette date à 200 millions de dollars. Comme au casino, il y avait le fol espoir d'un retournement de situation et pour pouvoir payer les appels de marge, Leeson se mit à vendre des options de vente sur le Nikkei sur le marché OTC. Il s'engageait donc à vendre l'indice japonais à un certain prix contre l'encaissement d'une prime, qui lui permettait de faire face aux appels de marge du marché organisé. Il n'y avait plus de limite à la perte, puisque si le Nikkei baissait, il serait obligé de le vendre à un prix plus élevé et sa position longue sur le marché organisé de plus en plus déficitaire. Et le Nikkei continua à baisser, les difficultés de l'économie japonaise étant accentuées par le tremblement de terre de Kobé.

Le « jeu » s'arrêta le jour où la Barings ne put faire face aux appels de marge, les autorités des marchés d'Osaka et de Singapour lui demandant alors de réaliser ses positions donc ses pertes. Elle fut incapable d'y faire face : le Nikkei ayant perdu plus de 2 000 points, cela représentait plus de 800 millions de dollars de perte, auxquels il fallait ajouter près de 300 millions sur les options OTC. Plus d'un milliard de dollars de pertes et la Barings fut rachetée pour 1 livre sterling par une banque néerlandaise ! Il reste à espérer que Leeson enverra un exemplaire des mémoires qu'il ne manquera pas de rédiger à tous les actionnaires de la Barings qui ont tout perdu !

• Faut-il fermer les marchés dérivés?

L'affaire Barings n'est qu'un accident parmi d'autres sur les marchés dérivés. Cela conduit certains à préconiser leur fermeture. Celle-ci n'est envisageable que s'ils ne sont pas utiles. Or, leur existence est liée à l'instabilité des phénomènes économiques. Si les marchés dérivés se sont développés depuis la fin des années 70, ce n'est pas par hasard. La disparition entre 1971 et 1976 du système monétaire né de Bretton Woods en 1944 a accru l'instabilité des marchés des devises. La lutte contre l'inflation et la succession de crises économiques ont développé une instabilité sur les taux d'intérêt. Les enjeux géopolitiques mondiaux, l'apparition d'une nouvelle division internationale du travail, les difficultés économiques de l'Europe ou des États-Unis ont créé des tensions sur les flux des produits de base et des marchandises. Il a donc fallu gérer cette instabilité croissante et les produits dérivés sont bel et bien l'outil le plus adapté. La disparition de l'instabilité se traduira par leur propre disparition. Une seule monnaie, une seule structure de taux d'intérêt en Europe et les dérivés construits sur les variations de change des monnaies européennes ou sur les différentiels de taux européens n'auront plus de raison d'être.

Cette utilité ne doit pas pour autant faire oublier que la dimension virtuelle des produits dérivés n'est pas sans effet sur les marchés des sous-jacents. Leur ambiguïté vient du fait que pour gérer l'incertitude ils sont, en temps de crise, un facteur potentiel d'accroissement de la volatilité, et cela est d'autant plus vrai pour les sous-jacents financiers que pour les sous-jacents produits de base ou marchandises. En effet, ces derniers obéissent à des fondamentaux plus concrets. Cet accroissement de la volatilité contribue à leur risque. Est-il alors possible de les contrôler ? Les marchés organisés possèdent des procédures de contrôle qui apparaissent aujourd'hui efficaces. Mais la connaissance des positions est une chose et l'interdiction de poursuivre en est une autre. N'oublions pas que l'interventionnisme est très mal vu des marchés financiers, dont l'âme est ultra-libérale. La globalisation financière permet par ailleurs de délocaliser très facilement les activités de trading : ainsi pour conserver des flux d'affaires, certains marchés ne prendront pas de mesure coercitive.

Face à cela, il y a deux solutions. La première est liée à une progression mondiale des procédures de régulation et de contrôle des marchés dérivés. En l'absence d'autorité supranationale reconnue, cela sera long et difficile. La deuxième passe par un développement des contrôles à l'intérieur même des sociétés intervenant sur ces marchés. Et ce contrôle ne doit pas être simplement celui des dirigeants sur les opérateurs, mais aussi celui des actionnaires sur les dirigeants. Mais là encore, les actionnaires peuvent préférer des gains très rapides à très court terme dans la sphère financière, pouvant destabiliser l'économie réelle seule capable de créer de la richesse à long terme. Nous sommes alors face à un problème d'éthique.

L'enjeu sur ces marchés est de toute façon considérable puisque sur le seul marché OTC 27 962 milliards de contrats ont été échangés en 1999 !

lire aussi **Contrat à terme - Option - Spéculation**

MARCHÉS ÉMERGENTS

Le début des années 90 marque l'apparition et la croissance de nombreuses places financières que ce soit en Asie (Corée, Malaisie, Taïwan...), en Europe (Turquie, Portugal...), en Amérique latine (Argentine, Chili...), en Afrique (Nigéria, Zimbabwe...) ou dans les anciens pays communistes (Pologne, Hongrie...). L'émergence de ces nouveaux marchés financiers mobilise l'épargne nationale et attire les capitaux internationaux jusqu'à la crise asiatique de 1997.

Le rôle économique des marchés émergents

Les marchés émergents sont apparus dans des zones géographiques où se sont enclenchés des processus de croissance économique (parfois très forte comme en Asie du Sud-Est) et/ou des processus de libéralisation de l'économie (Europe centrale). Leur part dans la capitalisation des marchés d'actions du monde est passée de 6,4 % en 1990 à et 9,6 % en 1995, mais est retombée à 3,9 % en 1999 du fait de la crise asiatique.

• Des afflux de capitaux en net recul

Les marchés émergents ont attiré jusqu'en 1995 de plus en plus de capitaux. Ainsi les **transferts nets** (entrées moins sorties de capitaux) vers ces marchés sont passés de 45,8 milliards de dollars en 1991 à 137,4 milliards de dollars en 1994.

(en milliards de dollars)	1996	1997	1998
Flux totaux	136	72	43
Flux d'origine privée :	136	36	– 3
– Asie	81	– 45	– 69
– Amérique latine	70	77	57
– Europe orientale	10	11	21
– Russie	–25	– 7	– 12
Flux d'origine publique :	0	36	46
– Asie	4	37	29
– Amérique latine	– 12	– 5	12
– Europe orientale	– 1	– 1	– 2
– Russie	9	5	7

Source : BRI.

Ces marchés restent extrêmement risqués comme en atteste l'évolution des **rendements** (gains en capital + dividendes) des marchés actions (en %) :

	1998	1999
Argentine	– 24,5	+ 21,9
Brésil	– 35,0	+ 152,0
Mexique	– 24,3	+ 80,1
Pérou	– 26,5	+ 37,4
Turquie	– 24,7	+ 490,4
Indonésie	– 0,9	+ 70,1
Corée du Sud	+ 49,5	+ 82,8
Thaïlande	– 4,5	+ 35,4
Singapour	– 10,2	+ 75,8
Taïwan	– 18,3	+ 65,0

Source : FIBV.

La **volatilité**, donc le risque, de ces marchés est très forte. Le mois de décembre 1994 a été un véritable cauchemar : ainsi l'indice de l'ensemble des bourses d'Amérique latine affichait un rendement de + 4,7 % de janvier à fin novembre, à la fin décembre il était tombé à – 88,7 %. Ce fut le résultat de la **crise mexicaine**, appelée « **effet Tequila** ». La multiplication des situations de crise politique (assassinats, révolte des Indiens du Chiapas), économique (déficit excessif de la balance des paiements courants), financière et monétaire (forte inflation, approche maladroite d'une dévaluation devenue inévitable) provoquaient un effondrement total de la confiance envers le Mexique. Début décembre, les réserves de change de la banque centrale fondirent dans une défense irraisonnée du peso, la fuite de capitaux (nationaux et internationaux) fit s'effondrer le marché financier et accéléra la chute du peso. La crise mexicaine révélait les risques potentiels des marchés émergents et calma l'ardeur des spéculateurs et des investisseurs... pendant quelques mois. En effet, comme nous l'avons vu, les flux de capitaux vers les marchés émergents ne se sont pas taris jusqu'à la crise asiatique, laquelle a requis une intervention du FMI à hauteur de plus de 110 milliards de dollars sur le dernier trimestre 1997 pour tenter d'endiguer les faillites.

• Un rôle économique controversé

L'histoire économique depuis la Seconde Guerre mondiale révèle que les pays en voie de développement, les pays vivant la transition du socialisme vers l'économie de marché et les pays nouvellement industrialisés répondent généralement aux caractéristiques d'une **économie d'endettement**. Les financements se réalisent essentiellement par l'intermédiaire des banques (souvent contrôlées ou possédées par l'État), les taux d'intérêt sont le plus souvent administrativement régulés et la politique monétaire est gérée par l'État par des moyens d'intervention très directs comme l'encadrement du crédit. Bien que cette situation doit être nuancée à la fois dans le temps et dans l'espace (Singapour a suivi, par exemple, une logique financière et monétaire plus « libérale » que la Corée du Sud), plusieurs experts n'ont pas hésité à parler dans les années 70 d'une « **répression financière** ». La conséquence directe de cette dernière est une incapacité de mobiliser l'épargne nécessaire au développement de la sphère réelle, une incitation à la fuite de l'épargne nationale vers des marchés financiers étrangers et une quasi-impossibilité de décider des investissements sur de réelles normes économiques et financières.

La libéralisation et la déréglementation financières, et donc la création de marchés financiers, ont souvent été présentées comme un préalable à un véritable processus de croissance économique. Elles permettent en effet de mieux mobiliser l'épargne nationale, d'attirer les capitaux internationaux. Cette stimulation de l'épargne s'accompagne d'une meilleure sélection des projets d'investissement : ces derniers ne répondent plus à des critères politiques mais relèvent d'une logique rendement-risque. Ceci se traduit directement par une amélioration de la productivité du capital, qui est elle-même à la source d'une meilleure rémunération de l'épargne. La libéralisation, en développant la concurrence entre les sources de financement, provoque également une baisse du coût de financement.

Néanmoins, les études et les modèles économiques de croissance ne permettent pas d'affirmer que la libéralisation financière est une condition nécessaire et suffisante à la croissance économique. Ainsi, le taux d'épargne des ménages apparaît plus fonction de la progression des revenus réels que des niveaux ou des modes de détermination des taux d'intérêt, voire de la fiscalité.

Ainsi, le développement des marchés émergents, qui ne peut s'inscrire que dans une logique globale de libéralisation économique et d'intégration internationale, apparaît plus comme un atout de la croissance que comme une cause. La crise mexicaine de 1994 a également bien montré que l'intégration dans les circuits financiers internationaux pouvait présenter aussi bien des avantages que des inconvénients. En effet, d'une part des déséquilibres politiques et économiques peuvent être fortement sanctionnés, mais d'autre part, pour éviter une crise financière internationale majeure, les États-Unis et le FMI prêtèrent au Mexique 50 milliards de dollars pour faire face à sa crise de liquidités. Mais il est vrai que ce prêt était garanti sur la production pétrolière future du Mexique, ce qui réduit considérablement l'autonomie économique de ce pays.

Les clés de la réussite des marchés émergents

• Des conditions économiques, financières et techniques adaptées

La crise mexicaine a montré que les investisseurs sur les marchés émergents attendaient une stabilité politique et de bonnes perspectives de croissance économique saine ; c'est-à-dire une limitation des déficits publics, une inflation maîtrisée et une monnaie la moins volatile possible. Ces attentes sont celles qui sont les plus favorables à la mise en place des processus d'anticipation des rendements et des risques, clé de tout investissement financier.

La mise en place et le développement de marchés de capitaux dans des pays proches d'une situation d'économie d'endettement s'appuie sur une **politique monétaire** fondée sur les taux d'intérêt et une politique fiscale, cohérentes avec la maîtrise des dépenses publiques. Ainsi, les taux d'intérêt réels doivent redevenir positifs et ils doivent être significativement plus élevés à long terme qu'à court terme : la prise de risque doit être rémunérée, ce qui est loin d'être le cas aujourd'hui dans les pays en voie de développement et en Europe de l'Est. Quant à la **fiscalité**, elle doit acquérir d'abord une reconnaissance de stabilité : les investisseurs n'apprécient pas les changements brutaux des régimes fiscaux perturbant leur anticipation des performances des placements. La fiscalité doit essentiellement viser la neutralité et ne pas favoriser certains types de placement, comme par exemple les emprunts d'État au détriment des opérations financières privées. Certains pays, comme la Chine ou la Tunisie, ont choisi pour leur marché financier des **stratégies** dites **« off-shore »** en déréglementant et défiscalisant totalement leur fonctionnement.

Le développement d'un marché émergent nécessite la mise en place de structures de fonctionnement fiables : systèmes de cotation, de règlement et de livraison des titres, législation adaptée, expertise des différents agents intervenant sur un marché boursier. Aujourd'hui, cela représente un énorme marché potentiel sur lequel les grandes places financières des pays industrialisés sont en concurrence pour transférer leur savoir-faire. L'acquisition et l'intégration des nouvelles technologies financières est indispensable et ne pourra se rentabiliser que par un volume croissant des transactions.

• Quels titres coter sur un marché émergent ?

La première question qui se pose est de savoir si la création du marché doit reposer sur des **titres privés** ou des **titres publics**. Sur les marchés asiatiques, le poids des obligations publiques est largement inférieur à celui des actions. Il s'agit moins d'un choix que du résultat de politiques ayant réduit les déficits. Dans les pays où les déficits budgétaires sont plus importants, deux problèmes se posent à partir du moment où les déficits seront financés par l'émission d'obligations. Le premier est de repérer la limite entre les effets d'entraînement sur les émetteurs privés (les déficits sont productifs et poussent les agents privés à investir) ou les effets d'éviction (les déficits sont trop élevés et leur financement empêche l'épargne de se diriger vers le secteur privé). Le second problème est lié à la qualité de la signature de l'État. Si ce dernier a, à plusieurs reprises, failli à ses devoirs et laissé des dettes impayées, il lui sera non seulement difficile d'émettre des titres mais sa présence polluera le marché financier en diminuant sa crédibilité. Or, cette situation est fréquente en Afrique ou dans les républiques de l'ex-URSS.

Dans la logique de libéralisation et d'ouverture internationale de la plupart des pays émergents, une source de titres pour leur marché financier réside dans les privatisations. Celles-ci posent tout d'abord le problème de la profitabilité des firmes privatisées : une privatisation réalisée avant la restructuration de l'entreprise risque d'avoir des effets néfastes sur le futur marché des actions. Parfois, la privatisation a même demandé une recapitalisation préalable des entreprises. Le problème est alors posé de la législation des investissements étrangers dans le pays : sont-ils autorisés, quel pourcentage maximal de propriété peuvent-ils détenir, pourront-ils revendre librement tout ou partie de leur participation sur le marché national, etc. ? Plus la réponse à ces questions sera libérale et plus les capitaux étrangers seront attirés, ce qui est parfois insupportable à certains nationalismes économiques.

À côté des titres publics et des titres issus de privatisations, figurent les titres du secteur privé. Cela nécessite d'une part qu'il ait besoin de financer une croissance rapide, et d'autre part que les dirigeants de ces entreprises acceptent de laisser une partie de leur pouvoir et de donner de l'information. Quand il s'agit de très grandes entreprises très largement exportatrices, ces conditions se rencontrent aisément. Mais parfois le tissu industriel est essentiellement constituée de PME indépendantes et familiales, comme au Maroc ou en Tunisie. Pour ce type de pays, il n'est pas impossible que le développement de leur marché financier s'appuie plus sur la croissance des seconds marchés que des marchés principaux. Par contre, il apparaît certain que les marchés dérivés (options, contrats à terme) ne pourront pas se développer tant que les marchés des actifs sous-jacents (actions, obligations) ne seront pas arrivés à maturité.

• L'avenir des marchés émergents

La pérennité des marchés émergents passe par la résolution de problèmes de taille, de compétitivité, de liquidité et de transparence. Ils ne sont en cela pas différents des marchés d'Europe de l'Ouest ou d'Amérique du Nord, mais leur jeunesse les fragilise.

En économie industrielle, la croissance d'une firme lui fait bénéficier d'économies d'échelle, liées à sa taille, et d'économies d'envergure, liées à une potentielle diversification. Il en est de même pour un marché financier. Il faut une taille minimale pour attirer de manière fiable les investisseurs étrangers, et les investissements technologiques et humains sont tels qu'il est impératif de les amortir sur des volumes élevés. De nombreux experts fixent actuellement la taille minimale à une capitalisation de 100 milliards de dollars, ce que sont loin d'atteindre de nombreux marchés émergents. Il n'est donc pas impensable de penser à des marchés émergents régionaux, au même titre d'ailleurs que des réflexions ont cours sur un marché financier européen. Le meilleur exemple est fourni par la bourse d'Abidjan qui, face à l'impossibilité de croître sur des caractéristiques nationales, tente de croître dans le cadre de l'Union économique et monétaire ouest-africaine. Ces regroupements régionaux semblent indispensables pour atteindre les seuils de compétitivité exigés par la concurrence internationale entre les places financières, émergentes ou non, cherchant à attirer les flux de capitaux issus de la globalisation financière mondiale.

Une des conditions du succès des marchés émergents sera leur capacité à répondre aux contraintes de liquidité des investisseurs. Toute réduction de cette dernière est considérée comme un facteur de risque supplémentaire. Par ailleurs, la liquidité est le meilleur moyen de réduire la volatilité et les sur-réactions de ces marchés, qui si elles peuvent intéresser les spéculateurs risquent de décourager les investisseurs directs ayant une vision de long terme. Un développement possible de la liquidité passe par la mise en place de systèmes collectifs d'épargne, type SICAV, et ce afin de retrouver les avantages de l'épargne collective : mutualisation et diversification des risques, réduction de l'asymétrie d'information. Mais cela passe par des investisseurs institutionnels en bonne santé. Or, dans de nombreux pays émergents, ces derniers connaissent des difficultés. Il semble donc qu'un préalable à la réussite des marchés financiers passe par une restructuration du système bancaire, des compagnies d'assurance et des caisses de retraite.

La pérennité reposera sur la confiance et celle-ci passe par la transparence des marchés. Les problèmes de délits d'initiés, de déontologie doivent être minimisés par une réglementation adaptée, qui s'accompagnera de la définition de règles de contrôle et de normes prudentielles afin de limiter les comportements spéculatifs pouvant mettre en danger la survie du système.

lire aussi **Marchés américains - Marchés asiatiques - Privatisation**

MARCHÉS EUROPÉENS

De par leur culture et leur histoire économiques et financières, les pays de l'Union européenne abritent des marchés financiers très différents, par leurs produits, leur mode de fonctionnement et leur rôle dans leur propre économie.

Les marchés d'actions européens

• La City : une suprématie difficile à conserver

La Bourse de Londres, l'***International Stock Exchange***, a toujours été et demeure la première place européenne. Son marché principal, le ***Listed Market*** ou ***Full Listing***, a la plus forte capitalisation boursière européenne et la troisième mondiale. Cette prédominance est due au savoir-faire financier de la City qui s'est notamment traduit par le fait que la place de Londres a été la première en Europe à engager un processus de déréglementation et d'internationalisation.

C'est en 1986 que les Britanniques déclenchèrent le **Big Bang** (par référence en cosmogonie à l'explosion créatrice de notre univers) de leur marché financier. Alors que les activités sur les titres étaient très compartimentées, que les commissions étaient fixes, que l'accès aux professions boursières était réglementé et interdit aux capitaux étrangers, le Financial Service Act de 1986 abolit toute réglementation, ouvrit le marché aux sociétés commerciales et aux institutions financières, britanniques et étrangères, et une concurrence absolue fut instaurée, notamment en matière de commissions.

Cette déréglementation s'accompagna de réformes techniques (mise en place d'un système de cotation informatisé, le **SEAQ** pour ***Stock Exchange Automated Quotations***) qui accrurent l'efficacité du marché londonien, surveillé par la SIB (*Securities and Investment Board*) et animé par des brokers-dealers qui agissent à la fois pour leur propre compte et celui de leurs clients. Londres fut également la première place européenne à développer à grande échelle le

Market Making (**tenue de marché**) ; les market makers (teneurs de marché) affichent en permanence pour toutes les actions sur lesquelles ils se sont spécialisés un prix d'achat et un prix de vente. Cela se traduit par un degré élevé d'animation et une très grande liquidité du marché, et ce à la plus grande satisfaction des investisseurs.

Les conséquences de cette révolution financière furent, d'une part, une restructuration des métiers de la finance (il y eut de nombreuses faillites et fusions) et d'autre part l'arrivée massive sur le marché londonien de titres étrangers. En effet, les investisseurs internationaux qui étaient peu satisfaits des fonctionnements des autres marchés nationaux européens (trop de réglementation, volumes d'échanges insuffisants, frais trop élevés) se mirent à échanger des actions françaises, italiennes, allemandes, australiennes, sud-africaines... à Londres où ces titres bénéficiaient d'une cotation informatisée en continu (SEAQ International System) et de market making efficace. Ce développement fut tel qu'il était fréquent de voir certaines actions de sociétés non britanniques connaître un volume d'échanges à Londres égal ou supérieur à celui de leur marché national. Cela s'est bien évidemment fait au détriment des marchés financiers nationaux. Certains réagirent, en particulier le marché français. Les différents développements du système Cac, l'ouverture internationale, l'assouplissement de la réglementation, notamment sur les transactions de blocs (ordres ayant un volume très élevé), ont conduit la bourse française à être plus performante. De fait, il est estimé que 91 % des transactions des valeurs françaises cotées à Londres et à Paris passent maintenant par le Cac. Ce rapatriement des transactions des grandes valeurs françaises est un signe du vieillissement du système britannique et de la modernisation de ses concurrents. Cette dernière ne cesse de s'accroître : depuis janvier 1996, la SBF a ouvert un **système EuroCac** afin de pouvoir coter et traiter à Paris des valeurs internationales, notamment européennes. Mais nul ne pense que Londres se laissera faire et déjà se profile une réforme du Seaq.

Il n'en reste pas moins que Londres reste la première bourse européenne. Cela est non seulement dû à son savoir-faire, mais aussi aux comportements des différents acteurs. Le marché britannique bénéficie d'une longue histoire s'appuyant sur une culture favorable au marché financier. Du côté de l'épargne, celle-ci s'investit facilement en bourse et sait y demeurer, y compris pendant les périodes difficiles. L'épargne britannique peut s'investir directement, mais elle bénéficie aussi de la très forte présence de ***Mutual Funds*** (sont à distinguer les ***Investments Trusts***, sociétés financières libres d'augmenter leur capital, de s'endetter et d'investir où elles veulent, et les ***Unit Trusts*** qui ressemblent aux OPCVM français) et les ***Pension Funds***, fonds de gestion des retraites par capitalisation. Ces fonds drainent un montant considérable de capitaux, d'origine britannique ou non, et trouvent en face d'eux des entreprises qui utilisent régulièrement le marché financier pour y puiser les ressources financières dont elles ont besoin.

Mais le marché des actions britanniques ne se limite pas au marché principal des actions domestiques et internationales. La culture financière anglo-saxonne a également permis le développement de structures pour les PME. Une première expérience a été lancée en 1980 avec la création de l'**USM** (*Unlisted Securities Market*), marché dont l'accès était plus aisé (10 % de titres à mettre en circulation contre 25 % pour le marché principal et normes d'information financière réduites). Après avoir connu une phase de développement jusqu'en 1990, l'USM est petit à petit tombé en désuétude. Cela s'explique non seulement par l'existence de problèmes de liquidité sur les plus petites valeurs, mais aussi par le fait que, pour de nombreuses sociétés, la différence avec le marché principal ne se justifiait plus. De fait, l'USM a été abandonné. Mais, pour faciliter l'accès du marché financier à des sociétés de petite taille, jeunes, à forte croissance, voire à haut risque, a été créé en juin 1995 l'**AIM** (*Alternative Investment Market*). Le jour de l'ouverture, le 18 juin, 10 sociétés inauguraient ce marché. L'AIM a connu un succès rapide puisqu'un an plus tard, 164 sociétés étaient cotées sur ce marché. Elles étaient environ 300 à la fin 1998. Cependant, jugé peu liquide, sa croissance s'est considérablement ralentie au profit de l'Euro NM et du *Neuer Markt* allemand.

Nom des firmes	Cours d'introduction 18 juin 1995 (en pounds)	Cours le 18 juin 1996 (en pounds)	Croissance en %
Dawson Holdings	615	1 665	170,7
Lorien	155	330	112,9
Old English Pub	80	148	85
Formscan	88	161	82,9

Source : Financial Times, 19.06.96.

La dernière innovation sur le marché britannique est la création d'une section spéciale pour les valeurs technologiques, le

« **TechMarkt** », au mois de septembre 1999. Les premières sociétés cotées sur l'AIM présentaient des rythmes de croissance très importants.

• Le marché allemand

Contrairement au Royaume-Uni, les marchés financiers allemands ne bénéficient pas d'une culture qui leur est très favorable. Cela tient à l'organisation financière de l'économie allemande, qui repose sur une collaboration étroite entre les banques et les entreprises. De manière beaucoup plus significative que leurs consœurs françaises ou anglaises, les banques allemandes sont présentes au capital des entreprises et établissent des liens très privilégiés avec les dirigeants des sociétés. Cela a pour conséquence que lorsqu'une entreprise a des besoins de capitaux (fonds propres ou dettes), les banques sont par nature leur premier partenaire. De la même manière, il est inconcevable de prendre le pouvoir de manière agressive et contre la volonté des banques ; ainsi, les OPA sont absentes du paysage financier allemand. Un autre aspect de ce type de capitalisme est que l'actionnaire individuel minoritaire n'a absolument pas l'importance qu'il peut avoir aux États-Unis ou en Grande-Bretagne. De même, une organisation différente des systèmes d'épargne et de retraite, le fait que des banques peuvent assurer des transactions de titres en dehors de la Bourse a conféré au marché financier officiel allemand une dimension faible en regard du poids de l'Allemagne dans l'économie mondiale.

Malgré les obstacles culturels, les choses ont changé. Ainsi, les places de Düsseldorf, Munich et Berlin ont passé des accords avec celle de Francfort. Mais ce regroupement des places régionales ne se fait pas sans heurts. En effet, la Bourse de Suttgart, malgré la création d'un réseau paneuropéen des actions à fin 2000, semble vouloir faire cavalier seul. De même, les places de Brême, Hambourg et Hanovre n'ont toujours pas passé d'accord avec Francfort. Cette guerre des Bourses ne doit pas masquer la tendance générale en Allemagne. Le développement de fonds de placement, le rapprochement entre des institutions financières allemandes et britanniques créent un nouvel état d'esprit.

Les transactions d'actions se déroulent sur trois marchés. Le marché principal (*Amtlicher Wertpapierhandel*) exige les normes habituelles de diffusion minimale de 25 % du capital et de diffusion régulière de l'information. Le *Neuer Markt* (Nouveau marché allemand), créé en 1997, a connu un succès extrêmement important, cette structure concurrençant notamment l'AIM britannique. Il existe aussi en Allemagne un marché Hors-Cote *(Freimarkt)*.

La création de l'« Ix » ***(International Exchange)*** entre Londres et Francfort montre le chemin parcouru depuis le début des années 90. L'ensemble pèsera plus de 4 000 milliards d'euros de capitalisation boursière, donc deux fois plus que l'**Euronext** qui rassemble les places de Paris, Amsterdam et Bruxelles en attendant l'éventuel ralliement de Milan et Madrid.

• De plus en plus d'initiatives européennes

L'évolution récente du marché européen tend à mettre sur le devant de la scène financière des initiatives internationales. Parmi les nouvelles structures européennes, l'Euro NM et l'Easdaq représentent deux initiatives majeures.

Le réseau Euro NM (Paris, Francfort avant l'« Ix », Amsterdam, Bruxelles et Milan), créé en mars 1996, s'est vite affirmé comme une structure leader pour les valeurs de croissance. Fin août 1999, 277 sociétés étaient cotées sur ce réseau.

Il est aujourd'hui en concurrence avec l'Easdaq, forme de « nasdaq européen », créé fin 1996 et regroupant fin janvier 2000 quelque 56 entreprises pour une capitalisation de 49,6 milliards d'euros. L'Easdaq, ayant reçu le soutien du Nasdaq, devrait être favorisé par des investissements massifs de fonds américains.

• Les autres bourses d'Europe du Nord et de l'Est

Belgique, Luxembourg, Pays-Bas, Danemark, Suède, Finlande, Irlande, Autriche et aussi la Norvège ont des marchés financiers mûrs. Néanmoins, les plus grandes sociétés de ces pays (par exemple Solvay en Belgique, Philips en Hollande...) sont obligées, vu la petite taille du marché et de l'économie nationales, d'être cotées sur d'autres bourses étrangères. Dans ces pays, l'essentiel de l'activité est rassemblé sur le marché principal officiel et les seconds marchés ont eu des difficultés à se développer. Les marchés financiers des pays nordiques présentent une plus grande volatilité, en raison notamment de leur étroitesse. Cette dernière a conduit ces marchés d'actions à rechercher une spécialisation leur permettant d'avoir un avantage compétitif par rapport aux marchés britanniques, français ou allemand ; les spécificités suivantes peuvent être mises en avant :

– la bourse de Bruxelles est proportionnellement le deuxième marché européen à accueillir des actions étrangères ;

– la bourse d'Amsterdam est également très ouverte sur l'international et assure depuis 1980 la négociation d'actions étrangères dans la devise du pays de la société-mère ;

– la bourse de Copenhague développe un rôle de coordinateur dans une politique de coopération avec les marchés suédois, norvégien, finlandais et islandais ;

– la bourse de Vienne développe une partie de son activité en assurant la cotation et les transactions de titres de sociétés provenant des ex-pays communistes, les investisseurs ne trouvant pas sur leurs marchés émergents domestiques soit la fiabilité, soit les volumes nécessaires à leur financement ;

– la bourse de Dublin est intégrée dans la Bourse internationale du Royaume-Uni et d'Irlande ;

– le marché helvétique est constituée de la bourse de Zürich et de Genève. Mises à part quelques grandes sociétés industrielles suisses comme Nestlé, c'est un marché spécialisé sur les institutions financières et les fonds d'investissement ;

– la bourse de Luxembourg est un cas très à part en Europe. Sorte de paradis fiscal, le Luxembourg a depuis de nombreuses années attiré l'épargne internationale. Mais celle-ci n'a pu s'investir sur l'économie locale, trop petite. De fait, le marché luxembourgeois s'est spécialisé sur la négociation de valeurs étrangères et sur les émissions en euro-monnaies. La conséquence est que la majeure partie de la cote luxembourgeoise est représentée par des fonds d'investissement, dont la nationalité luxembourgeoise ne veut rien dire : il s'agit simplement de sociétés financières immatriculées au Luxembourg et accueillant des capitaux de toute la planète.

Pour terminer ce tour d'Europe, il faut savoir que des marchés d'actions se sont créés dans les ex-pays communistes et que des Bourses se développent à Varsovie (la première), Prague, Budapest, Sofia, Bucarest et Moscou. La cote est essentiellement alimentée par la privatisation des anciennes sociétés d'État. Or, ces dernières ont à faire face à un immense effort de modernisation imposée par la concurrence à laquelle elles sont confrontées depuis l'ouverture des économies. Il s'agit donc d'investissements risqués dans des pays où l'épargne est laminée par l'inflation. Elles présentent toutes les caractéristiques des marchés financiers émergents et seules aujourd'hui les bourses polonaise, hongroise et tchèque ont su tirer leur épingle du jeu et offrir un minimum de sécurité aux épargnants.

• Les marchés d'actions de l'Europe du Sud

Les marchés financiers italiens et espagnols sont les places financières les plus développées dans l'Europe du Sud. Les marchés espagnol et italiens se sont longtemps distingués par la multiplicité des Bourses régionales. Ils sont aujourd'hui unifiés. Les différentes places espagnoles ont passé des accords avec Madrid et les places italiennes avec Milan. Ceci a notamment permis aux places de Milan d'intégrer l'Euronext.

Les bourses portugaises (Lisbonne, Porto), grecque (Athènes) et turque (Istanbul) présentent les caractéristiques de marchés émergents et ne sont pas ouvertes à l'international.

Bourses	Capitalisation 1998 (en milliards de dollars)	Capitalisation 1997 (en milliards de dollars)
Amsterdam	603	469
Athènes	80	34
Bruxelles	246	139
Copenhague	99	94
Allemagne	1 094	825
Helsinki	155	73
Irlande	67	49
Istanbul	34	61
Italie	570	345
Londres	2 374	1 996
Luxembourg	38	34
Espagne	402	290
Oslo	46	67
Paris	991	676
Stockholm	279	265
Suisse	689	575
Vienne	36	37
Varsovie	20	12

Source : FIBV.

Les marchés européens d'obligations

Les marchés européens d'obligations se caractérisent par le poids du secteur public (administrations, collectivités et État). Si ce dernier n'est pas significatif en nombre d'emprunts cotés (les émetteurs publics sont en nombre limité), la différence apparaît nettement en terme de capitalisation.

La place du secteur public est également prépondérante dans les transactions : mis à part en Finlande et en Belgique, le volume des transactions sur obligations du secteur public est supérieur à celui du secteur privé.

Cette prépondérance du secteur public s'explique, au niveau de l'offre par l'importance des déficits publics européens, et au

Les marchés d'obligations

Bourses	Nombre d'emprunts cotés en 1999			Capitalisation en 1999		
	Secteur privé	Secteur public	Étranger	Secteur privé	Secteur public	Étranger
Amsterdam	773	47	205	166 108	181 547	295
Bruxelles	45	86	9	3 299	206 812	416
Copenhague	2 329	51	52	173 302	206 819	4 407
Allemagne	19 314	1 908	1 300	1 286 814	599 053	190 598
Helsinki	209	58	1	NA	NA	NA
Istanbul	0	117	–	5	42 962	-
Italie	448	139	21	59 195	96 469	701
Londres	5 037	176	4 466	422 991	441 571	498 785
Luxembourg	579	15	11 427	36 175	867	2 545 217
Madrid	373	265	191	5 573	11 537	NA
Oslo	412	427	5	24 449	27 747	265
Paris	1 160	579	835	201 744	563 346	NA
Stockholm	978	184	16	NA	NA	NA
Suisse	816	204	737	90 682	51 183	107 918
Vienne	1 122	169	14	25 841	84 716	1 135
Varsovie	0	47	0	0	14 145	0

niveau de la demande de titres, par la qualité de la signature des États et des entreprises publiques de l'Europe de l'Ouest. Quand celle-ci n'est pas assurée, le développement des marchés obligataires est faible (Pologne, Grèce...).

La répartition public/privé des obligations

1998 (en millions de dollars)	Volume des transactions		
	Secteur privé	Secteur public	Étranger
Copenhague	490 649	803 319	309
Allemagne	60 383	1 415 846	47 057
Italie	14 050	3 816 024	2 081
Londres	NA	NA	NA
Madrid	581	1 454	NA
Oslo	19 326	130 275	93
Paris	166 926	13 377 172	87 990

Source : FIBV.

Les marchés dérivés européens

Quels que soient les produits sous-jacents (actions, taux d'intérêt, indices, commodités), le type de contrats (options, contrats à terme), les volumes d'activité, les marchés dérivés européens peuvent être classés en deux groupes.

Le premier groupe est celui des marchés, créés au plus tard au début des années 80, ayant su développer une spécificité et une efficacité qui en font des acteurs incontournables. Ce premier groupe concerne essentiellement les marchés britanniques, français et hollandais.

Londres est indéniablement la première place européenne de dérivés avec de très grands marchés : le **Liffe** (London International Financial Futures Exchange), le **LME** (London Metal Exchange), et le **London Commodity Exchange** pour les matières premières et marchandises.

La France a su conquérir une part de marché grâce au **Matif** (Marché à Terme International de France) qui cote des contrats sur de nombreux sous-jacents (taux d'intérêt, indices, devises et certaines

Les marchés dérivés en Europe

Places	Volumes de contrats en 1998 (en millions) sur actions, indexés sur actions et indexés sur futures	Volumes de contrats en 1997 (en millions) sur actions, indexés sur actions et indexés sur futures
AEX (Pays-Bas)	61	48
BELFOX (Belgique)	2	2
Budapest SE (Hongrie)	2	1
EUREX Deutschland (Allemagne)	68	48
EUREX Deutschland Pan européen (Allemagne)	1	–
EUREX Zurich (Suisse)	38	33
HEX (Finlande)	1	3
IDEM (Italie)	9	8
LIFFE (Grande-Bretagne)	12	15
Matif (France)	17	6
MEFF Variable (Espagne)	6	9
Monep (France)	37	15
OM (Suède)	35	25
Oporto (Portugal)	2	1
Oslo (Norway)	2	2
OTOB (Autriche)	2	2

Source : FIBV.

matières premières). Les plus fortes spécificités du marché à terme de marchandises français sont des contrats sur le sucre et la pomme de terre. Le **Monep** (Marché des options négociables de Paris) est très (trop) centré sur des sous-jacents français (actions françaises).

Amsterdam a créé en 1978 l'**EOE (European Options Exchange)**, le premier marché d'options européen. Il demeure un des plus actifs malgré la très forte concurrence en provenance du Liffe et du Matif. La spécificité de l'EOE est l'existence d'options sur indices : un basé sur des actions cotées sur l'American Stock Exchange et un indice européen, l'**Euro Top 100**.

Un deuxième groupe de marchés dérivés est constitué soit par des marchés créés au début des années 80, mais qui n'ont pas atteint un niveau significatif d'activité (Belgique, Irlande, pays nordiques), soit par des marchés créés plus tardivement et qui tentent de rattraper leur retard (Allemagne, Espagne), en commençant par essayer de rapatrier chez eux des volumes d'activité sur des sous-jacents domestiques et traités à l'étranger (cas du marché à terme allemand, *Deutsche Terminbörse*).

lire aussi **Contrat à terme - Marchés dérivés - Options**

MATIÈRES PREMIÈRES

La valeur des échanges de marchandises dans le monde approche les 4 300 milliards de dollars et celle des services marchands les 1 100 milliards de dollars. Signe des temps, depuis 1994, les échanges informatiques et bureautiques représentent plus de 10 % du commerce mondial, ce qui est supérieur à la chimie et aux combustibles.

Les produits de base dans le monde

Qu'y a-t-il de commun entre une tonne de bananes, une tonne de nickel, un contrat d'assurances ? Il s'agit de « produits » faisant l'objet d'échanges sur des marchés. L'ONU les dénomme officiellement « **produits de base** » ; certains auteurs les appellent « **commodités** ». De la qualité de fonctionnement des marchés de ces produits dépendra la qualité de l'allocation des biens échangés.

• Les différents marchés

Tous les jours dans le monde, de très nombreuses variétés de produits sont échangés, avec de moins en moins de barrières. En nous appuyant sur le guide **Cyclope** (apport annuel publié sous la direction de P. Chalmin, Économica, excellente source d'informations sur ce qui se passe sur les marchés du monde) nous pouvons distinguer plusieurs grands marchés.

En excluant les marchés financiers, les services et les grands marchés industriels, nous restons en présence de marchés sur lesquels sont échangés des produits « de l'agriculture, des forêts et de la pêche, et tout minéral, que ce produit soit sous sa forme naturelle ou qu'il ait subi la transformation qu'exige communément la vente en quantités importantes sur le marché international » (Charte de La Havane, 1948).

Les grands marchés des produits de base

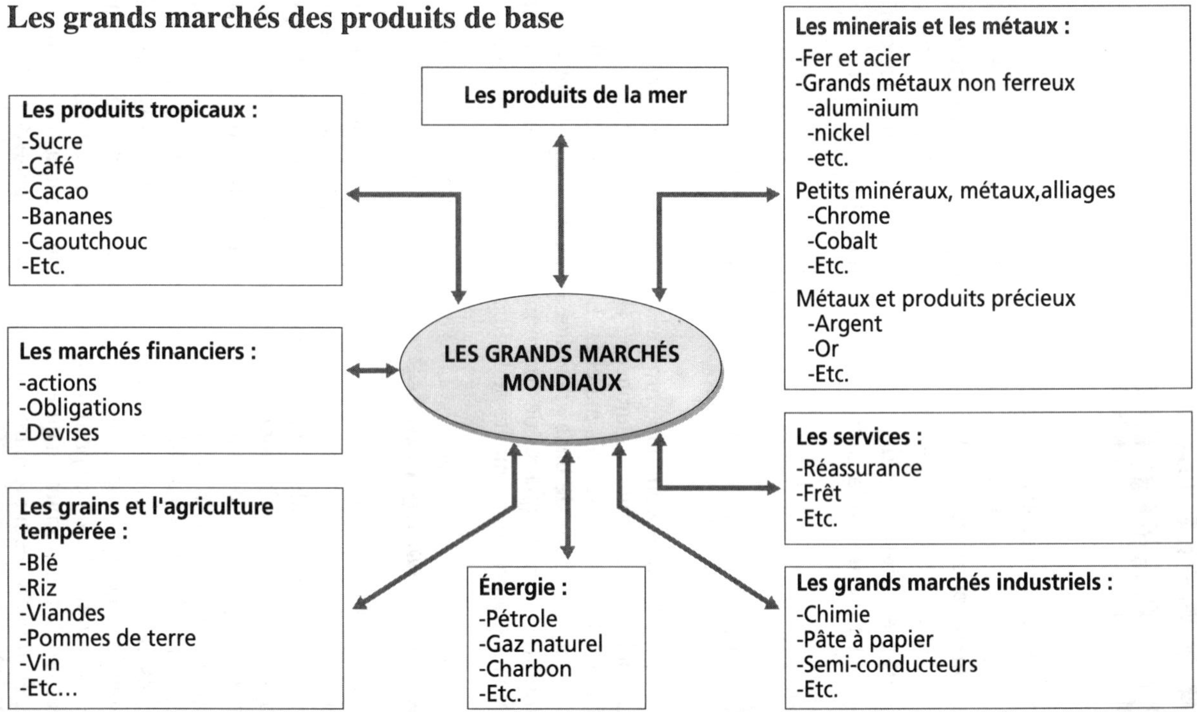

• Des prix très fluctuants

Une des caractéristiques des marchés des produits de base est de connaître des cycles de prix ayant de larges amplitudes.

Les périodes de hausse et de baisse des prix résultent de la conjonction de trois facteurs :

– des facteurs d'offre. Cette dernière va se réduire ou s'accroître en fonction de décisions d'investissement (ouverture ou fermeture de sites de production), de critères climatiques (bonne ou mauvaise saison, gelées, sécheresse, inondations, etc.), de critères politiques, comme la volonté de certains pays de s'insérer officiellement ou non dans le marché mondial (ex-URSS, Chine) ;

– des facteurs de demande (cette dernière exercera ou relâchera sa pression sur le marché en fonction du rythme de la croissance économique) ;

– des facteurs spéculatifs comme la constitution de bulles spéculatives ou la gestion des stocks (volonté de rétention ou au contraire dégraissage des stocks).

Les marchés des produits de base

En fonction des caractéristiques des produits échangés (périssabilité, exposition aux aléas climatiques...), du degré de concurrence (marché concurrentiel ou à tendance oligopolistique), les différents marchés des produits de base n'obéissent pas aux mêmes logiques et n'utilisent pas les mêmes techniques.

Ainsi, les matières premières à très fort volume d'échange et à degré concurrentiel élevé sont en règle générale cotées sur des marchés organisés. Cela autorise des ajustements de prix suivant de près les fluctuations de l'offre (comme les conditions climatiques) et de la demande. L'organisation de ces marchés ne signifient pas qu'il n'y a pas de volatilité; au contraire leur flexibilité permet de retranscrire très rapidement toutes les modifications de comportement. Toutes les opérations se retrouvent sur ces marchés : opérations au comptant, contrat à terme et options. Parmi les grands marchés de ce type, citons le maïs à Chicago, le sucre et le pétrole à New York, la pomme de terre à Paris, le cacao et le plomb à Londres, le caoutchouc à Singapour. Il est à noter que certains marchés restent de gré à gré (*Over The Counter* en anglais, OTC) : leur fonctionnement est plus souple car les contrats n'y sont pas standardisés.

Une deuxième catégorie de marchés recueille des produits plus spécifiques (volumes d'échanges plus faibles, transportabilité plus faible). Ces marchés sont moins organisés et donc moins transparents. De ce fait, les cotations sont moins révélatrices des tensions entre l'offre et la demande et les opérations à terme sont plus limitées. C'est le cas pour les viandes, les petits métaux et certains engrais.

La diversité des marchés de produits de base

Produits de base	Principaux marchés à terme
Blé	Chicago Board Options / Chicago Board of Trade Kansas City Board of Trade Minneapolis Grain Exchange
Pomme de terre	Amsterdam Matif (Paris) London Commodity Exchange
Pétrole	New York Mercantile Exchange International Petroleum Exchange (Londres) Singapour Mercantile Exchange
Or	Comex (New York) Tokyo Commodity Exchange Hongkong Futures Exchange
Café	Coffee Sugar and Cocoa Exchange (New York) (arabica) London Commodity Exchange (robusta) Manila International Futures Exchange Bolsa Mercantil & de Futuros (Brésil)
Indice de fret maritime	London Commodity Exchange
Porcs vivants	Chicago Mercantile Exchange Amsterdam

Dans certains cas, l'absence de concurrence, notamment au niveau de l'offre, conduit les producteurs à suivre les tendances du marché et à ne pas les anticiper. La fixation des prix correspond alors à des logiques de filières industrielles (cas de la pâte à papier).

Enfin, il existe encore quelques marchés très particuliers comme les ventes aux enchères pour le thé.

lire aussi Marchés dérivés - Or - Pétrole - Sucre

MATIF

Le Marché à terme international de France (MATIF) est aujourd'hui l'un des grands marchés internationaux des produits de gestion des taux d'intérêt et il poursuit son développement vers les contrats à terme sur marchandises et matières premières.

Une croissance et une internationalisation exemplaires

Créé en 1986, le Matif était devenu en dix ans le quatrième marché de contrats à terme et d'options du monde après les deux marchés de Chicago et celui de Londres. Il présente aujourd'hui une gamme très large de produits, attirant ainsi de nombreux investisseurs internationaux. L'internationalisation du Matif est marquée également par son adhésion à Globex, système international de transactions électroniques mis au point par le Chicago Mercantile Exchange et l'agence Reuter : les contrats qui y sont inscrits peuvent être traités à n'importe quel moment partout dans le monde.

Depuis l'avènement de l'euro, les opérateurs ont eu tendance à privilégier des produits sur taux européens par rapport à ceux initialement cotés sur le Matif. Parmi ces produits se trouvent notamment les contrats à terme sur taux suivants : l'Euribor, le « Long gilt 10 ans » (devant remplacer le notionnel ou « euro notionnel ») et le « T Bonds » (contrat à 30 ans !).

Aujourd'hui, malgré une chute des échanges sur les produits de taux, le Matif propose des contrats de futures ou d'options sur les taux d'intérêt, les indices boursiers, les devises et les marchandises.

• Les marchés de contrats de taux

À travers ses produits initiaux, le Matif avait la volonté de couvrir la structure à terme des taux d'intérêt (cours, moyen, long termes). Les contrats sur taux européen ont modifié la structure du marché sur les produits de taux. Le contrat « Euribor 3 mois » fait l'objet de nombreuses transactions. Mais pour ce produit comme pour les produits à moyen et long terme (contrats « Matif 5 ans », « contrat Notionnel » notamment), les échanges disparaissent avec les dernières échéances encore cotées… Ces produits ont fait place à des produits cotés sur les marchés à terme étrangers. Ces derniers reposent depuis l'avènement de l'euro sur les taux européens. Ainsi, l'« Euribor 3 mois », l'« Euro 5-years », l'« Euro Notionnel », entre autres, remplacent les produits précédemment cotés sur le Matif.

• Les contrats Matif sur marchandises

Le développement du Matif se fait sous forme de diversification vers les contrats à terme de marchandises. C'est aussi une des conséquences du regroupement de l'ensemble des opérations à terme françaises sous l'égide du CMF (Conseil des marchés financiers).

Les contrats portaient en 1995 sur trois types de marchés :

– un marché à terme de la pomme de terre de 50 mm +, en francs français ;

– un marché du sucre blanc coté en dollars américains ;

– un marché à terme sur les graines de colza coté en deutschemarks.

Un contrat sur le blé a vu le jour en juillet 1996.

Selon les marchés, il est possible de monter plusieurs types d'opérations :

– des contrats à terme ferme traditionnels (achat ou vente) ;

– des options négociables traditionnelles ;

– des négociations conditionnelles, comme la prime double qui donne le droit à son payeur soit d'exiger, à sa propre initiative, l'achat ou la vente d'un lot dans des conditions données, soit d'abandonner la prime. Il existe aussi des opérations à faculté « par laquelle le preneur obtient de sa contrepartie à une opération ferme, le donneur à faculté, le droit d'exiger au jour de bourse convenu, deux ou plusieurs fois la quantité ferme figurant au contrat » *(Dictionnaire permanent Épargne et produits financiers)* ;

– des opérations particulières comme liant un achat à la réalisation préalable d'une vente ou des reports permettant de reconduire sa position à une autre échéance.

Nombre de contrats sur le Matif

Contrats	1995	1996	1997	1998
Emprunt notionnel	33 610 221	35 321 843	33 752 483	22 970 623
Option sur emprunt notionnel	9 517 932	8 894 196	8 376 474	3 274 067
Pibor 3 mois	15 488 076	14 133 278	14 417 310	5 224 911
Option Pibor 3 mois	4 615 434	3 107 113	2 788 126	483 557
Cac 40	6 549 953	5 853 172	6 461 308	16 443 276
Option de change USD/FF	67 286	32 364	3 429	–
Sucre blanc	305 598	193 024	144 849	86 762
Pomme de terre	29 619	11 663	1 944	–
Colza	51 135	60 148	74 387	102 897
Tous contrats confondus	71 090 007	68 293 238	68 608 704	52 038 714

Source : MATIF SA.

Petit guide d'un produit Matif

Tous les produits financiers cotés sur le Matif (la quasi-totalité utilise une cotation à la criée en continu) sont identifiables par des caractéristiques communes qui sont les suivantes :

– l'identification du sous-jacent : repérage précis de la quantité et de la qualité ;

– la définition de la valeur nominale ;

– le prix d'exercice : uniquement pour les options ;

– le mode de cotation afin de comprendre la signification du cours affiché ;

– le **tick** qui est l'unité minimale pour enregistrer une variation du prix et aboutir à une modification du cours ;

– la clôture d'une échéance précise les conditions matérielles de l'extinction d'un contrat ;

– l'ouverture d'une échéance précise les conditions matérielles du point de départ d'un contrat ;

Contrat	Contrat à terme E-Bond 30 ans
Sous-jacent	Un emprunt Notionnel émis par un État de l'UEM, libellé en euros, de maturité comprise entre 25 et 35 ans, amorti in fine, de coupon 5,5 %
Nominal	100 000 euros
Mode de cotation	Pourcentage du nominal avec 2 décimales
Tick	0,01 % du nominal, soit 10 euros
Échéances	2 trimestrielles
Ouverture d'une échéance	Le 1er jour de négociation d'un mois de livraison, ouverture d'une échéance trimestrielle à horizon de 6 mois.
Clôture d'une échéance	Le 2e jour de Bourse précédant le 3e mercredi du mois
Liquidation	Livraison de titres choisis par le vendeur dans un gisement d'emprunts d'État de l'UEM appartenant à une liste définie avant l'ouverture de l'échéance, libellés en euros (lors de la livraison) de maturité comprise entre 25 et 35 ans, amortis in fine, de coupon fixe annuel ou semi-annuel non nul, d'encours supérieur ou égal à 5 milliards d'euros un mois avant la date de règlement-livraison
Calendrier de livraison	J à 11 h 00 : arrêt des négociations sur l'échéance concernée J + 1 : date de répartition des titres livrés par les vendeurs et répartition auprès des acheteurs J + 4 : date de règlement / livraison
Négociation	NSC Pré-ouverture : 7 h 00 - 8 h 00 Session principale : 8 h 00 - 22 h 00 Changement de journée de compensation : 16 h 30

Source : MATIF SA

– la liquidation précise les conditions dans lesquelles un opérateur peut dénouer sa position s'il ne prend pas sur le marché une position inverse ;

– les horaires de cotation en France et sur le système Globex ;

– les teneurs de marché qui se sont engagés à proposer en permanence un cours d'achat et de vente ;

– la diffusion fournit les indications permettant de retrouver les écrans de cotation.

lire aussi **Autorités boursières - Contrat à terme - Monep - Option**

MONEP

Créé en juin 1987, le Marché des options négociables de Paris (Monep) est un marché organisé d'options, essentiellement orienté sur les actions françaises.

Fonctions et principes

Les options sont des contrats qui donnent le droit (et non l'obligation) à leur acheteur d'acquérir ou de vendre dans des conditions données un actif sous-jacent. Ces contrats peuvent être passés de gré à gré ou faire l'objet d'un marché standardisé.

• Du « gré à gré » au standard

En juin 1987, les options sur actions ne sont pas une nouveauté pour le marché financier français. Elles existent depuis le début des années 60 mais elles n'étaient pas réalisées à l'intérieur d'une structure. Il s'agissait d'un marché de « gré à gré » où les options étaient des produits financiers sur « mesure », montés au « coup par coup » par les intermédiaires financiers selon leurs besoins, ou ceux de leurs clients. La spécificité de chaque option avait pour conséquence de lui ôter toute négociabilité avant son échéance. De ce fait, le développement des marchés optionnels avait été faible. La nécessaire internationalisation du marché financier français, le développement des marchés optionnels organisés sur les grandes places financières mondiales ont conduit les autorités boursières françaises à créer un marché standardisé d'options négociables, principalement orienté sur les actions. Un **marché organisé** se distingue d'un marché de gré à gré sur plusieurs points.

– Les contrats d'options sont standardisés : d'une part, chaque option sur un actif porte sur une quantité standardisée (voire une qualité très précise s'il s'agit de matière première) de l'actif sous-jacent (100 titres par option sur le marché français des options sur action) ; d'autre part, les échéances sont fixes et identiques sur tous les marchés du monde (mars, juin, septembre et décembre pour la quasitotalité des contrats, des échéances mensuelles peuvent exister). Cette homogénéité facilite la connaissance des produits, leur évaluation et leur négociabilité.

– La possibilité de réaliser des options porte sur un petit nombre d'actifs sous-jacents : il y a donc peu de contrats d'options proposés. De ce fait, la standardisation permet de concentrer les transactions et d'assurer la liquidité du marché.

– Structurer les marchés optionnels permet de mettre en place des dispositifs de surveillance et de protection. L'existence d'autorités de tutelle, de marché, de chambre de compensation, de versement de dépôt de garantie accroît la sécurité du marché.

– L'assurance d'une évaluation régulière des contrats standardisés, qui peuvent être cotés par fixing ou en continu, avec ou sans criée selon les marchés. Sur le Monep, la cotation de toutes les options, qu'elles soient cotées en fixing ou en continu, s'appuie sur le système de transaction automatisé du Monep (**STAMP**).

• La cotation d'une option

Le cours, donc le prix d'une option, est le montant de sa **prime** (appelée anciennement l'« **avec** », appelée encore **premium**). Ce sont les primes qui font l'objet de cotations, et leur niveau évolue sous l'influence de quatre variables principales.

– Le prix d'exercice de l'option (appelé parfois prix d'émission) représente le prix auquel les actifs sous-jacents seront vendus ou achetés si l'option est exercée par son acheteur. De manière que les intervenants puissent donner libre cours à leur stratégie d'anticipation, il n'est pas possible de tenir compte uniquement du cours du marché comptant pour déterminer le prix d'exercice. Les professionnels disposent de tables pour fixer plusieurs prix d'exercice possibles : l'objectif est d'encadrer le prix du marché comptant afin de permettre les anticipations à la hausse ou à la baisse.

Regardons la cotation du marché des options négociables à une date donnée (par exemple janvier 1997) et plus particulièrement l'option négociable sur l'action Alcatel Alsthom présentée ci-après :

Évolution de la prime

CALL	Prime	Prix d'exercice	Prime	PUT
Out of the money (VI<0)	10	480	43	In the money (VI>0)
At the money	26	440 436	18	At the money
In the money (VI>0)	53	400	3	Out of the money (VI<0)
		Prix Spot		

Trois prix d'exercice sont proposés : 400, 440, 480, et ce pour une échéance donnée, mars 1997. Acheter une option d'achat « Alcatel Alsthom 480 », c'est-à-dire le droit d'acheter à 480 implique le paiement d'une prime de 10 F. Acheter un call à prix d'exercice de 440 coûte une prime de 26. De la même manière, acheter le droit de vendre (put) à 400 demande le paiement d'une prime de 3.

Le même jour, sur le marché RM, l'action, support de l'option, cote 436 F. Les intervenants sur l'option 440 interviennent sur une **option** dite **« à parité »** (**at the money**) vue la concordance entre le cours sur le marché RM et le prix d'exercice. Une option à parité se définit par le fait que la **valeur intrinsèque (VI)** de l'option (dans le cas d'un call, VI = Prix d'exercice – cours comptant (prix spot) ; dans le cas d'un put, VI = Cours comptant – prix d'exercice) est proche de 0. Si la valeur intrinsèque est positive, l'**option** est dite **« en dedans »** (**in the money**), si elle est négative, l'**option** est dite **« en dehors »** (**out of the money**). Plus l'option est en dedans et plus la prime sera élevée car plus le gain pour l'acheteur de l'option serait élevé s'il exerçait immédiatement son droit d'exercice ; les vendeurs d'options ayant un risque d'être exercées plus élevé demandent une prime plus forte. Et inversement pour une option en dehors.

– La durée du contrat est la deuxième variable de détermination du prix d'une option. Plus l'échéance est éloignée, plus le vendeur de l'option prend le risque de voir se réaliser une évolution qui lui serait défavorable. Pour rémunérer ce risque, il exigera une prime plus élevée.

Prime = Valeur Intrinsèque + Valeur temps

La valeur-temps décroît au fur et à mesure que l'échéance se rapproche : plus on se rapproche de l'échéance et plus la valeur de l'option dépend de la différence entre le prix d'exercice et le cours sur le marché des opérations fermes.

– Le prix d'une option dépendra également du comportement de l'actif sous-jacent. Si ce dernier atténue les variations générales du marché boursier (on dit qu'il a une volatilité faible), cela diminue les risques du vendeur de l'option et la prime sera moins élevée. Ce sera l'inverse si l'actif sous-jacent amplifie les mouvements du marché (forte volatilité) : les risques étant accrus pour le vendeur de l'option, la prime sera plus élevée.

– La loi de l'offre et la demande de l'option d'achat ou de vente jouera son rôle habituel : un excès de demande conduira les vendeurs à augmenter la prime. La loi de l'offre et de la demande joue d'autant plus son rôle que la négociabilité à l'américaine des options permet au vendeur comme à l'acheteur de ces produits financiers de les vendre avant l'échéance.

Le marché français des options

Le marché des options sur actions s'est rapidement développé. En avril 2000, 34 contrats standardisés sont proposés sur les actions des sociétés suivantes : Accor, Air Liquide, Alcatel, Aventis, Axa, BNP, Bouygues, Canal +, Carrefour, Casino, Crédit Lyonnais, Danone, Eurotunnel, France Telecom, L'Oréal, Lafarge, Lagardère groupe, LVMH, Michelin, Peugeot, Pinault-Printemps, Saint-Gobain, Sanofi-Synthelabo, Schneider Electric, Société Générale, Sodexho Alliance, Suez Lyonnaise des Eaux, Thomson CSF, Totalfina-Elf, Usinor, Vivendi, Dexia, Equant N.V.

Le Monep accueille également des options sur l'indice boursier, notamment sur le CAC 40, afin de permettre aux investisseurs français et internationaux de se protéger ou de spéculer sur l'évolution de la Bourse française.

La première option est le contrat « **CAC 40 Option courte** ». La terminologie de court provient du fait que les échéances à une date donnée sont les trois mois rapprochés et une échéance trimestrielle. Ainsi, au mois de juin, il existe des options sur la valeur de l'indice aux échéances juin, juillet, août et septembre. La taille du contrat est de 200 fois la valeur de l'indice. Ainsi en juin 1999 (le CAC est à l'indice 2111), pour une option d'achat juillet à prix d'exercice 2250, le contrat porte sur 200 × 2250 = 450 000 F et la prime s'élevant à 5 F, l'opérateur paiera 5 × 200 =1000 F. Pour la même échéance, la prime du call à prix d'exercice 2 050 s'élève à 87 F.

La deuxième option est le contrat « **CAC 40 option longue** ». Il a une maturité initiale de deux ans et ses échéances portent sur les échéances des mois de mars et septembre. Ainsi, en juin 1996, les échéances faisant l'objet de contrats sont septembre 1996, mars et septembre 1997 et mars 1998. La taille du contrat est de 50 fois la valeur de l'indice, le montant à payer pour l'acheteur du call ou du put est donc de 50 fois la prime. L'option longue est une option à l'européenne, contrairement à l'option courte qui est à l'américaine.

Activité annuelle	1995	1996	1997
Options sur actions/*(Equity Options)*			
Lots	3 179 117	3 979 955	4 955 735
Capitaux[1]	3 797 313	4 603 699	11 464 531
Options sur indice/*(Index Options)*			
Lots option à maturité courte	2 525 363	2 465 497	2 683 025
Lots option à maturité longue	3 013 926	2 126 001	2 267 084
Capitaux[1] option à maturité courte	12 051 396	12 762 237	27 220 422
Capitaux[1] option à maturité longue	9 925 305	7 021 134	12 128 125
Total marché/*(Total Market)*			
Lots	8 618 406	8 571 453	9 905 844
Capitaux[1]	25 774 014	24 387 070	50 813 078

1. En milliers de francs.

Source : ParisBourse SA.

Le Monep n'accueille pas la totalité des options présentes sur le marché financier français. Les options à maturité longue (bons d'option ou *covered warrant*) sont de la responsabilité des établissements émetteurs. Les options sur des contrats à terme se sont développées, mais sous l'égide du Matif. De ce fait, le Monep est concentré sur les actions françaises ; cela lui confère les avantages de la spécialisation, mais cela nuit à sa croissance.

lire aussi **Autorités boursières - Matif - Option**

OBLIGATION

Une obligation est un titre de créance, une reconnaissance de dette. C'est un actif financier moins risqué qu'une action tant par ses caractéristiques juridiques que financières.

Les caractéristiques d'une obligation

L'obligation est un titre de créance représentatif d'un prêt à une entreprise. Être créancier signifie percevoir une rémunération contractuellement garantie (appelée **intérêt**, **coupon**) et connaître les périodes où le capital prêté sera remboursé. L'existence d'une rémunération contractuellement garantie et l'engagement d'un remboursement donnent à l'obligation une caractéristique d'actif financier moins risqué qu'une action. Mais nous verrons que le niveau de risque n'est pas nul.

Être créancier signifie également n'avoir aucun droit sur les actifs de la société, aucun droit sur les résultats et aucune possibilité de sanctionner directement les dirigeants sur leur mode de gestion.

• Les caractéristiques d'une obligation

Les différentes modalités d'un emprunt obligataire

Une obligation se définit tout d'abord par sa **valeur nominale** : il s'agit du montant que l'entreprise reconnaît avoir emprunté et sur lequel seront calculés les intérêts. Mais une société peut décider de vendre (d'émettre) ses obligations à un prix inférieur à la valeur nominale : la différence entre le prix d'émission et la valeur nominale constitue la **prime d'émission**. De la même manière, elle peut décider de rembourser à une valeur supérieure à la valeur nominale : la différence entre le prix de remboursement et la valeur nominale constitue une **prime de remboursement.** Ces deux primes ont pour objet d'améliorer la rémunération de l'obligation. Quand il n'y a pas de prime, l'émission et le remboursement, étant faits à la valeur nominale, sont dits « **au pair** ».

Le remboursement d'un emprunt peut se faire de plusieurs manières :

– l'émetteur peut rembourser (on parle d'**amortissement**) une somme identique chaque année de vie de l'emprunt : l'emprunt est dit à amortissement constant ;

– l'émetteur peut vouloir payer chaque année la même somme (amortissement du capital + intérêts), il s'agit d'emprunts à annuités constantes ;

– l'émetteur peut proposer de rembourser la totalité du capital à la fin de la durée de vie de l'emprunt, on parle d'emprunt *in fine*. Cette formule est aujourd'hui la plus répandue ;

– il est possible d'imaginer toute autre forme de remboursement : envisager un amortissement les quatre dernières années, prévoir des versements d'intérêts semestriels, etc.

Toutes les conditions d'émission, de rémunération et de remboursement sont strictement définies par contrat au lancement de l'emprunt obligataire et les modifications en cours de vie sont interdites.

Une obligation se caractérise aussi par sa rémunération. Celle-ci est définie par un taux d'intérêt nominal. Multiplier la valeur nominale par le taux d'intérêt nominal permet de calculer les intérêts perçus par le souscripteur. Cette rémunération n'est que nominale, elle ne prend pas en compte l'existence éventuelle des primes et les frais. La véritable rémunération d'un emprunt obligataire est son **taux actuariel brut (TAB)** qui est le taux qui égalise les sorties (achat de l'obligation et frais) et les entrées (intérêts et amortissement) d'argent pendant n années :

$$\text{Prix d'émission + Frais} = \sum_{t=1}^{n} (\text{Intérêts})_t / (1 + \text{Tab})^t + \sum_{t=1}^{n} (\text{Remboursement})_t / (1 + \text{Tab})^t$$

Ainsi, prenons une obligation de valeur nominale de 2000 F, émise à 1950 F (prime d'émission = 50 F), servant un taux d'intérêt annuel, net de frais, de 6,5 % (soit 130 F) et qui sera remboursée *in fine* au bout de cinq ans 2 075 F (prime de remboursement = 75F). En supposant que les frais de souscription s'élèvent à 70 F, le taux actuariel brut de cette obligation s'élève à :

$$1\,950 + 70 = \sum_{t=1}^{5} (130)_t / (1 + \text{Tab})^t + 2\,075 / (1 + \text{Tab})^5 \text{ soit Tab} = 6{,}85\ \%$$

Remarquons que les primes d'émission et de remboursement améliorent la rentabilité de l'obligation. En effet, supposons que l'obligation ci-dessus soit émise et remboursée à sa valeur nominale (2 000 F), le taux actuariel brut serait équivalent au taux d'intérêt nominal 6,5 %. Les intérêts sont dus à partir d'une date de jouissance qui peut être différente de la date de lancement de l'emprunt.

Un rendement actuariel net peut être calculé en prenant en compte l'impact de la fiscalité du souscripteur sur ses revenus financiers.

Il est à noter que le taux actuariel brut n'intéresse que l'investisseur. Il ne représente en aucune façon le coût de l'emprunt pour l'entreprise. Celui-ci doit en effet prendre en compte non seulement l'ensemble des frais d'émission et de gestion de l'emprunt, mais aussi l'économie fiscale liée à la déductibilité des intérêts. Ainsi, le coût actuariel, i, d'un emprunt obligataire sera pour une entreprise obtenue par la formule suivante (avec s = taux d'impôt) :

$$\text{Prix d'émission} + \text{Frais d'émission}$$
$$= \sum_{t=1}^{n} (1-s)\,(\text{Intérêts} + \text{Frais de gestion})_t / (1+i)^t + \sum_{t=1}^{n} (\text{Remboursement})_t / (1+i)^t$$

Si nous supposons une obligation émise au pair et remboursée au pair *in fine* dans 5 ans, de valeur nominale de 2 000 F et un taux d'intérêt nominal de 6,5 %, avec des frais d'émission de 2 % du nominal et de gestion de 0,10 % du nominal :

$$2\,000 - 40 = \sum_{t=1}^{5} (1-0{,}33)\,(130+2)_t / (1+i)^t + 2\,000 / (1+i)^t \text{ soit } i = 4{,}88\ \%$$

Les différents types de taux d'intérêt

Le taux d'intérêt d'un emprunt obligataire peut prendre deux formes. Il peut être fixe : ce sera le même taux qui sera servi pendant toute la durée de vie de l'emprunt. Un taux fixe permet d'anticiper parfaitement tous les flux futurs de revenu de l'obligation. Mais cela ne peut être considéré comme une sécurité absolue. En effet, supposons que vous souscriviez en 1996 à des obligations d'une valeur nominale de 2 000 F ayant un intérêt nominal de 6 % et que la durée de vie de l'emprunt soit 10 ans. Jusqu'en 2006, vous êtes sûr de percevoir chaque année 2 000 × 0,06 = 120 F. Mais si les taux d'intérêt augmentent et que vers l'an 2000, il existe des obligations qui servent 8 % d'intérêt nominal, vous ne continuerez à percevoir que 120 F, alors que les nouvelles obligations vous rapporteraient 160 F. Une hausse des taux d'intérêt pénalise donc les obligations à taux fixe. À l'inverse, une baisse des taux d'intérêt les favorise puisqu'elles procurent un rendement supérieur.

En raison des variations potentielles des taux d'intérêt, des emprunts obligataires peuvent offrir des rémunérations à taux variables. La rémunération est alors fonction de l'évolution d'un taux de référence. On distingue les taux de référence selon qu'ils reflètent l'évolution du marché monétaire ou celle du marché obligataire.

Les principales **références monétaires** sont :

– l'**Euribor** *(European Interbank Offered Rate)* qui a, depuis l'avènement de l'euro, supplanté le **Pibor** *(Paris Interbank Offered Rate)*. Ce taux a plusieurs échéances (3, 6, 9 et 12 mois). Les références Euribor prennent de l'importance, car elles sont très significatives de l'état de l'offre et de la demande de capitaux émanant d'agents économiques autres que l'État. L'Euribor est également calculé de la même manière que les autres grandes références internationales de taux comme le **Libor** *(London Interbank Offered Rate)*, ce qui facilite les investissements provenant de l'étranger. Enfin, l'Euribor fait l'objet de contrats à terme qui permettent aux intervenants sur les marchés de se protéger contre les variations de taux d'intérêt ;

– le **TMM** ou **T4M** (taux moyen mensuel du marché monétaire) qui est la moyenne des taux au jour le jour. Le **TAM** est la moyenne annuelle du TMM ;

– les bons du Trésor peuvent servir de référence : on distingue le **THB** (taux de rendement actuariel des adjudications hebdomadaires réalisées par l'État) et le **TMB** (moyenne mensuelle des THB).

Les principales **références obligataires** sont :

– le **TMO**, taux moyen mensuel du marché obligataire, se calcule à partir des taux actuariels des emprunts nouvellement émis ;

– le **TME** est le taux mensuel du marché des emprunts d'État.

Plus représentatives du coût de l'argent, les références monétaires se développent plus que les références obligataires. Il faut également savoir qu'il est possible de calculer la rémunération d'une année, non pas à partir d'une moyenne d'un taux de référence, mais à partir de la valeur de cette référence à une date donnée. Ces emprunts sont dits à **taux révisables**, il est possible de les repérer par le fait que la deuxième lettre du taux de référence est un R (TRE au lieu de TME).

Enfin, se développent depuis quelques années des emprunts obligataires dont la rémunération est indexée sur une valeur de référence : un élément des comptes de gestion de la société émettrice (volume de production, chiffre d'affaires...), une autre valeur mobilière (action), ou un indice (CAC 40 par exemple). Ainsi, en 1995, Rhône-Poulenc a émis des obligations dont la rémunération est indexée sur le cours de l'action Rhône-Poulenc. Certaines obligations indexées peuvent présenter un minimum de rémunération garanti.

Le tableau suivant montre clairement qu'en 1995, la majorité des obligations en cours était rémunérée à taux fixe et que le domaine public (État + secteur public) est le principal utilisateur d'obligations.

Répartition de la capitalisation obligataire (hors coupons) par type d'émetteurs et de rémunération (milliards de F)

Rémunération	État	Secteur public	Secteur privé	Total	%
Taux fixe	1 758	1 142	488	3 389	88,2
TMO et TRO	-	32	16	48	1,2
TMM, TRM, TAM	-	21	24	45	1,1
TME, THE	68	83	36	187	4,9
TMB, THB, TEB	25	4	8	37	0,9
PIBOR	-	43	94	137	3,7
Total	1 851	1 325	666	3 843	100
%	48,2	34,5	17,3	100	

• Les principaux types d'obligations

Une **obligation** est qualifiée de **classique** (ou d'**ordinaire**) quand son échéance et sa rémunération sont uniques et qu'elle verse annuellement des intérêts. Mais les besoins financiers des entreprises ont contribué à la création de plusieurs types d'obligations, permettant plus de flexibilité quant à la durée, la rémunération ou le garanties.

Les **emprunts à fenêtre** permettent de jouer sur l'échéance en donnant la possibilité à l'émetteur ou à l'investisseur de sortir (demander ou effectuer le remboursement) à des périodes prévues avant l'échéance. Cette option de remboursement anticipé s'exerce généralement de manière standardisée au bout de 7, 10 ou 14 ans.

Les **emprunts prorogeables** permettent quant à eux de prolonger la durée de vie de l'emprunt à l'échéance finale. Ce type d'emprunts, jouant sur la durée de vie, est actuellement peu utilisé.

D'autres emprunts ne vont pas verser de rémunération annuelle. Ainsi, les **emprunts à coupon unique** ne paient pas les coupons annuels mais ces derniers sont capitalisés pendant toute la durée de vie et payés à l'échéance finale. De même, les **emprunts à coupon zéro** offrent une rémunération liée uniquement à l'existence de très fortes primes d'émission et de remboursement. Il existe aussi des **emprunts échangeables** qui autorisent, à une date donnée, de transformer un taux variable en taux fixe ou inversement. Cette formule est peu utilisée et les émetteurs préfèrent remplacer des emprunts existant par d'autres en rachetant les anciens sur le marché ou par offre publique d'échange. Ceci ne peut bien évidemment être fait qu'en prenant soin de ne pas léser les souscripteurs et dans ce but ces modalités doivent être prévues dans le contrat obligataire initial.

Certaines obligations présentent un degré de garantie inférieur aux obligations ordinaires. Il s'agit des **titres subordonnés**, qui ne seront remboursés qu'après désintéressement de tous les autres créanciers de l'émetteur. Ils peuvent être à durée indéterminée (**TSDI**) et ils ne sont remboursables qu'en cas de liquidation de la société. Certains titres subordonnés sont dits remboursables car ils prévoient un amortissement à une date donnée (**TSR**).

D'autres obligations permettent d'accéder aux fonds propres de l'entreprise émettrice, ce sont des produits hybrides. Les **obligations convertibles en actions (OCA)** peuvent être remboursées, au choix de l'investisseur, soit en liquide, soit en actions. Les **obligations remboursables en actions (ORA)** sont automatiquement remboursées en actions. Quant aux **obligations à bon de souscription d'action (OBSA)**, leur acquisition à l'émission permet d'acquérir une obligation (généralement ordinaire) et le droit d'acquérir une ou plusieurs actions à un prix déterminé d'ici une date donnée. Après l'émission, le bon et l'obligation ont une vie financière distincte : ils sont ainsi cotés séparément et peuvent être vendus et achetés indépendamment l'un de l'autre.

Le marché obligataire français se distingue également par la présence des **OAT,** les **obligations assimilables du Trésor**. Elles sont représentatives de l'endettement à long terme de l'État. Ce sont des obligations classiques mais leur nombre peut grossir au fur et à mesure des besoins de l'État. Ce dernier peut émettre à une date donnée une première ligne d'obligations et quelques semaines ou mois après, émettre de nouvelles obligations présentant exactement les mêmes caractéristiques que les précédentes en tenant compte de l'évolution du marché. Ainsi, les nouvelles sont assimilées aux plus anciennes. Cela permet à l'État de ne pas avoir à gérer un nombre trop élevé de lignes et d'offrir aux investisseurs institutionnels, des marchés aux volumes considérables et à la liquidité très élevée. Les OAT peuvent être à taux fixe, à taux variables (TME, TMB ou TRA) et peuvent être libellées en francs ou en écus. Ainsi, en 1995, l'État a émis trois types d'OAT :

Date	Emprunt	Échéance	Valeur nominale en F	Montant en millions de F
25 avril	OAT 7,75 %	octobre 2025	2 000	102 997
26 juillet	OAT 7,50 % en écu	avril 2005	3 275	9 550
25 octobre	OAT 7,25 %	avril 2006	2 000	52 656

La place des OAT sur le marché français est considérable, notamment en ce qui concerne les transactions :

31.12.1999	État et secteur public	Autres
Nombre d'emprunts	579	1 985
Capitalisation (en milliards d'euros)	562	201
Transactions (en milliards d'euros)	33	14

Source : ParisBourse SA et FIBV.

Le marché des OAT est organisé autour des **SVT**, les **spécialistes en valeurs du Trésor**. Créés en 1987, les SVT sont des institutions financières françaises ou étrangères qui ont mission de conseiller l'État, de participer aux émissions et au placement, et enfin d'animer le marché (fonction de market-making). Notons au passage qu'il existe aussi pour les émetteurs du secteur public et semi-public des **SVP**, des **spécialistes en valeurs du secteur public** qui ont exactement le même rôle.

Depuis 1994, les particuliers peuvent souscrire directement aux OAT, moyennant une commission pour frais de 2 % (1996).

Taux de rendement des obligations sur le marché français

Taux de rendement	31/12/99	31/12/98	31/12/97	31/12/96
Obligations d'État (taux net)				
à court terme	4,84 %	5,45 %	4,84 %	6,45 %
à long terme	4,74 %	5,28 %	4,79 %	5,81 %
Secteur Public (taux net)				
à court terme	5,19 %	5,81 %	3,75 %	4,31 %
à long terme	4,93 %	5,45 %	4,78 %	5,82 %
Secteur Privé (taux brut)	5,76 %	4,10 %	5,39 %	5,84 %

Source : BDF.

La vie financière de l'obligation

À son émission, une obligation propose une rémunération qui est fonction du coût de l'argent sur le marché des capitaux et du risque de l'émetteur. Après son émission, l'obligation sert le même type de revenus pendant toute sa durée de vie. Or, pendant celle-ci, les taux d'intérêt évoluent. De ce fait, la valeur de l'obligation évolue aussi. En effet, celle-ci étant un actif financier, son prix reflète la valeur actuelle des revenus qu'elle dégage. La valeur d'une obligation est donc la somme des flux (remboursement et intérêts calculés sur le taux d'intérêt nominal) actualisés par le taux requis par le marché financier. Ce taux intègre le coût de l'argent sur le marché et l'évolution du degré de risque de l'émetteur.

Ainsi, si nous supposons une obligation de 2 000 F, remboursée au pair dans quatre ans, servant un taux d'intérêt nominal de 6 %, la valeur actuelle des flux liés à sa détention évolue selon que les taux d'intérêt baissent (4 %) ou augmentent (8 %).

Le tableau p. 223 illustre bien le fait que lorsque les taux d'intérêt montent le prix des obligations à taux fixe baisse et inversement. Par contre, les obligations à taux variable sont quasi insensibles aux variations des taux d'intérêt.

	Flux nominal	Taux à 4 %	Taux à 6 %	Taux à 8 %
Année 1	120	115,38	113,21	111,11
Année 2	120	110,95	106,8	102,88
Année 3	120	106,68	100,75	95,26
Année 4	2 120	1 812,18	1 679,24	1 558,26
Total	–	2 145,20	2 000	1 867,51
En % de la valeur nominale	–	107,26 %	100 %	93,38 %

Il est possible de vendre à tout moment une obligation sur le marché boursier, son prix de vente n'est pas sa valeur nominale mais la valeur de ses flux futurs actualisés au taux exigé par le marché. Les obligations sont ainsi cotées en pourcentage, la dernière ligne du tableau précédent montre que si le taux exigé par le marché reste de 6 %, le cours est de 100 %, si le taux est de 4 %, le cours est de 107,26 % de la valeur nominale et de 93,38 % si le taux exigé est de 8 %. Ce cours est dit « **au pied du coupon** » : il ne comprend pas la fraction courue des intérêts. Supposons que dans l'exemple ci-dessus l'obligation ait été émise un 1er mars et que le cours au 1er juillet soit de 93,38 %. L'investisseur qui achète l'obligation le 1er juillet doit la payer 93,38 × 2 000 = 1 867,51, mais il doit payer aussi les intérêts courus entre le 1er mars et le 1er juillet, soit (2 000 × 6 %) (122/365) = 40,11 F. En effet, c'est le porteur de l'obligation qui encaissera la totalité des intérêts le 1er mars prochain.

En conclusion, il faut comprendre que l'obligation, bien que garantissant le paiement d'un coupon et son remboursement, ne doit pas être considérée comme sans risque. Premièrement, l'émetteur peut faire faillite et les garanties se révéler fragiles. Deuxièmement, une obligation doit toujours être analysée en fonction de l'évolution des taux d'intérêt. De ce fait, la gestion d'un portefeuille d'obligations est complexe et requiert les conseils de spécialistes.

lire aussi **Actif financier - Endettement - Taux d'intérêt**

OFFRE PUBLIQUE

La Bourse est, par définition, un marché public. Poussée à son extrême, cette caractéristique va permettre à des intervenants d'informer publiquement qu'ils sont prêts à acheter ou à vendre des valeurs mobilières. La publicité de leur offre les contraint à la maintenir pendant une durée minimum.

Les offres publiques d'acquisition

Les offres publiques d'acquisition de titres (actions en général, mais cela peut se concevoir sur des obligations) sont la traduction d'une stratégie financière soit de prise de contrôle (offre publique d'achat ou d'échange), soit de retrait du marché financier (offre publique de retrait).

• Les offres publiques d'achat ou d'échange (OPA/OPE)

Être présente en Bourse ne signifie pas simplement pour une entreprise de faire en sorte que le cours de son titre soit le plus élevé, ou d'y recueillir des capitaux. Loin des égocentrismes financiers, la Bourse est un excellent lieu pour faciliter les alliances avec un partenaire pour aller plus vite et plus loin ensemble. En effet, une entreprise cotée est en permanence évaluée et ses titres sont sur un marché organisé d'échanges. Cela signifie pour un éventuel acquéreur qu'il dispose d'informations, d'une première valorisation et d'un marché des titres liquide sur lequel il pourra entrer facilement en contact avec les détenteurs.

• La publicité d'une offre : efficacité et contraintes

Quand une entreprise, appelée l'**initiateur**, lance une offre publique d'acquisition sur une autre entreprise, dénommée la **cible**, cela signifie qu'elle informe le marché, donc tous les actionnaires de la cible, qu'elle est prête à acheter la totalité des actions à un prix fixé pendant une période donnée. En France, mais la législation est peu différente dans les autres pays industrialisés, la société initiatrice doit informer de ses intentions la SBF-Bourse de Paris, la COB et la cible. Une fois le principe de l'offre acceptée par les autorités boursières, celle-ci est valable pendant un mois boursier. Pendant ce temps, les actionnaires de la cible ont le temps de réfléchir aux conditions proposées, et la cible a la possibilité de refuser et de se défendre (nous sommes alors dans une situation d'**offre inamicale**). Il faut savoir que les conditions d'achat de titres et de surenchère sont très précisément définies. Ainsi, l'initiateur ne peut continuer à acheter, directement ou indirectement (**opération de concert**), et les surenchères ne peuvent provenir que de contre-OPA augmentant, au moins, le prix initialement proposé de 2 %.

La législation sur les conditions de déroulement d'une offre publique est stricte de façon à protéger les petits porteurs, et ce afin qu'ils puissent avoir le temps de connaître l'information et qu'ils puissent bénéficier de conditions de transactions plus favorables que celles du marché. En effet, ce dernier permet la satisfaction de tous les « petits » ordres à un prix donné. Or, il se peut qu'il ne permette pas l'échange de gros volumes de titres, qui se réaliseront « en dehors du marché » non seulement sur le plan de la quantité échangée mais également sur le prix. En effet, la cession d'un **bloc de contrôle** vaut plus que le cours boursier : en plus de la valeur économique, l'acquéreur achète le pouvoir, et cela a un prix. Ainsi, lorsqu'une opération se réalise à des conditions meilleures (prix plus élevé que le cours boursier), l'acquéreur se doit de lancer une procédure de maintien de cours. Cela revient à demeurer acquéreur des titres qui seront présentés pendant une durée déterminée, en général quinze jours. De même lorsqu'un acquéreur se retrouve avec une participation supérieure à 33,33 % des titres, il est contraint de lancer une offre publique sur la totalité du capital de la société dans laquelle il a pris une participation qui devient plus que significative.

Pour payer la cible, les initiateurs ont à leur disposition deux principales techniques. La première est l'**Offre publique d'achat** (OPA) : les actionnaires de la cible seront payés en liquide. À la place d'un paiement en espèces, l'initiateur peut offrir en rémunération d'autres valeurs mobilières : il s'agit alors d'une **Offre publique d'échange** (OPE) ; les titres proposés en échange pouvant être les actions de l'initiateur, ou bien des obligations convertibles en actions ou à bons de souscription d'actions, voire de simples obligations. Mais il est également possible de mixer les deux techniques. Le choix des moyens de paiement dépendra essentiellement de la situation financière de l'initiateur et de la perception par le marché du degré de risque de l'opération.

• Les offres publiques de retrait (OPR)

Au nombre de 68 en France en 1995, les **Offres publiques de retrait, OPR** (***squeeze out***) ont pour objectif, par l'acquisition de titres, de retirer une société du marché financier. La législation française limite l'OPR à trois cas :

– quand un actionnaire majoritaire détient au moins 95 % des titres d'une société, il a la possibilité de se porter acquéreur des 5 % restants, à un prix donné pendant une période donnée. À la suite de quoi, il est autorisé à demander la radiation obligatoire de la société. Cette situation se rencontre le plus souvent après une OPA. La totalité des titres n'ayant pas été amenée, la Bourse ne servant plus à rien (vue la faiblesse du flottant) et coûtant donc trop cher, l'actionnaire majoritaire offre ainsi une seconde chance aux minoritaires. Dans cet esprit, l'OPR est fréquemment utilisée par une maison mère sur ses filiales et ce à des fins de restructuration financière ;

– quand un actionnaire majoritaire détient au moins 95 % des titres d'une société, un actionnaire minoritaire peut le forcer, après avis des autorités boursières, à lancer une offre publique sur les titres restants. L'objectif du minoritaire est d'éviter de rester « collé » avec des titres dont la liquidité est trop faible. Le problème qui se pose alors est le prix d'offre proposé par l'acquéreur « contraint » ; ce problème est partiellement résolu par le fait que dans une OPR un expert indépendant propose une évaluation (***fairness opinion***) ;

– quand les statuts d'une société sont modifiés, par exemple la transformation d'une société anonyme en société en commandite par actions, ou quand la modification de son activité éloigne une société de son objet social, une OPR peut être proposée aux minoritaires afin de leur permettre de « sortir » étant donné la modification du niveau de risque.

Les offres publiques de vente (OPV)

La technique de l'offre publique de vente n'est pas réservée qu'aux cessions de titres lors d'une introduction en Bourse ou d'une privatisation. Elle est également possible pour céder des valeurs mobilières (actions, bons de souscription, droits de souscription ou d'attribution). Les **Offres publiques de vente (OPV)** sont utilisées quand le cédant ne souhaite pas laisser jouer les mécanismes « naturels » du marché, notamment quand le marché risque de mettre trop de temps à absorber une quantité élevée de titres. Le principe de l'OPV est d'annoncer un prix de vente ferme et définitif, quel que soit le niveau de la demande.

Les cas d'OPV les plus fréquemment rencontrés en France sont les **privatisations** (l'État cède jusqu'à 100 % des titres d'une société nationalisée) ou les introductions en Bourse de moyennes entreprises.

Lorsque l'OPV ne se fait pas à prix déterminé, nous nous trouvons dans une situation d'**Offre à Prix Ouvert** (OPO), technique qui permet aux investisseurs, particuliers ou institutionnels, de se porter acquéreurs d'actions dont le prix définitif est fixé après la clôture de l'offre. Cette technique a été utilisée en mai 2000 par Cap Gemini Sogeti, pour financer son développement après son « mariage » avec Ernst&Young Consulting.

lire aussi **Bourse (introduction en) - Bourse (rôle de) - OPA**

OPA

Les offres publiques d'acquisition sont un moyen rapide et efficace de prises de pouvoir et parfois le théâtre de rudes batailles financières, quand leurs objectifs sont contestés.

L'OPA : acquérir de la valeur

Une offre publique d'acquisition, qu'elle soit payée en liquide (OPA : offre publique d'achat) ou en titres de l'assaillant (OPE : offre publique d'échange), est un moyen rapide de prendre le pouvoir et d'atteindre les objectifs fixés.

Une offre publique, amicale ou non, ne se lance pas par hasard. L'initiateur ne l'engage que parce qu'il prévoit soit que la valeur du nouveau groupe « initiateur + cible » sera supérieure à l'addition de leurs valeurs séparées (existence d'effets de synergie), soit qu'il valorisera mieux la cible en la réorganisant ou en la vendant partie par partie. Ainsi, une offre publique correspond toujours, pour l'initiateur, à un ou plusieurs groupes d'objectifs précis (industriels, financiers et/ou communicationnels), permettant de définir plusieurs types d'OPA.

• Les OPA à dominante industrielle

Dans ce cadre, la principale motivation des initiateurs est d'acheter un savoir-faire sur un métier peu éloigné du leur ; ils sont à la recherche d'économies d'échelle, que ce soit dans la production, la recherche-développement ou la commercialisation.

L'**OPA** est dite **stratégique** quand elle est guidée essentiellement par des objectifs de développement de l'activité industrielle principale. C'est le cas de celle menée par le groupe Schneider en 1991 sur le premier fabricant américain de produits électriques de moyenne tension Square D. Après cette acquisition, le groupe Schneider devenait le numéro 1 non seulement aux États-Unis mais aussi dans le monde. Les objectifs industriels peuvent se doubler d'objectifs finan-

Les septs types d'OPA

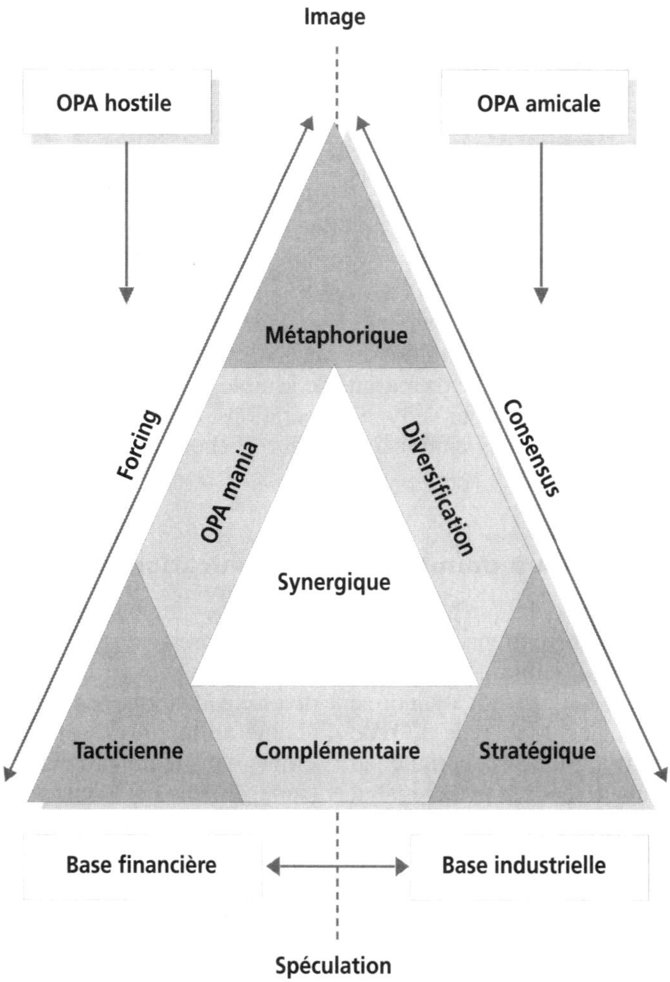

Source : P. Agnellet, L. Geoffroy et J.C. Viarnaud, *OPA et Stratégies anti OPA,* Eska, Paris, 1989.

ciers quand la cible présente soit des opportunités financières (excellente santé et très bonne capacité d'endettement), soit des opportunités de revente de certains actifs. Ces OPA sont dites complémentaires ; celle du Printemps sur La Redoute en 1988 est de ce type.

• Les OPA à dominante financière

L'**OPA** dite **tacticienne** est motivée uniquement par des objectifs financiers, généralement à court terme. L'initiateur de l'offre estime que la cible est sous-évaluée et qu'il pourra soit mieux la gérer, soit rentabiliser son acquisition en revendant celle-ci actif après actif (on parle de **vente par appartements**). Les OPA des financiers De Benedetti et J. Goldsmith respectivement sur la Société Générale de Belgique et Goodyear sont les meilleures illustrations du danger, pour une société cotée, de laisser « dormir son cours ». De l'OPA tacticienne à l'OPAmania, il n'y a qu'un pas : il suffit d'être intéressé par l'image de marque de la cible et une rentabilité à court terme pour multiplier ce type d'opérations, qui ont fait la célébrité des grands raiders américains (Icahn, Pickens et autres) dans les années 70-80.

• Les OPA à dominante communicationnelle

L'offre publique peut être le meilleur moyen pour acquérir rapidement une entreprise dont la marque est prestigieuse. De ce fait, il est impossible de développer sur le même secteur une nouvelle marque qui pourrait atteindre une notoriété identique. Les domaines privilégiés de ce type d'**OPA**, dites **métaphoriques**, sont le luxe, l'agro-alimentaire, comme par exemple dans le domaine des spiritueux. Il peut y avoir également une dimension industrielle qui accompagne la dimension communicationnelle : une OPA diversification permet d'acquérir un outil industriel nouveau pour la firme initiatrice et suppose l'acquisition d'une société apte à promouvoir des produits. Il en est ainsi de l'OPA du groupe Épéda-Bertrand-Faure (sièges, matelas...) sur Luchaire (armement) en 1990. La diversification peut être de nature géographique : l'acquisition en 1990 de la première chaîne hôtelière « premier prix » américaine Motel 6 par le groupe Accor (Sofitel, Novotel, Mercure, Ibis, Formule 1, Courte Paille, etc.) en est un exemple.

Comme l'indique le graphique de la page 225, certaines OPA peuvent réunir les dimensions financières, industrielles et communicationnelles : les **OPA** sont dites alors **synergiques**. C'est ainsi qu'à la fin du mois d'octobre 1991, le groupe français Accor a lancé une OPA sur le groupe belge Wagons-Lits (Pullman, Arcade). Cette opération avait en effet des dimensions industrielles (hôtellerie, restauration), communicationnelles (des marques comme Pullman, Wagons-lits) et financières (possibilité de revente d'actifs dans la restauration d'autoroutes et la location de véhicules, Europcar).

Pour cette opération, Accor a proposé d'acheter les actions de la société belge à 8 650 FB le titre alors que le dernier cours coté était de 6 890 FB, soit une prime de 25,5 %. Sous la pression d'actionnaires minoritaires, Accor sera contraint de relever son prix jusqu'à 12 000 FB, soit une prime de 74 %. Faut-il en conclure que les OPA sont une aubaine pour les petits actionnaires ? Faut-il au contraire s'inquiéter de la multiplication d'opérations financières se traduisant souvent par des restructurations accompagnées de licenciements et risquant de privilégier le court terme au long terme ? Sont-elles ou non préjudiciables pour les entreprises et les actionnaires ?

L'économiste américain, **A. Rappaport**, pense que non : « Les directions actuelles des entreprises bien souvent ne maximisent pas les profits, au détriment tant des entreprises que des actionnaires. Les raiders pensent que l'on peut tirer un meilleur parti des actifs de l'entreprise. Ils concentrent leur attention sur la valeur boursière de l'entreprise plutôt que sur les paramètres habituels : chiffre d'affaires, montant des ventes, parts de marché. Il n'y a pas de meilleure discipline pour les dirigeants que la possibilité pour d'autres agents d'acquérir l'entreprise, s'ils pensent pouvoir mieux la gérer. Ceci est important : jamais comme aujourd'hui les dirigeants n'ont fait autant attention au marché boursier. Sans doute il y a des restructurations douloureuses, qui se traduisent par la mise au chômage de 10 % du personnel. Mais cela est préférable à une dégradation lente qui mènerait un jour à licencier l'ensemble des employés. Les raiders sont les meilleurs protecteurs des actionnaires. Lorsque le raider gagne de l'argent, les porteurs d'actions aussi. Si le raider menace, les actions montent et la direction restructure : les dividendes sont donc élevés. Ces fonds sont disponibles pour de nouveaux investissements de la part des actionnaires. L'argent issu des raids est recyclé dans le circuit économique. Ne blâmez pas les raiders. Blâmez les dirigeants qui mentent et traitent l'actionnaire par-dessus la jambe. » (*Dynasteurs*, sept. 1987)

Les OPA : prendre le pouvoir

Lancer et réussir une OPA revient à prendre le pouvoir, soit de manière consensuelle (offre amicale) ou hostile. Les détenteurs du pouvoir dans une entreprise redoutent d'être l'objet d'offres publiques inamicales. De ce fait, plusieurs techniques de défense ont été imaginées. Celles-ci peuvent être différentes selon que l'OPA est imminente, ou envisageable à moyen terme ; de même elles diffèrent selon que le capital est très dispersé (on dit également « atomisé ») ou concentré entre les mains de quelques actionnaires.

• Conflit immédiat et capital concentré

Il s'agit essentiellement de défenses inscrites dans les statuts de la société ayant pour objectif de diluer les droits de l'attaquant. Le **flip-in** revient à faire une augmentation de capital réservée aux anciens actionnaires, en leur octroyant des conditions d'achat très avantageuses. Réserver statutairement ce même droit sur les actions de la société nouvelle issue de la fusion entre l'attaquant et la cible s'appelle un **flip-over**. Les flips cherchent à rendre plus chère une OPA, empêchant l'initiateur de concentrer rapidement le pouvoir dans ses mains. Autorisés dans quelques États américains, ils sont interdits en France.

Une autre manière de se protéger est d'inclure dans les statuts un **droit de vote double** pour certaines actions. Quand les actions sont détenues nominativement depuis au moins deux ans (droit français), il est possible de leur octroyer un droit de vote supplémentaire ; cela dilue automatiquement le pouvoir d'un nouvel acquéreur. Mais si celui-ci attend deux ans, il bénéficiera aussi de droits de vote doubles. De la même manière, les anciens actionnaires peuvent se réserver le droit d'agréer les nouveaux actionnaires (impossible en France pour les sociétés cotées).

• Attaque envisageable et capital concentré

Les défenses consistent à déconnecter le pouvoir du marché des actions. Cela revient par des montages spécifiques à créer des relations financières entre plusieurs sociétés (autocontrôle, quasiment

Les techniques de défense contre les OPA

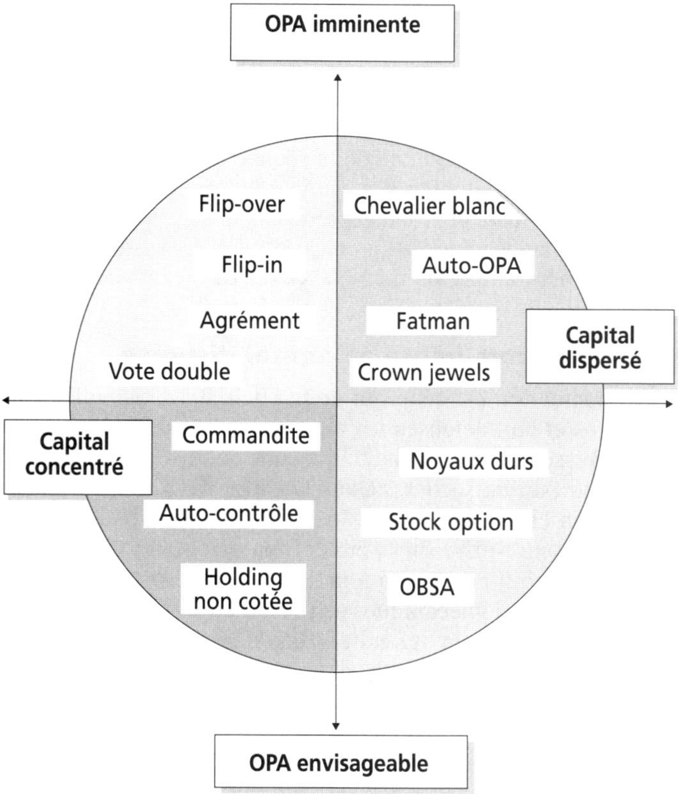

Source : P. Agnellet, L. Geoffroy et J.C. Viarnaud, *OPA et Stratégies anti OPA,* Eska, Paris, 1989.

impossible en France), ou à confier la majorité des actions à une société financière non cotée (holding). Certaines entreprises peuvent ne pas prendre le statut de société anonyme, mais celui de société en commandite par actions ; ces dernières ont deux types d'associés : les **commanditaires** qui ont des actions classiques, et les **commandités** (qui détiennent le pouvoir) qui ont des parts non transmissibles et non cessibles et qui sont en contrepartie responsables *in infinitum* des dettes potentielles de la société.

• Attaque envisageable et capital dispersé

Les défenses possibles ont pour objectif de constituer un groupe d'amis fidèles autour des dirigeants de la société. La première consiste à faire entrer au capital des sociétés pour un montant significatif (au moins 3 % du capital), en espérant qu'elles aideront à se défendre en cas d'attaque. Mais rien ne dit qu'elles le feront, comme rien ne dit qu'elles ne deviendront pas un jour des « ennemies ». Le noyau dur peut être placé en dehors de la société en émettant des bons de souscription « acquis » par des « amis » et donnant la possibilité de souscrire rapidement et avantageusement à une augmentation de capital, qui ne serait déclenchée qu'en cas d'OPA. Le système des **stock-options** revient à faire de même avec les dirigeants de la société.

• Attaque imminente et capital dispersé

Cette situation est celle qui donne lieu aux plus belles guerres financières et aux défenses les plus médiatisées ; il s'agit de parer au plus pressé. Quand on est attaqué, une défense possible est d'appeler quelqu'un au secours. Dans le cadre des OPA, ce défenseur s'appelle un **chevalier blanc** (*white knight*) qui a pour mission de lancer une contre-offre sur la cible. Cela renchérit l'offre pour l'attaquant initial qui peut à son tour surenchérir. Lors de l'attaque de Schneider sur Télémécanique, cette société a demandé à la firme Framatome de venir la défendre. Mais il ne faut oublier qu'en cas d'intervention réussie, le chevalier blanc se retrouve propriétaire d'une partie significative du capital de la cible et peut alors faire valoir ses droits à la direction !

Dans le cas d'une attaque soudaine, la cible peut décider de vendre ses plus beaux actifs (cession des **joyaux de la couronne**, *crown jewels*), afin de se rendre inintéressante. Aux États-Unis, la cible peut se lancer une OPA elle-même (**auto-OPA**). Enfin, surtout si l'offre n'est pas immédiate, la cible potentielle peut décider de grossir (défense dite **fatman**) en absorbant d'autres sociétés, ce qui revient à augmenter sa capitalisation boursière, et à rendre ainsi plus difficile l'acquisition de son capital.

Dans tous les pays du monde, les défenses anti-OPA sont sévèrement réglementées. Ce sont les États-Unis qui ont la panoplie la plus vaste. Quelles qu'elles soient, ces défenses coûtent cher et leur mise en œuvre peut se traduire par un appauvrissement tel que la cible ne pourra y survivre. Enfin, dans la logique décrite ci-dessus par A. Rappaport, les défenses anti-OPA s'opposent à la libre circulation des capitaux et par là même à une allocation optimale des ressources financières.

lire aussi **Offre publique**

OPCVM

Les Organismes de placement collectif en valeurs mobilières sont devenus aujourd'hui les transports en commun de l'épargne individuelle. En effet, les OPCVM gèrent, en France, en 1999, plus de 370 milliards d'euros, chiffre significatif de leur rôle incontournable dans le paysage financier.

Les formes de la gestion collective

Les organismes de placement collectif en valeurs mobilières (OPCVM) sont des intermédiaires entre le grand public et le marché boursier. De nombreux petits porteurs n'ont pas le temps ou n'osent pas gérer directement leur portefeuille boursier. Les OPCVM les déchargent de tout problème de gestion. En France, ils sont principalement de deux types : les SICAV et les FCP.

• Les SICAV

Les **SICAV** sont des Sociétés d'investissement à capital variable, dont le but est d'investir dans des titres mobiliers. Ces sociétés, généralement créées par des banques ou des institutions financières, proposent leurs propres actions aux épargnants. Avec ces capitaux, les professionnels qui les gèrent constituent des portefeuilles, dont ils doivent maximiser la valeur. Une action de SICAV n'est jamais cotée en tant que telle : sa valeur est égale à la valeur totale du portefeuille divisée par le nombre total d'actions émises.

Pour acquérir des actions de SICAV, il faut s'adresser directement aux établissements qui les émettent. Pour vendre une action de SICAV, il suffit d'en faire la demande. L'ensemble des opérations de gestion entraînent des frais et des commissions (dont le montant est contractuellement limité), qui sont pour l'épargnant le prix à payer pour ne pas avoir le souci de gérer directement son capital et pour bénéficier des fruits de portefeuilles diversifiés.

Les SICAV peuvent être spécialisées sur des titres (Sicav d'obligations françaises, Sicav d'obligations internationales, Sicav d'actions françaises comme Plénitude créé en 1987 par La Poste ou des Sicav d'actions internationales), sur des régions économiques (spécialisées sur l'Asie, les États-Unis, les marchés émergents, etc.), en fonction d'incitations fiscales (SICAV-Monory comme SICAV 5000 du Crédit Lyonnais qui ont au moins 60 % de titres en actions françaises, en échange d'abattements fiscaux pour les porteurs) ou totalement diversifiées. Il existe aussi des SICAV plus orientées sur l'or, l'immobilier et même l'écologie.

La spécialisation des SICAV ne se fait pas que sur la nature juridique ou géographique du titre, elle se fait également selon l'horizon de sa gestion. Les SICAV que nous avons ci-dessus évoquées sont des SICAV à moyen et long terme, leurs gestionnaires conseillent aux épargnants de laisser leurs capitaux pour une durée minimum allant de trois à cinq ans. À côté de celles-ci, existent des SICAV court terme, qui sont de trois types :

– Les « sensibles » placent leurs capitaux essentiellement dans des obligations à taux fixes remboursables entre six mois et cinq ans. Elles jouent donc sur les variations de cours des obligations, donc des taux d'intérêt. À la recherche de fortes plus-values, elles représentent un risque non négligeable.

– Les « régulières » sont essentiellement constituées d'obligations ayant une durée de vie courte et privilégient le rendement à la plus-value. Leur risque est essentiellement lié à une variation à la hausse des taux d'intérêt.

– Les « monétaires pures » sont investies essentiellement dans des outils monétaires : titres de créances négociables comme les bons du trésor ou les billets de trésorerie, ou des titres pris en réméré. Le **réméré** est un contrat par lequel une entreprise ou une banque, ayant besoin de liquidités, vend à un autre agent économique des titres (des obligations par exemple) en s'engageant à les racheter à une date précise à un prix supérieur. Les titres acquis par les SICAV monétaires sont donc à très court terme et une bonne gestion de portefeuille conduit ces SICAV à avoir des performances proches des taux du marché monétaire.

Les SICAV monétaires peuvent être orientées sur le franc français ou sur d'autres devises. Il faut savoir que les SICAV court terme font l'objet d'une fiscalité discriminatoire afin d'inciter les épargnants français à placer leur épargne à plus long terme.

Les Fonds communs de placement

Deuxième type de portefeuille collectif de valeurs mobilières, les **Fonds communs de placement (FCP)** à vocation générale ne sont pas des sociétés, mais des copropriétés de valeurs mobilières et d'actifs monétaires. Ils sont créés par deux intervenants (banque, sociétés de bourse...), dont généralement l'un assure la gestion et l'autre l'administration. D'une fiscalité assez avantageuse, leur principe est assez semblable à celui des SICAV : des épargnants adhèrent à un FCP en achetant des parts, les capitaux recueillis sont investis en valeurs mobilières dont 80 % au moins doivent être inscrits à la Cote officielle ou au Second marché. Pour acheter une ou plusieurs parts de FCP, il faut adhérer aux fonds. Il est possible de se retirer à tout moment, en demandant le rachat de ses parts. Cela sera fait dès le prochain calcul de la valeur du fonds (au moins deux fois par mois) ; la valeur liquidative de la part est obtenue en divisant l'actif net (ensemble des cours de Bourse des valeurs mobilières possédées) par le nombre de parts.

Le rôle de la gestion collective

Diversification et compétence

Les OPCVM ont vu le jour aux États-Unis et au Royaume-Uni dès le début des années 60. Les « mutual funds » et les « pension funds » ont eu pour objectif de collecter l'épargne individuelle afin de mettre en œuvre sur le plan financier le vieux principe selon lequel l'union fait la force. Leur apparition aux États-Unis et en Grande-Bretagne correspondait à une demande des épargnants. En effet, ceux-ci ne disposaient pas, contrairement à la France, de système de retraite par répartition, système dans lequel les actifs cotisent pour payer les retraités. Il était donc, et il est toujours, indispensable pour les actifs d'épargner durant leur période de travail. Comme épargner signifie différer dans le futur une consommation immédiate, le pouvoir d'achat de l'épargne réalisée doit être maintenu et si possible augmenté. Se pose alors pour les épargnants le problème du choix des supports, c'est-à-dire le choix des actifs financiers dans lesquels ils investiront. Il faut pour cela qu'ils aient la compétence nécessaire pour analyser l'information économique et financière et prendre les décisions adéquates. Cette absence de compétence peut être palliée par les services d'un conseiller en gestion de patrimoine, qui donne des conseils ou s'occupe directement de la gestion des fonds. Mais cela a un coût qui ne pourra être rentabilisé qu'au dessus d'un montant minimum d'épargne. À titre d'exemple, il faut savoir qu'aujourd'hui en France, il est difficile pour un particulier de trouver un véritable service de gestion active et directe de son épargne en dessous d'un million de francs.

Apporter la compétence à tout épargnant, réduire les coûts de transaction grâce à des volumes élevés sont les objectifs des OPCVM, auxquels il faut rajouter une volonté d'optimiser la performance. Cela est d'autant plus réalisable que les gestionnaires de ces fonds sont en mesure de diversifier correctement leur portefeuille afin d'obtenir la meilleure rémunération possible du risque systématique lié au marché en éliminant au mieux le risque non diversifiable.

• Les limites de la gestion collective

Même en France où les fonds de retraite n'existent pas encore, nous avons vu que la gestion collective s'est solidement implantée. Elle a surtout bénéficié de mesures fiscales en faveur de l'épargne longue. Une des caractéristiques de cette gestion collective est que, détentrice d'actions de sociétés, elle est de ce fait actionnaire et dispose donc de droits de vote. Les gestionnaires de ces OPCVM détiennent une part du pouvoir des entreprises. Comme ils disposent de moyens financiers importants, leur pouvoir est d'autant plus élevé que l'actionnariat de la société est diffus. Ils peuvent donc avoir une influence certaine sur les décisions des dirigeants des entreprises, voire sur les limogeages ou les nominations des dirigeants, comme ce fut de nombreuses fois le cas aux États-Unis (exemple de Kodak). C'est à ce niveau que peut se poser un problème de **conflits d'intérêts**. En effet, les gestionnaires des OPCVM sont sans cesse à la recherche de nouveaux clients, de nouveaux souscripteurs qui pourraient leur fournir des capitaux supplémentaires. Pour cela, ils affichent régulièrement les résultats de leur portefeuille et espèrent qu'une comparaison avec leurs concurrents leur sera favorable.

La conséquence de cette lutte concurrentielle, matérialisée par tous les classements d'OPCVM régulièrement publiés dans la presse, est le développement d'une vision à court terme, essentiellement centré sur les résultats immédiats. Il est facile de comprendre qu'un gestionnaire d'OPCVM, dont la rémunération et la carrière peuvent être liées à ses performances sur une courte période, aura tendance à privilégier les entreprises dont les politiques sont les plus visibles, dont la distribution de dividendes reste au moins stable. Or, à certaines périodes de leur vie, les entreprises sont amenées à faire des choix stratégiques majeurs, qui ne porteront leurs fruits que dans quatre ou cinq ans et qui se traduiront même d'ici là par une diminution des résultats. Mais ce choix est indispensable pour la survie à très long terme de l'entreprise. Des gestionnaires de fonds le récuseront parce qu'il est source de baisse de performance pour leur portefeuille ; ils se porteront alors vendeurs des titres, faisant baisser le cours des actions et rendant ainsi plus difficile le financement de la nouvelle stratégie. Certains dirigeants de sociétés ne voudront pas subir cette sanction de la Bourse et se contenteront de politiques satisfaisant les intérêts à court terme des grands intervenants du marché financier, compromettant cependant la survie à très long terme de leur société. Ce risque est d'autant plus fort que ce comportement semble affecter plus les États-Unis, le Canada et le Royaume-Uni (dans une moindre mesure la France) que les pays asiatiques (Corée, Japon) où les stratégies de long terme sont mieux acceptées par les financiers. C'est donc cette dictature du court terme, moins imposée par la Bourse que par la gestion collective, qui fait parfois regretter à de nombreux dirigeants les charmes de l'actionnariat individuel, plus stable et plus favorable au long terme.

lire aussi **Actif financier - Actionnaire**

OPÉRATIONS ET ORDRES BOURSIERS

Passer un ordre de bourse demande une connaissance des mécanismes permettant l'identification des souhaits des acheteurs ou des vendeurs. Le simple repérage du titre à acheter ou à vendre est insuffisant.

Les opérations boursières de base

Sur les différentes structures du marché français, interviennent acheteurs et vendeurs de titres. Hors Matif et Monep, ils le font au moyen de deux grandes catégories d'opérations :
– au comptant,
– à terme ferme.

• Les opérations au comptant

Ce sont celles qui ont cours sur le marché comptant de la Cote officielle, le Second marché, le Nouveau marché et le Hors-cote. La passation et la réalisation de l'ordre sont concomitantes : les opérations exécutables sont dénouées le jour même, dans des délais très brefs, qu'il s'agisse de la livraison des titres (pour le vendeur) ou du règlement financier (pour l'acheteur). Les opérations au Comptant sont gérées de manière très efficace par le système **RELIT** (Règlement-livraison de titres).

L'ensemble des techniques du comptant est utilisable pour le marché à règlement mensuel. On peut, en effet, acheter ou vendre comptant sur le marché RM. Pour cela, on utilise un ordre **Règlement immédiat (RI)**. Un ordre RI est donc un ordre au comptant sur des valeurs du RM, le donneur d'ordres devant rémunérer cette possibilité par paiement d'une **Commission de règlement anticipé.**

• Les opérations à terme ferme

Possible uniquement sur le marché à Règlement mensuel, le principe des opérations à « terme ferme » est simple : il y a un décalage de temps entre le jour de la négociation, celui où les ordres d'achat et de vente sont passés, et le jour de la livraison des titres et de leur règlement, appelé la **liquidation**. Cette dernière a lieu chaque mois : la 6e séance boursière avant la dernière bourse (c'est-à-dire séance) du mois civil. Examinons successivement des ordres d'achat et de vente à règlement mensuel.

• Achat RM

Supposons que le 5 mars 19n, M. Save achète sur le marché 100 actions Carrefour à 3 600 F l'une. Cela signifie que la société de bourse (il est impossible pour un particulier d'intervenir directement sur le marché) à qui il a confié l'exécution de son ordre a trouvé un vendeur correspondant, acceptant ce prix. Entre le 5 et la liquidation, M. Save peut être confronté à trois situations :

– Situation n° 1 :

Le cours de l'action continue à monter. Le 14 mars, M. Save décide de vendre au RM ses 100 actions à 3 850 F. Que se passe-t-il à la liquidation ? L'acheteur du 14.03 va payer à M. Save 3 850 × 100 = 385 000. À cette même date, M. Save devra régler son vendeur du 5 mars : il lui versera 3 600 × 100 = 360 000 F. Le gain de l'opération de M. Save est de 385 000 – 360 000 = 25 000 F (moins courtages et impôts).

Ainsi le marché RM a permis à M. Save de bénéficier d'un horizon temporel plus large. Toute période de hausse du titre, par rapport au 05.03, est une période de bénéfice potentiel (*zone hachurée du graphique*). Le plus difficile pour M. Save et ses conseillers financiers est de prévoir quel sera le cours le plus élevé ; en effet, une vente des titres le 10.03 ou le 18.03 aurait procuré un bénéfice moins important.

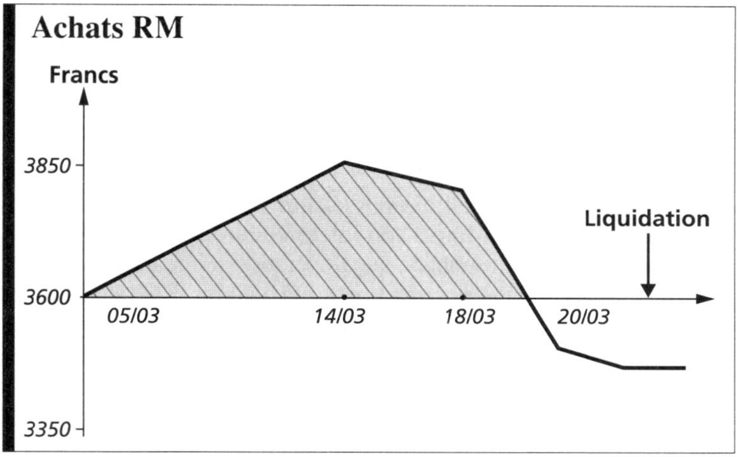

– *Situation n° 2 :*

M. Save ne vend pas ses actions achetées le 05.03. À la liquidation, il réglera au vendeur la somme de 360 000 F (et non le cours de l'action le jour de la liquidation multiplié par le nombre de titres acquis car il ne faut pas oublier que les opérations RM sont fixées aux conditions du jour de la négociation). Il est dit que M. Save lève les titres. Son attitude est celle d'un investisseur qui souhaitait avoir les titres Carrefour dans son portefeuille et qui n'a pas voulu supporter le coût d'un règlement immédiat. Monsieur Save est donc peu sensible à l'évolution à très court terme du titre.

– *Situation n° 3 :*

Supposons maintenant que M. Save ne souhaite vendre les titres acquis le 05.03 que lorsque le cours aura atteint ou dépassé 4 000F. Il ne vend pas à la période où l'action dépasse les 3 600 F. À partir du 20, le cours du titre tombe à un niveau inférieur à 3 600. La vente signifierait alors perte d'argent. À la liquidation, M. Save ne souhaite donc pas acquérir des titres dont la cession ne lui procurerait pas de bénéfices. Le problème réside dans le fait que le 05.03, un vendeur a cédé les siens et souhaite être payé à la liquidation, et ce d'autant plus que l'évolution des cours lui a donné raison. M. Save doit donc faire reporter sa position d'acheteur à la liquidation suivante. Pour cela, il doit trouver un détenteur de capitaux qui accepte de lui acheter ses titres à la liquidation tout en s'engageant à les lui revendre à la prochaine liquidation, de manière à ce que M. Save reste acheteur. La transaction va se faire alors à un cours, appelé **cours de compensation**, fixé par la Société des bourses françaises, M. Save sera débité de l'écart entre le cours d'achat (3 600 F) et le cours de compensation.

• Vente RM

Début février, M. Sell, un possesseur de 200 actions Michelin, souhaite les vendre. Il fixe à son intermédiaire financier les conditions dans lesquelles il souhaite que l'opération soit réalisée. Le 03.02, M. Sell est avisé que ses titres ont été vendus RM au cours de 700 F. Cela signifie qu'il existe face à M. Sell un acheteur RM de ces 200 Michelin.

– Évolution n° 1 :

Supposons qu'entre le 03.02 et le jour de la liquidation, le titre Michelin baisse. Ainsi le 17 février, il cote 650 F ; M. Sell peut décider de racheter ses 200 actions. À la liquidation de février, il percevra de son acheteur du 03.02 la somme de 700 × 200 = 140 000 F et il paiera au vendeur du 17.02 : 650 × 200 = 130 000 F, réalisant ainsi un gain de 10 000 F dont il faudra déduire courtages et impôt. La stratégie de M. Sell a donc consisté à déterminer le cours le plus élevé où il décidera de vendre, et le cours le plus bas où il pourra racheter. Sur le graphique ci-après, la zone hachurée représente une potentialité de bénéfice, alors que celle en tramé, des pertes potentielles.

Vente RM

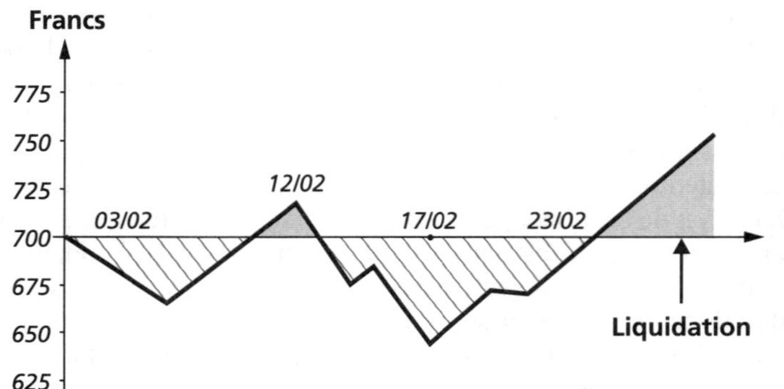

– *Évolution n° 2 :*

La cession de 200 Michelin représente pour M. Sell la volonté de modifier la structure de son portefeuille. Plusieurs raisons peuvent être avancées. M. Sell n'a plus confiance dans la rentabilité de Michelin, il pense que d'autres entreprises peuvent lui assurer un meilleur placement, il ne souhaite pas investir trop dans le même secteur économique ou au contraire désire réinvestir plus dans un autre secteur.

Pour une ou plusieurs de ces raisons, M. Sell veut vendre ses 200 actions Michelin. À la liquidation, il cédera les titres (on dit qu'il les livrera) contre leur paiement. Peu lui importe l'évolution du cours, il espère simplement avoir vendu dans les meilleures conditions (remarquons que s'il les avait vendues le 12.02, leur prix de cession aurait été plus élevé).

– *Évolution n° 3 :*

Supposons maintenant que M. Sell n'ait toujours pas acheté de titres pendant la période où le cours était inférieur à 700 F. Cette situation est identique à celle où le cours n'aurait cessé de monter depuis le 03.02, se situant systématiquement au-dessus de 700 F. Dans ces conditions, il est évident que M. Sell cherche à éviter à racheter plus cher qu'il n'a vendu. Mais à la liquidation l'acheteur demande la livraison des titres. Monsieur Sell va donc « reporter » sa position en trouvant un possesseur de titres qui accepte de les lui vendre à la liquidation de février tout en s'engageant à les lui racheter à la liquidation de mars. Réalisée au cours de la compensation, cette opération permet à M. Sell de conserver sa position de vendeur jusqu'à la prochaine liquidation.

Nous venons donc de décrire les principales opérations du marché RM. À la liquidation, il va donc y avoir confrontation entre les **positions « reportées »** (vendeur de titres ne les livrant pas) et **« à reporter »** (acheteurs ne voulant pas « lever » les titres). Généralement, le nombre de titres à reporter est supérieur au nombre de titres reportés, le marché a alors besoin de capitaux qui ne seront prêtés que contre le paiement d'un intérêt de report. Son niveau varie selon la demande de capitaux née de la liquidation. Notons qu'en cas d'égalité entre les positions reportées et à reporter, le report s'effectue au pair. À titre indicatif, l'intérêt de report était en janvier 1996 en moyenne de 4,38 %.

Les opérations RM permettent donc aux donneurs d'ordres de bénéficier de marchés animés et de profiter des variations de cours.

Pour éviter des spéculations hasardeuses pouvant mettre en péril l'équilibre du marché, les autorités boursières exigent des donneurs d'ordres la constitution d'une couverture, qui est un pourcentage des engagements pris. Ce pourcentage est fixé par la Société des bourses françaises selon les conditions du marché. En 1996, les taux minima des composantes de la couverture étaient :

Numéraire + Bons du Trésor	:	20 %
Rentes et Obligations françaises + or	:	25 %
Valeurs à revenu aléatoire	:	40 %

Les opérations RM ci-dessus connaissent un dénouement à la liquidation suivant la négociation. C'est pour cela qu'elles sont appelées opérations fermes.

• **Requiem pour le RM ?**

Les opérations à règlement mensuel présentent comme particularité qu'elles n'existent qu'en France, elles sont absentes de tous les autres marchés boursiers du monde. Leur principal intérêt est d'offrir la possibilité de faire de nombreuses opérations sans geler les capitaux ou les titres correspondants. Il s'agit en somme de crédits « gratuits », mais ces derniers engendrent des coûts importants et des risques élevés. Depuis plusieurs années, les autorités boursières des grandes nations occidentales ont tout mis en œuvre pour réduire les délais de règlement et de livraison, afin d'accroître la sécurité de la chaîne des opérations boursières. Le marché français est doté depuis 1991 d'un système informatisé extrêmement performant, baptisé RELIT, et permettant les opérations de règlement et de livraison dans un délai inférieur à cinq jours. La France s'aligne ainsi sur les grandes bourses internationales (Londres notamment).

Le développement international du marché français exige une harmonisation des procédures : dans ce cadre, le RM et son mois potentiel de délai avant la livraison ou le règlement ne paraît pas très sérieux. C'est pour cela que les experts se sont penchés sur sa suppression et ont envisagé de le remplacer par des systèmes parallèles de prêts de titres ou de capitaux indépendants de la structure des échanges. À compter du 22 septembre 2000, le RM disparaît : tous les titres cotés à la Bourse de Paris sont négociés au comptant. De façon pratique, dès le 25 septembre 2000, les investisseurs ont le choix entre une opération au comptant et au règlement-livraison fin de mois – ce qu'ils doivent préciser à leur société de bourse.

Les ordres de bourse

Passer un ordre, c'est préciser les caractéristiques de l'opération et les limites de sa validité.

• À qui passer un ordre ?

Pour passer des ordres de bourse, un particulier ou une entreprise doit être titulaire d'un compte dans un établissement habilité à gérer les opérations boursières : banques, caisses d'épargne, comptables du trésor, la Poste, sociétés de bourse et sociétés de gestion agréées par la COB.

L'ordre de bourse peut être transmis du particulier à son intermédiaire par lettre (avant ou pendant la séance par télégramme, par télex). Ces moyens fournissent eux-mêmes la preuve de l'ordre. Mais ce dernier peut être passé oralement (téléphone, de vive voix), une confirmation écrite n'étant exigée que si le donneur de l'ordre n'est pas connu de l'intermédiaire qui doit l'exécuter.

• Comment libeller un ordre de bourse ?

L'ordre doit comporter des informations précises permettant sa bonne exécution :

– signaler s'il s'agit d'un achat ou d'une vente ;

– nature du titre et désignation de la valeur, en utilisant si possible le numéro de code de la valeur (ce dernier figure systématiquement dans la presse financière) ;

– le nombre de titres à négocier.

L'ordre doit ensuite comporter une limite concernant sa propre validité : la mention **jour** signifie que l'ordre doit être exécuté le jour même et qu'il sera retiré si ce n'est pas le cas. Il peut-être à révocation : dans ce cas, l'ordre reste valable jusqu'à la fin du mois civil pour les opérations au comptant et jusqu'à la liquidation pour les opérations sur le RM. Un ordre peur être à date déterminée, il impose une date à partir de laquelle il n'est plus valable. Cet ordre n'est autorisé que si la date choisie est antérieure à la limite de la révocation. Attention, sans mention expresse, les ordres sont considérés à révocation.

L'ordre de bourse doit enfin spécifier les conditions de prix auxquelles vous souhaitez le réaliser. Ainsi, il existe trois grandes catégories d'ordre :

– les ordres à cours limité. Cette technique permet à un acheteur ou à un vendeur de fixer un prix limite à son opération et de se protéger contre les évolutions du marché. Ainsi, un ordre d'achat « 100 Danone limite 780 » ne sera exécuté que si le cours de Danone est inférieur ou égal à 780 F. De la même manière, un ordre de vente « 50 Club Méditerranée limite 490 » ne sera exécuté que si le cours ne descend pas en dessous de 490 F ;

– les ordres au prix du marché sont des ordres sans limite de prix spécifiée. Le système informatique les transforme automatiquement en ordre à cours limité : soit au cours d'ouverture (premier cours coté) s'ils arrivent sur le marché avant l'ouverture, soit au prix de la demande la plus élevée dans le cas d'une vente, et de la meilleure offre (la plus basse) dans le cas d'un achat, quand les ordres arrivent pendant la séance. Si vous décidez d'acheter 160 actions Moulinex au prix du marché et que votre ordre est enregistré à 11 h 30 et qu'à cette heure les demandes et les offres sur le marché sont indiquées par la feuille de marché suivante :

Achat		Vente	
Quantité	Prix	Prix	Quantité
100	80	81	40
25	79	82	100
200	78	83	75

la meilleure offre pour un acheteur est alors à 81 F. Vous serez donc exécuté pour 40 titres à 81 F, et le système affichera une demande d'achat à 81 F pour les 120 titres restants. Cette limite à 81 F sera affichée jusqu'à exécution complète ou expiration de la validité.

Ainsi, les ordres à prix du marché, peuvent ne pas être réalisés en totalité et ce malgré l'absence de niveau de prix.

– l'ordre à tout prix existe depuis le 1er mars 1996 et permet à un investisseur de privilégier la réalisation de son ordre en totalité et ce quel que soit le prix. En cours de séance, un « ordre à tout prix » vient servir autant de limites que nécessaire sur la feuille de marché. Ainsi, dans notre exemple précédent, si l'ordre d'achat est passé « à tout prix » et non « au prix du marché », il sera servi de cette manière :

. 40 titres à 81 F
. 100 à 82 F
. et 20 à 83 F, le prix de revient des titres Moulinex s'élevant alors à 81,87 F.

Si les quantités présentes sur la feuille de marché ne permettent pas d'épuiser un ordre « à tout prix », le système procède alors à une réservation, ce qui signifie qu'il sera traité en priorité dès que possible.

ParisBourse SA a introduit en 1996 deux types d'ordre : l'ordre **tout ou rien** qui permet pour une limite donnée de n'exécuter l'ordre que si la quantité totale proposée à l'achat ou à la vente est réalisée ; l'ordre **stop** qui permet de mettre en place des stratégies de limitation des « pertes ». Un ordre de vente stop à 110 signifie que l'ordre de vente ne doit être réalisé que si le cours descend en dessous de 110 ; de même un achat stop 240 sera pris en compte dès que le cours dépassera 240.

Une bonne connaissance des ordres permet de maximiser la gestion de son portefeuille et demande une capacité de lecture des données du marché présentes sur Chronoval ou les autres serveurs utilisant le réseau Minitel ou Internet.

Les mentions éventuelles concernant le cours d'exécution (à cours limité, stop...) doivent mentionner la durée de validité de l'ordre, sans cela il sera considéré à révocation. Cela signifie qu'il sera valable jusqu'à dernière séance boursière du mois pour les marchés comptant, jusqu'à la liquidation sur le marché RM. Lors de ces séances, l'ordre tombe de lui-même, il n'est pas reconduit, sauf s'il est expressément renouvelé.

La société de bourse fournit un « **avis d'opéré** » ou « **avis d'exécution** » rappelant les caractéristiques de la négociation et précisant le montant à payer ou à encaisser. Il est bien évident que pour l'ensemble de ces opérations, les intermédiaires sont rémunérés. Sur ces tarifs, la concurrence joue à plein.

lire aussi **Cotation**

OPTION

Prendre une option sur un appartement, sur une place d'avion, c'est avoir le droit d'acheter définitivement ce bien. Mais ce n'est pas une obligation et il est possible de ne pas acheter en abandonnant l'option. Sur les marchés d'actifs financiers, les contrats d'option portent sur la possibilité d'acheter ou de vendre un actif financier. Les options apportent ainsi de la flexibilité aux opérateurs et permettent des opérations de protection et de spéculation.

Les options : un pays de chasseurs de primes

Bien que tous les actifs financiers puissent être l'objet de contrats d'option, nous présenterons le mécanisme de l'option en nous appuyant sur les options sur actions.

Qu'il s'agisse d'une opération à terme ferme sur des actions ou d'une prise de position sur un contrat à terme, les intervenants, une fois l'ordre réalisé, sont obligés pour se retirer du marché, soit d'attendre l'échéance, soit de prendre une position de sens contraire à celle qu'ils avaient prise. Ils n'ont pas la possibilité d'abandonner : ceci constitue une rigidité, notamment en cas d'évolution contraire des cours. Pour y pallier, les financiers ont « inventé » les options, ces dernières ayant donné naissance en France au Marché des options négociables de Paris : le **Monep**.

• Recherche d'une protection contre la hausse

Supposons qu'un investisseur, en janvier 1997, M. Money, sait qu'il disposera, début avril 1997, d'une très forte somme d'argent. En fonction de son portefeuille actuel, il souhaite pouvoir investir cette somme future dans des actions de la société L'Oréal. Si le titre L'Oréal cote, en janvier 1997, 1 700 F, nul ne sait quel sera son cours en avril. Une hausse du cours à 1 900 F pénaliserait notre investisseur : il souhaite donc se protéger contre une telle évolution.

Cela est possible par l'achat d'une option d'achat L'Oréal. En acquérant une option d'achat, M. Money se réserve la possibilité d'acheter, pendant une période déterminée, une quantité précise d'actions L'Oréal à un prix convenu. Ainsi, s'il achète une option d'achat « 100 L'Oréal 1 750 F », échéance mars 1997, cela signifie qu'il peut acheter, jusqu'en mars 1997, 100 actions L'Oréal au prix fixé de 1 750 F.

Tout un chacun comprend que si d'ici mars 1997 le cours grimpe à 1 800, 1 850 voire 1 900 F, M. Money a tout intérêt à exercer son option d'achat et à acquérir les actions au prix de 1 750 F. À l'inverse, si le cours chute en dessous de 1 750 F, il est évident que M. Money n'exercera pas son option et n'achètera pas des titres 1 750 F alors qu'ils valent moins sur le marché des opérations fermes (RM ou comptant). Mais le fait de pouvoir se protéger contre l'évolution des cours des actions, et la possibilité d'exercer ou non le droit d'achat ne sont pas gratuits. Acheter une option a un prix : l'acheteur de l'option doit en effet payer une **prime** (appelée également **« premium »**). Mais à qui la paye-t-il ? La prime est versée au vendeur de l'option d'achat, c'est-à-dire à celui qui s'engage à respecter la décision de l'acheteur de l'option d'achat : lui livrer les titres ou ne pas les livrer. Le vendeur d'une option d'achat « 100 L'Oréal 1 750 F (échéance mars 1997) » s'engage en effet à se soumettre à la décision de l'acheteur : si ce dernier veut les titres, il les lui vend obligatoirement à 1 750 F et si M. Money ne les veut pas, le vendeur de l'option n'a rien d'autre à faire que de conserver le montant de la prime qui lui aura été versée dès la conclusion du contrat.

Représentons sur un graphique cette option d'achat 100 L'Oréal, 1 750 F, mars 1997, prime : 100 F par titre (l'origine nord-américaine des options fait que les professionnels appellent une option d'achat un **call**).

Le graphique p. 248 montre très clairement que l'acheteur d'une option d'achat a pour volonté de minimiser son risque de perte, tout en conservant un risque de gain illimité.

– En mars 1997, à la fin de l'échéance, le cours au comptant est inférieur à 1 850 F. M. Money, acheteur de l'option d'achat, ne l'exercera pas : en effet, s'il veut acquérir des titres L'Oréal, il peut le faire à un cours plus intéressant sur les marchés « fermes ». Il abandonne donc l'option et depuis janvier 1997, il connaissait le risque de perte maximum qu'il pouvait subir : le montant de la prime. Par contre, le vendeur de l'option d'achat peut se trouver face à deux situations : soit il possède déjà les titres L'Oréal : ceux-ci connaissant une baisse,

L'option d'achat

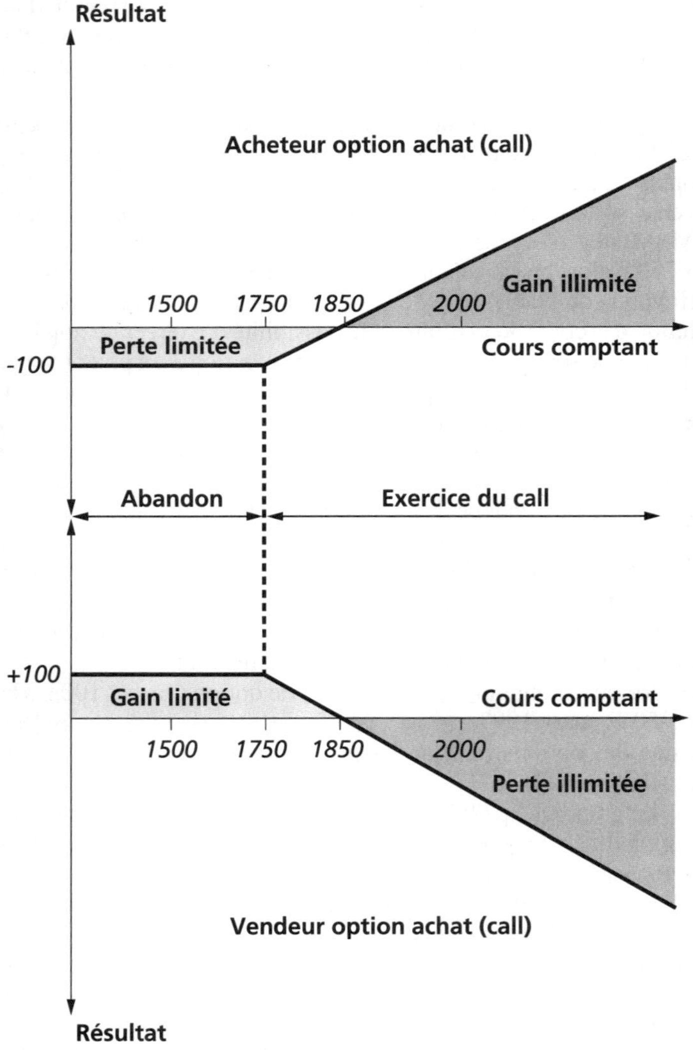

la perception de la prime vient compenser la baisse de la valeur des titres ; soit il ne possède pas les actions L'Oréal, et la perception de la prime est pour lui le bénéfice maximum qu'il peut réaliser.

– En mars 1997, à la fin de l'échéance, le cours « ferme » (comptant ou RM) est supérieur à 1 850 F. L'acheteur de l'option d'achat va exercer son droit et demander la livraison des titres qu'il va payer 1 750 F alors que le cours sur le marché est plus élevé. Son bénéfice est égal à : [(cours comptant – 1 750) – prime] × nombre de titres.

Ce bénéfice est potentiel s'il conserve les titres mais deviendra réalité si M. Money revend immédiatement les actions par une opération au comptant ou à terme ferme. Par contre, le vendeur de l'option d'achat va devoir livrer les titres demandés à 1 750 F alors que le cours du marché est supérieur à 1 850 F. Si le vendeur avait « écrit l'option », c'est-à-dire s'il avait conclu le contrat d'option sans posséder les titres, il est obligé d'acheter à plus de 1 850 F pour revendre à 1 750 F. **« Écrire une option »** (ou réaliser une vente d'option à découvert) revient à se placer en situation de risque élevé... La chasse aux primes ne doit pas se faire inconsidérément. Mais, si le vendeur n'est pas à découvert (ce qui signifie qu'il possédait les titres), il ne nous reste plus qu'à lui souhaiter de les avoir acquis à moins de 1 750 F...

• Recherche d'une assurance contre la baisse

M. Gold est détenteur de 200 actions Paribas. En janvier 1997 le cours est de 450 F. M. Gold sait qu'il aura besoin, en avril 1997, d'une somme de 90 000 F. S'il vend en janvier 1997 ses titres Paribas, la somme est réunie... trois mois trop tôt et cet argent ne peut rester inemployé. S'il attend la fin du mois de mars 1997, son risque se situe dans la baisse des cours.

Pour se protéger contre ce risque, M. Gold va acheter un option de vente d'actions « Paribas, 450 F, échéance mars 1998 ». Il acquiert donc le droit, et non l'obligation, de vendre ou de ne pas vendre à 450 F ses actions Paribas. Dans ce contrat, le partenaire de M. Gold est le vendeur de l'option de vente. Il accepte de se soumettre à la décision de l'acheteur de l'option de vente et sera obligé d'acheter les titres si M. Gold décide de vendre. La soumission du vendeur de l'option de vente est rémunérée par une prime qui lui est versée par l'acheteur de l'option.

Représentons graphiquement une option de vente 1 Paribas, 450 F, prime = 20 F (les options de vente sont professionnellement désignées sous le vocable de **put**).

L'option de vente

Une analyse du graphique ci-dessus montre que l'acheteur d'une option de vente souhaite limiter son risque de perte, ne pas limiter son risque de gain et ce, contre le paiement d'une prime versée à la conclusion du contrat d'option.

En cas de baisse des cours, l'acheteur de l'option de vente est toujours gagnant :

– soit il vend à un cours plus élevé que le cours du jour sur le marché des opérations fermes ;

– soit il vend ses actions au prix du contrat d'option pour les racheter au cours du jour sur le marché ferme ! Le risque de gain est ainsi illimité.

Ce n'est pas le cas du vendeur de l'option de vente, qui, en cas d'exercice de l'option, est obligé d'acheter les titres à un cours plus élevé (cours du contrat d'option) que celui du marché des opérations fermes.

En cas de hausse des cours, l'acheteur de l'option vente connaît son risque maximum de perte. En effet, lorsque le cours du marché ferme est supérieur au cours du contrat d'option plus la prime, il abandonne l'option et perd la prime. À partir de là, il peut décider soit de conserver les titres, soit de les vendre à un cours plus élevé sur le marché ferme. Le vendeur de l'option de vente encaisse la prime et n'a pas à acheter les titres. Notons que si, malgré la hausse, l'acheteur de l'option de vente exerçait son option, le vendeur achèterait des titres à un cours inférieur au cours du jour du marché ferme !...

Notre présentation du fonctionnement des options s'est appuyée sur des situations simples de protection. Dans la pratique professionnelle, les options sont utilisées pour protéger des portefeuilles de valeurs mobilières, pour garantir des niveaux de prix sur certains actifs (matières premières par exemple) ; il s'agit d'opérations de couverture. Mais celles-ci ne sont possibles que parce que d'autres agents prennent des risques, c'est-à-dire spéculent. Les marchés d'options sont à ce titre hautement volatils et spéculatifs, et les niveaux de gain sont à la hauteur des risques.

L'option de vente

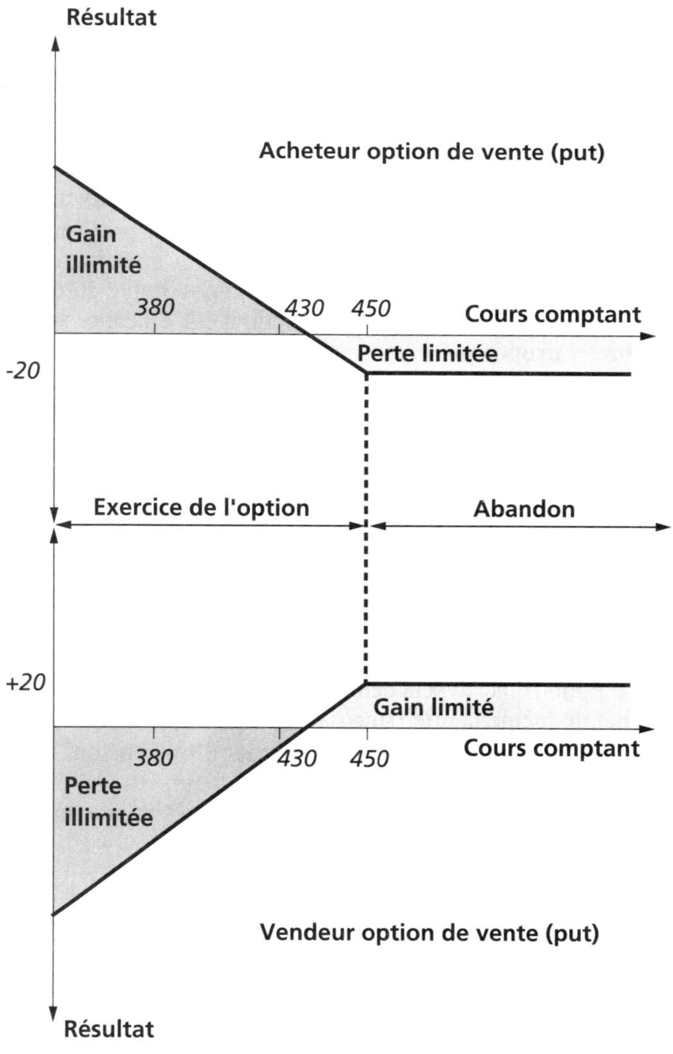

L'option, produit financier

• La diversité des options

À la lumière des lignes précédentes, une option est donc un contrat entre deux partenaires par lequel l'un (l'acheteur de l'option) achète à l'autre (le vendeur l'option) le droit, mais non l'obligation, de lui acheter (option d'achat, call) ou de lui vendre (option de vente, put) une certaine quantité d'un actif donné à un cours convenu.

Ce contrat est un produit financier qui a un prix (prime) et il n'existe que jusqu'à une échéance donnée. À ce sujet, on appelle **option « américaine »** une option qui a la possibilité d'être exercée à tout moment entre l'ouverture du contrat et l'échéance ; on appelle **option « européenne »** une option qui ne peut être exercée qu'à l'échéance. L'examen des marchés optionnels montre que cette distinction n'est pas géographique.

À partir du moment où un actif, quel qu'il soit, est soumis à des variations de prix, il est possible d'y adosser un marché optionnel, à la condition expresse que le marché « physique » (comptant) de cet actif soit suffisamment profond et liquide pour permettre le dénouement des positions optionnelles prises. Il est à noter d'ailleurs que nombre de positions sont dénouées à l'échéance non pas par la levée ou la livraison de l'actif sous-jacent au contrat d'option, mais par une prise de position contraire. Ainsi, un vendeur d'option d'achat peut dénouer sa position en achetant des options d'achat de même nature (sous-jacent, échéance).

Les **actifs sous-jacents des contrats d'option** sont nombreux et différents : devises, actions, indices boursiers (option sur le CAC 40), contrats à terme, matières premières et marchandises, et même... des options (option sur option).

• La deuxième génération des options

Les options sont un outil efficace de gestion de risque de prix sur un actif financier. Dans les exemples développés ci-dessus, le échéances étaient courtes (à trois mois). Ce terme court est d'ailleurs le standard sur tous les marchés optionnels organisés : les échéances standardisées sont trimestrielles (mars, juin, septembre et décembre) et il n'est pas possible de prendre position au-delà. Cette restriction a gêné des opérateurs et cela a donné naissance à des **bons d'option (option couverte** ou **covered warrants)**. Ce sont des instruments financiers permettant à l'acheteur soit d'être acquéreur (**call warrant**) ou vendeur (**put warrant**) d'un actif donné (actions, obligation...) à un prix donné et sur une période donnée, soit de percevoir la différence positive entre le cours comptant de l'actif sous-jacent à la date d'exercice et le prix d'exercice fixé au départ. Les bons d'options ont une période d'exercice comprise entre 1 et 4 ans. Il sont émis par une institution financière (la Société Générale est un grand animateur de ce marché) et font l'objet d'une cotation.

L'ingénierie financière a construit des types particuliers d'option en modifiant les caractéristiques de base. Ainsi, les options à barrière, exerçables à l'échéance, ont pour caractéristique de ne s'exercer que selon la manière dont le cours de l'actif sous-jacent atteint un niveau donné, appelé le **point d'extinction**, qui est inférieur au prix d'exercice pour les call et supérieur pour les put. Les options à barrière activante **(option in)** ne sont exerçables qu'à partir du point d'extinction et les options à barrière désactivante **(option out)** ne sont plus exerçables à partir de ce même point.

Les **options asiatiques** sont des options à l'européenne ayant un prix d'exercice fonction de la moyenne des cours comptants de l'actif sous-jacent pendant la durée de l'option.

Pour d'autres options, le prix d'exercice qui sera retenu à l'échéance sera le cours au comptant qui, sur la période de vie de l'option, sera le plus favorable pour l'acheteur de l'option, qu'il s'agisse d'un call ou d'un put. Ces nouvelles options portent le nom de «**look back options**» et sont essentiellement utilisées sur les marchés de devises.

Enfin, il faut savoir que les options peuvent être mariées entre elles, qu'il est possible de croiser leurs caractéristiques. Cette manipulation génétique optionnelle donne lieu à des combinaisons quasi-infinies, aux noms charmeurs : stellage, butterfly...

lire aussi **Monep - Risque - Spéculation**

OR

Au XIXe siècle et jusque dans les années 80, l'or était considéré comme une valeur-refuge, comme la meilleure protection de l'épargnant contre les aléas monétaires. Depuis la disparition de ses liens avec les monnaies (accords de la Jamaïque, 1976) et la maîtrise de l'inflation dans les grands pays industrialisés, l'or semble devenir une matière première comme les autres. Est-ce si sûr ?

Le marché de l'or

• L'offre et la demande mondiales d'or

En 1998, le stock d'or mondial avoisine les 130 000 tonnes. Pour 2000, les estimations prévoient que l'offre d'or s'élèvera à 3 550 tonnes, provenant de la production minière pour 61 %, des ventes officielles et des pays d'Europe de l'Est pour 15 % et du recyclage (18 %). La demande se répartira entre la bijouterie (84 %) et les fabrications industrielles (15 %). La fabrication de pièces et de lingots est devenue insignifiante.

• Les acteurs sur le marché de l'or

Des chiffres précédents apparaît le rôle majeur de la bijouterie. Ce secteur est à l'origine de la forte demande physique d'or depuis 1990. Celle-ci est essentiellement due aux pays asiatiques, qui ont multiplié leur demande d'or par 4 depuis dix ans. L'explication réside dans la croissance économique de l'ensemble de ces pays, à la forte valeur affective des bijoux en or, mais aussi au fait que la bijouterie constitue une forme de thésaurisation. Dans ces pays où la vigueur de la croissance économique fragilise parfois la monnaie et où il y a moins de substituts au placement de l'épargne que dans les nations occidentales, les bijoux en or sont à même de constituer une épargne de précaution.

Les banques centrales sont le deuxième acteur principal du marché de l'or, en détenant l'équivalent de vingt ans de production. Bien que le niveau d'or détenu dans les réserves des banques centrales n'ait jamais été aussi bas (l'or ne représente que 25 % des actifs détenus par ces institutions contre 69 % en 1950), l'or reste néanmoins un actif de sauvegarde qui présente comme avantage majeur, par rapport à n'importe quelle devise, de n'être la dette de personne. Aujourd'hui, la politique suivie semble être une optimisation de la gestion du stock d'or. Les ventes comme les achats d'or par les banques centrales relèvent de facteurs conjoncturels. Les ventes de la Russie et du Canada sont ainsi motivées par des problèmes de financement de leurs dépenses publiques.

Les investisseurs en or ne sont plus aujourd'hui des particuliers. Depuis dix ans, sont arrivés sur le marché de l'or des investisseurs institutionnels, qu'il s'agisse de fonds d'investissement en matières premières ou de *hedge funds*. L'intervention de ces professionnels de l'investissement international conduit à renforcer les caractéristiques de placement financier de l'or (qui devient un actif parmi d'autres dans une logique d'arbitrage) au détriment de son ancien rôle d'assurance. Par ailleurs, l'or devient de plus en plus le support de produits dérivés (contrats à terme, warrants, options...).

L'industrie (électronique, parodontologie...) représente une demande stable, étant la seule à consommer réellement de l'or, qui est dans ce cadre là une matière première comme les autres.

Si la production d'or a connu des taux de croissance supérieurs à 5 % dans les années 80, le rythme s'est aujourd'hui ralenti (2 %). L'Afrique du Sud qui produisait dans les années 70 les deux tiers de la production mondiale ne produit plus aujourd'hui que 30 %. Ayant des coûts d'exploitation élevés, ce pays est très sensible à l'évolution des cours de l'or. La baisse de ceux-ci entre 1988 et 1992 a conduit à la fermeture de nombreux sites, qu'une hausse des cours pourrait à nouveau rentabiliser. Les États-Unis sont devenus le deuxième producteur mondial, bénéficiant de coûts d'exploitation faibles puisque 84 % de leurs mines sont à ciel ouvert.

En moyenne, entre 1992 et 1997, la production mondiale d'or est de 2 150 tonnes/an (Afrique du Sud : 26 % ; États-Unis : 15,5 % ;

Australie : 12,5 %). Les principaux courtiers internationaux de l'or sont N.M. Rothschild, Mocatta and Goldsmith, Johnson Mathey et Sumitomo. Les principaux marchés physiques sont à Londres (London Bullion Market) et New York. New York abrite également le principal marché à terme (Comex), concurrencé par Tokyo (Tocom).

L'avenir de l'or

• Principales caractéristiques financières de l'or

Stocks d'or des banques centrales, bijoux en or, investissements en or, autant d'usages de l'or qui ne le consomment pas. Seule l'industrie l'utilise réellement comme une matière première. De ce fait, la demande ne va pas s'appuyer que sur la production nette, mais aussi sur les stocks. Il en résulte des comportements spécifiques. Ainsi, lorsque le prix de l'or augmente, sa demande augmente généralement. Cet accroissement de la demande n'est pas dû aux secteurs industriels, mais à l'ensemble des agents qui considèrent plus l'or comme un produit financier (y compris à travers sa dimension bijouterie) que comme une matière première.

Mais l'or est également un produit financier très spécifique, puisqu'il ne produit aucun revenu. Le seul moyen de rentabiliser un investissement en or est de le revendre, la rémunération n'étant fonction que de la potentialité d'une plus-value. Cette caractéristique explique que l'or est très souvent thésaurisé, il est détenu le plus longtemps possible. Même si l'or semble conserver son pouvoir d'achat sur très longue période, cette gestion peu dynamique peut être perdante à court terme. Ainsi, un placement en or réalisé en 1968 a amélioré son pouvoir d'achat par rapport au dollar de 10,7 % s'il est revendu en 1988 et de 4 % s'il est revendu en 1993. Mais un même investissement en or, réalisé en 1988, aura perdu en pouvoir d'achat en 1993 7,2 % par rapport au dollar et 8,2 % par rapport au yen.

• Et demain ?

De façon très schématique, l'or a vu son rôle de valeur-refuge se réduire à la fin des années 70 par la disparition du système monétaire international mis en place à Bretton Woods en 1944, et dans les années 80 par une plus grande maîtrise de l'inflation. Le prochain cycle de croissance sera-t-il vertueux, c'est-à-dire sans inflation ? Comment les monnaies résisteront-elles à l'absorption des actuels et gigantesques endettements publics ? Voilà deux questions dont les réponses pourraient redonner à l'or un rôle de valeur-refuge. Pour l'instant sa demande physique reste soutenue par les comportements asiatiques et son développement en tant que support de produits financiers confirme son rôle de produit financier classique.

Volume des marchés à terme sur l'or
(en milliers de contrats)

	1996	1997	1998
Comex (New York)	8 902	9 541	8 990
Tocom (Tokyo)	9 510	8 871	9 373
BM&F (Brésil)	368	195	108

Source : *Cyclope*, 1999.

lire aussi **Matières premières**

PÉTROLE

Matière première hautement stratégique pour la croissance et le développement économique, objet de nombreux enjeux géopolitiques depuis 1973, le pétrole est passé de marchés de concurrence imparfaite à des marchés concurrentiels.

Le pétrole : une énergie indispensable et cartellisée

• Le pétrole, un marché politique

Le marché du pétrole est hautement sensible aux événements politiques : les menaces d'embargo sur tel ou tel pays, la réduction de la production d'un autre ont des implications immédiates sur le niveau de prix. Cette sensibilité extrême aux données politiques provient premièrement, du fait que dans un certain nombre de pays producteurs les intérêts des États sont très souvent confondus non seulement avec ceux des compagnies assurant l'extraction, mais aussi avec les intérêts des dirigeants politiques. Deuxièmement, du côté des pays consommateurs, le pétrole représente une source d'énergie clé, non seulement pour le transport, mais aussi pour l'industrie chimique. Il s'agit donc d'un approvisionnement à sécuriser en terme de géopolitique. Cela a conduit de nombreuses nations à instaurer des politiques de stockage. L'évolution des stocks aura donc des répercussions sur le niveau de la demande.

En terme d'offre, le niveau moyen a été en 1995 de 71 millions de barils par jour (1 baril = 159 litres et un million de barils jour = 49,8 millions de tonnes par an). Sur les cinq dernières années, les principaux pays producteurs sont l'Arabie saoudite (12,5 %), les États-Unis (9,6 %), la Russie (10,5 %), l'Iran (5,4 %) et la Norvège (4,6 %). Comme l'indique le graphique p. 263, la production de pétrole brut a renoué avec la croissance depuis 1995 et elle est essentiellement due aux nations productrices n'appartenant pas à l'Opep, excepté les pays de l'ex-URSS.

Production de pétrole brut (millions de barils/jour)

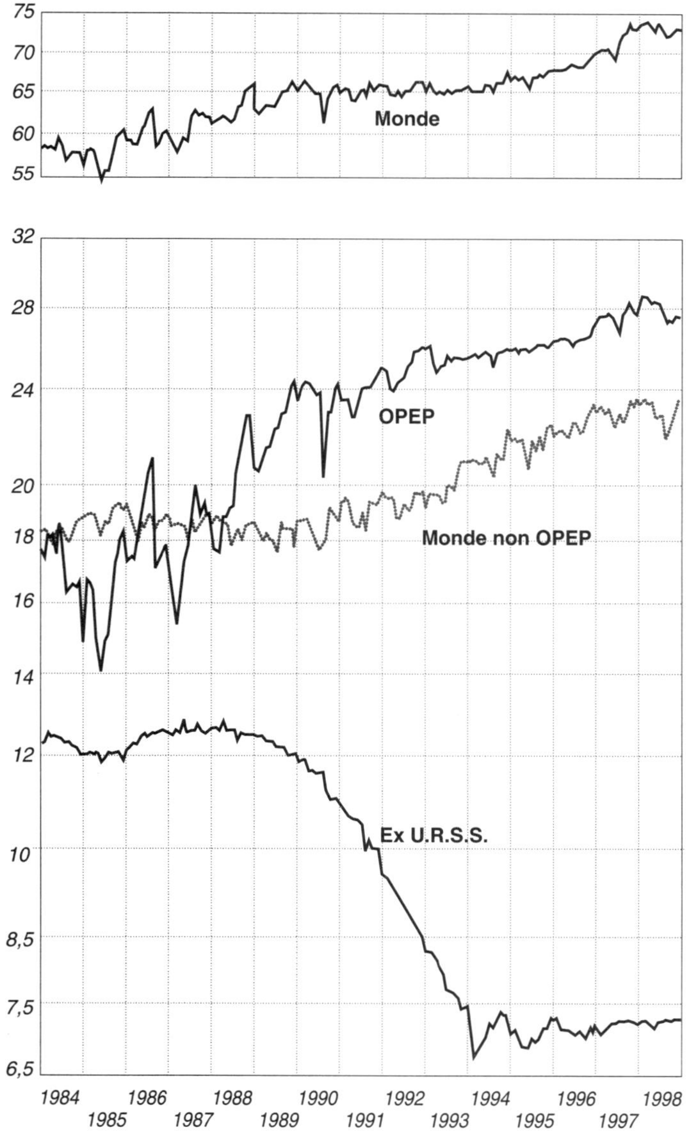

Source : Cyclope, 1999.

Au niveau de la demande, les principaux pôles demandeurs sont les États-Unis (25 % de la consommation mondiale en 1998), l'Europe occidentale (21,1 %), l'Amérique latine (8,8 %) et le Japon (7,5 %). La croissance de la demande a été très forte en Asie entre 1992 et 1997, mais les difficultés économiques de cette zone ont entraîné une chute de la croissance de la demande annuelle, par exemple en Chine (de 11 à 4,2 %), au Japon (de 1,3 % à –4,3 %) et dans les autres pays de la zone (de 6 à 0,1 %).

• De cartels en cartels

Le marché du pétrole a toujours fait l'objet d'ententes, d'organisation de la répartition des flux produits et demandés.

Au niveau de la production, les principales firmes productrices de pétrole brut sont peu nombreuses. Il était habituel de distinguer les **majors :** cinq américaines (Exxon, Socal, Mobil, Gulf Oil et Texaco) et deux européennes, British Petroleum (Royaume-Uni) et Royal Dutch Shell (Pays-Bas et Royaume-Uni). Aux côtés de ces sept firmes, nous trouvons les **minors** qui sont de grandes compagnies indépendantes (Amoco ou Tenneco aux États-Unis) ou des sociétés, publiques ou privées, de pays importateurs (Elf et Total en France, ENI en Italie ou Petrobras au Brésil). Enfin, un troisième groupe de compagnies pétrolières est composé des sociétés des pays extracteurs : au Moyen-Orient, citons Saudi Aramco (Arabie saoudite), KPC (Koweit) et NIOC (Iran) et sur le continent américain, la vénézuélienne PDSVA et la Pemex mexicaine. Toutes ces grandes compagnies sont présentes au stade de la production, du transport, de la transformation et de la distribution.

Les compagnies pétrolières sont confrontées depuis 1997 à une érosion de leurs profits, explicable par la baisse de la demande et un excédent d'offre. Elles se sont donc engagées dans des politiques de restructurations internes et d'acquisitions, afin de réduire leurs coûts et de rechercher plus d'économies d'échelle. La course vers une plus grande taille a ainsi conduit BP à acquérir Amoco, Shell à se rapprocher de Texaco, Exxon à vouloir fusionner avec Mobil et Total à absorber Petrofina et Elf. Ce phénomène de concentration se produit aussi dans les activités géophysiques et l'extraction. Ces différents mouvements n'iront pas sans poser la question des conséquences d'un accroissement de la structure oligopolistique de la chaîne de l'énergie pétrolière.

Le repérage des principales compagnies ne suffit pas à analyser la production et l'offre de pétrole. En effet, des accords entre nations peuvent « contraindre » ces grandes compagnies à des politiques spécifiques de prix et de volumes. Tel est le cas de l'Opep (Organisation des pays exportateurs de Pétrole) qui rassemble notamment l'Arabie Saoudite, l'Iran, le Venezuela, les Émirats Arabes Unis, le Nigéria, le Koweit, l'Indonésie, la Lybie et l'Algérie. Aujourd'hui, l'Opep représente presque 39 % de l'offre mondiale. Ce chiffre est en retrait permanent et ce pour plusieurs raisons.

À l'origine de l'Opep, il y a eu la volonté des pays producteurs de récupérer une partie de la valeur ajoutée de l'industrie pétrolière en faisant augmenter les prix à la production. À la création de l'Opep à Vienne en 1960, les cinq pays fondateurs représentent 90 % des exportations mondiales et souhaitent desserrer la domination des grandes compagnies. Il est à noter que la création de l'Opep est la deuxième contestation forte de la domination des majors américaines. En effet, celles-ci avaient réussi à imposer un système de prix unique entre 1928 et 1950, date à laquelle elles contrôlaient 90 % du commerce du pétrole. Entre 1950 et 1960, l'apparition des minors et des sociétés des États producteurs contribua à augmenter la concurrence.

L'Opep a été en 1973 un outil de pression politique internationale contre Israël et les États-Unis. Le quadruplement du prix du pétrole, entre 1973 et 1974, n'a été possible qu'en raison de l'extraordinaire dépendance des pays consommateurs à l'égard d'un petit nombre de producteurs. Le renchérissement du prix et la réduction des volumes se sont accompagnés de nationalisations des installations étrangères sur le sol de pays producteurs. D'un cartel d'acheteurs, le marché était passé à un cartel de producteurs.

Mais si la politique de l'Opep a été efficace à court terme, au moins sur le plan économique en enrichissant massivement ses membres, elle a été néfaste à moyen terme. En effet, non seulement cela a incité les nations consommatrices, essentiellement les pays industrialisés, à diversifier leurs sources d'énergie (exemple de l'énergie nucléaire en France), leurs sources d'approvisionnement, mais aussi cela a rentabilisé des zones d'exploitation comme celles de la mer du Nord. Une quinzaine d'années vont suffire à desserrer la contrainte de dépendance et à faire en sorte qu'aujourd'hui l'offre non-Opep représente 61 % de l'offre mondiale. Mais il est clair que l'Opep aurait pu réagir en instaurant une véritable discipline entre ses membres et en essayant de maintenir des prix minimum en jouant sur les quantités mises sur le marché. Cela n'a pas été possible sur la longue durée pour la bonne raison que les objectifs de ses membres ne sont pas homogènes. Les besoins financiers de l'Algérie, pays en voie d'industrialisation à forte croissance de la population et à réserves pétrolières limitées, ne sont pas ceux du Koweit ou de l'Arabie Saoudite, pays à faible population et à réserves abondantes. Les objectifs politiques ne sont également pas les mêmes entre l'Iran et la Lybie face à l'Arabie Saoudite et au Venezuela. Ainsi, en 1995, les dépassements de l'Indonésie et du Venezuela ont déstabilisé le marché, malgré les efforts de l'Arabie Saoudite.

Aujourd'hui, le marché du pétrole est devenu un marché éclaté où il n'y a pas de véritable position dominante, une des preuves étant que depuis 1989, il n'y a plus de prix officiels mais uniquement des prix indicatifs. Il n'en reste pas moins que le pétrole demeure un marché politiquement très sensible, ne serait-ce que par la concentration des 2/3 des réserves mondiales au Moyen-Orient et l'instabilité politique de cette région.

Les marchés du pétrole

Le développement de la concurrence sur le marché du pétrole se traduit par l'existence de cinq prix indicatifs :

– le prix du brut Opep (généralement l'Arabian Light) sert de prix de référence ;

– le prix du brut non-Opep qui est généralement supérieur au prix du brut Opep ;

– les **prix spots** sont issus d'une libre confrontation de l'offre et de la demande et sont ainsi la référence principale des transactions. Les principaux marchés libres sont celui de Rotterdam (pétrole Brent de la mer du Nord), New York (pétrole West Texas, WTI) et Singapour (pétrole de Dubaï) ;

– le prix du pétrole à terme est défini par les marchés des contrats à terme sur le pétrole. Quatre grands marchés à terme rassemblent la quasi-totalité des futurs sur le pétrole : le Nymex (New York) pour le WTI, l'International Petroleum Exchange à Londres pour le Brent, le Simex à Singapour et à une moins grande échelle le Roeffex à Rotterdam ;

– le prix « net-back » est un prix qui fait référence aux cours des produits raffinés.

Les marchés sont animés par des négociants, qui peuvent être soit des compagnies pétrolières (Shell, BP, Mobil) ou des sociétés de courtage (Glencore, Phibro, Bulk Oil, L. Dreyfus...).

Les marchés à terme sur le pétrole
(en milliers de contrats)

	1995	1996	1997	1998
Nymex (brut)	23 613	23 487	24 771	30 495
IPE (Londres) (brut)	9 773	10 075	10 301	13 861
Simex (Singapour) (brent)	73	63	33	32

Source : *Cyclope*, 1999.

lire aussi **Marchés dérivés - Matières premières**

PORTEFEUILLE (THÉORIE DU)

Harry Markowitz, en 1952, propose la première formulation d'une approche normative du choix d'investissement dans un portefeuille d'actions. Ses travaux sont la base des modèles pratiques de gestion des portefeuilles boursiers.

Rendement et risque d'un portefeuille

Les investisseurs sont amenés à investir dans plusieurs actions, plusieurs obligations. Ils constituent ainsi un portefeuille et sont alors en droit de se demander si ce dernier est le plus performant.

• Mesurer le risque et le rendement d'un portefeuille

H. **Markowitz** a construit son modèle en posant les hypothèses de base suivantes :

– la performance future d'un portefeuille se caractérisera par la moyenne et la variance (mesure du risque) de la distribution de ses rendements futurs ;

– les investisseurs sont rationnels et ont une aversion pour le risque. Cela les conduit à toujours préférer le rendement le plus élevé pour un risque donné, et le risque le plus faible pour un rendement fixé ;

– des conditions précises quant à l'anticipation et la connaissance des rendements sur un horizon unique d'une période conduit les investisseurs à ne pas chercher à mettre une seule valeur dans leur portefeuille.

Supposons un portefeuille composé de deux actifs risqués, l'action A et l'action B. 60 % du portefeuille a été investi dans A et 40 % dans B. L'espérance de rendement de A (E (R_A)) est de 10 % et celle de B (E (R_B) est de 15 %. Le rendement espéré du portefeuille (E (Rp)) constitué de A et de B sera la moyenne des rendements des titres pondérée par leur poids X, soit :

$E(Rp) = X_A \times E(R_A) + X_B \times E(R_B) = (0,6 \times 10\,\%) + (0,4 \times 15\,\%) = 12\,\%$

En généralisant pour n valeurs :

$$E(Rp) = \sum_{i=1}^{n} X_i \, E(R_i)$$

Dans l'article « risque », nous montrons que le risque est la possibilité d'une variable réelle d'être différente de sa variable attendue. Plus la dispersion possible par rapport à la moyenne est forte et plus le risque sera élevé. Statistiquement, cela se mesure par la **variance** ou la racine carrée de celle-ci, appelée « **écart-type** ». Le risque d'un portefeuille sera donc mesuré par sa variance (ou son écart-type). Il sera donc fonction du risque des différents actifs risqués le composant. Or, les comportements de ces derniers peuvent être différents. Ainsi le titre A peut évoluer dans le même sens que la valeur B (la **corrélation** est dite « **positive** »), mais avec une amplitude différente : quand A croit de 1 %, B peut croître de 2 %, mais elles peuvent évoluer en sens inverse (la **corrélation** est dite « **négative** ») : quand A augmente de 1 %, B peut baisser de 1 %. Pour illustrer cela, supposons qu'un gouvernement relance fortement la consommation. Toutes les entreprises de la grande distribution vont travailler plus et leur cours de bourse sera orienté à la hausse. Mais comme les agents économiques épargneront moins, toutes les valeurs fortement liées au niveau de l'épargne verront leur cours s'orienter à la baisse. Ce phénomène nous montre que le comportement du rendement d'une valeur peut avoir une influence sur le rendement d'une autre, et donc sur celui du portefeuille. Statistiquement parlant, cette relation se mesure par la **covariance** ($cov_{i,j}$). La covariance entre deux variables i et j est le produit du coefficient de corrélation des deux valeurs par l'écart-type de i et l'écart-type de j. Dans le cas de n valeurs, le risque du portefeuille, sa variance Vp, sera égale à :

$$Vp = \sum_{i=1}^{n} \sum_{j=1}^{n} X_i \times X_j \times (cov_{i,j}), \text{ notée } \sigma_p^2$$

Sur ces bases statistiques, tout portefeuille sera caractérisé par son espérance de rendement et son risque.

• Le choix du meilleur portefeuille

Face à lui, un investisseur a le choix entre de multiples portefeuilles combinant non seulement les actifs risqués entre eux, mais leur proportion même. Les possibilités sont extrêmement nombreuses. Pour choisir le portefeuille qui est le plus adapté à son aversion au risque, l'investisseur doit théoriquement étudier toutes les combinaisons possibles. Cet ensemble des possibles peut se représenter sur un graphique :

L'ensemble des possibles

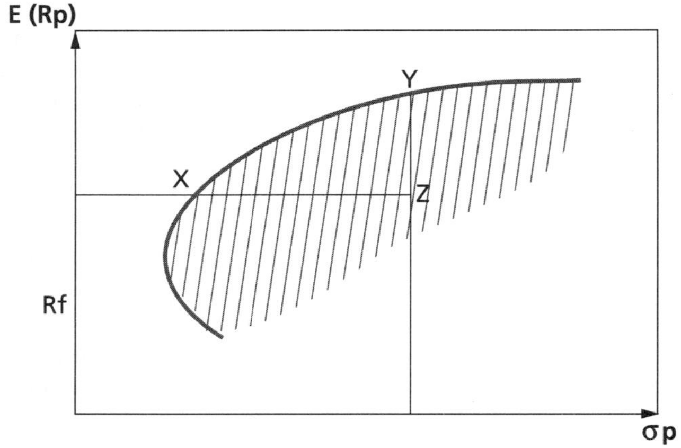

Tous les portefeuilles potentiels sont à l'intérieur et sur la frontière des possibles. Les investisseurs étant rationnels, ils préféreront Y à Z, puisque pour le même risque, ils auront un rendement supérieur. De même, ils préféreront X à Z, puisque pour un même rendement, ils ont un risque inférieur. Les portefeuilles X et Y ne peuvent voir leur performance améliorée : ils sont dits efficaces. Tous les **portefeuilles efficaces** (à risque donné, il n'y a pas de rendement plus élevé et à rendement donné, il n'y a pas de risque plus faible) constituent la **frontière d'efficience** (en gras sur le graphique). Un investisseur rationnel ne peut faire autrement que de choisir un portefeuille sur la frontière d'efficience. Quant au choix entre X et Y, il dépendra de l'aversion au risque de l'investisseur et de sa fonction d'utilité.

Jusqu'à présent, le modèle présenté considère que les investisseurs ne placent leur épargne que sur des actifs risqués. Mais, sur les marchés, existe un **actif sans risque**, c'est-à-dire un actif dont la variance est théoriquement nulle, et qui est généralement assimilé, dans les pays développés, à un titre émis par l'État. Rien n'empêche les investisseurs d'affecter une partie de leur portefeuille dans cet actif sans risque. Sur le graphique ci-après, nous nous apercevons qu'en incluant de l'actif sans risque dans le portefeuille X, nous obtenons le portefeuille T qui le domine, puisque, pour un même rendement, il est d'un risque inférieur.

L'ensemble des possibles intégrant un actif sans risque

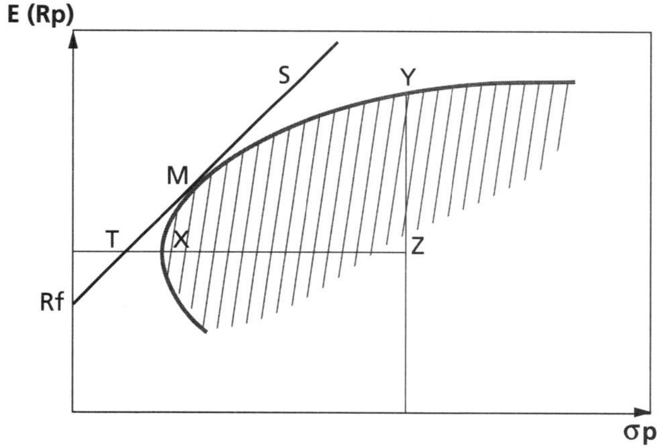

Ainsi, en prenant en compte l'actif sans risque, la frontière d'efficience des portefeuilles est la droite Rf.M. Remarquons qu'un épargnant ayant une aversion totale au risque investira la totalité de son portefeuille dans l'actif sans risque ; il aura le rendement le plus élevé possible pour un risque nul. Ce serait le cas d'un placement entièrement réalisé en bons du Trésor.

La théorie du portefeuille envisage ensuite qu'un investisseur investisse plus que son épargne en empruntant (par hypothèse au taux de l'actif sans risque) et en plaçant cet emprunt dans des actifs risqués. Son objectif est de bénéficier de l'écart existant entre le taux de son emprunt et le rendement de ses placements, espéré supérieur. Mais bien évidemment son risque augmente. Une telle attitude est matérialisée par le portefeuille S. La droite Rf.M.S devient ainsi une nouvelle frontière d'efficience. Elle représente toutes les possibilités de portefeuille efficient. Un investisseur rationnel se situera automatiquement sur elle, et ce en fonction de son aversion au risque.

• La droite de marché

La droite Rf.M.S est donc la frontière d'efficience, représentant les portefeuilles efficaces qui acceptent toute possibilité de prêt ou d'emprunt. Quant au portefeuille M, il présente des caractéristiques particulières. Il est le point de tangence entre la droite Rf.S, frontière d'efficience des portefeuilles mixtes, et la frontière d'efficience des portefeuilles composés uniquement d'actifs risqués. Tous les investisseurs étant rationnels, ils investiront obligatoirement dans ce portefeuille M d'actifs risqués, dont ils pourront réduire le risque en investissant une part de leur épargne dans l'actif sans risque (droite Rf.M), ou au contraire accroître le rendement (et le risque) en empruntant pour investir plus dans M (droite M.S). Si tous les investisseurs achètent M et qu'ils possèdent tous les actifs risqués, le portefeuille M regroupe tous les actifs risqués du marché dans la proportion de leur capitalisation (nombre de titres multipliés par le cours) sur la capitalisation totale du marché (somme des capitalisations des titres). C'est pour cela que le portefeuille M est appelé le **portefeuille de marché**.

Le portefeuille de marché est ainsi à l'origine d'un des plus grands théorèmes de la finance et de la décision d'investissement : le **théorème de séparation** énoncé par J. **Tobin** en 1958. Ce théorème montre que les investisseurs n'ont qu'à s'intéresser, en fonction de leur utilité, à la quantité d'argent qu'ils vont emprunter ou prêter (investissement dans l'actif sans risque), ils n'ont pas à s'intéresser à la nature des actifs risqués qu'ils vont acheter puisqu'ils ne peuvent pas faire autrement, vu leur rationalité, qu'investir dans le portefeuille de marché M, caractérisé par son espérance de rendement E (R_M) et son risque σ_M.

La droite Rf.M.S est appelée la **droite de marché** (***capital market line*** en anglais). Son équation permet de mesurer le rendement attendu d'un portefeuille efficace selon son risque (σ_p) :

$$E(Rp) = Rf + ((E(R_M) - Rf) / \sigma_M) \times (\sigma_p)$$

Ainsi, l'espérance de rendement d'un investissement dans un portefeuille efficace se décompose entre trois éléments.

– La rémunération de l'actif sans risque est le véritable prix du temps et de la renonciation à la consommation. Ainsi, aucun placement risqué ne peut rémunérer moins que l'actif sans risque, d'où la très forte attention portée par les marchés aux taux pratiqués par l'État.

– (E (R_M) – Rf) représente l'accroissement de rentabilité quand un investisseur accepte de prendre des risques et d'investir dans le portefeuille M. C'est la prime absolue de risque du marché. Plus elle est élevée, et plus le risque est rémunéré. Plus elle se rapproche de zéro, et moins le risque est rémunéré. Nulle ou négative, elle est le signe d'une prochaine correction forte du marché financier. En effet, les investisseurs, voyant que le risque n'est plus rémunéré, vont vendre massivement leurs actifs risqués, entraînant une chute des cours qui ne sera stoppée que quand elle sera suffisante pour que les investisseurs puissent espérer que $E(R_M) > Rf$. Cela s'est passé lors du krach d'octobre 1987.

– La pente de la droite de marché $((E(R_M) - Rf) / \sigma_M)$ mesure le prix d'une unité de risque et σp le niveau de risque du portefeuille P : plus il sera élevé et plus l'espérance de rendement exigée sera forte.

C'est sur ces fondements que la théorie du portefeuille explique le comportement de l'investisseur rationnel. Mais sa mise en œuvre pratique pose de nombreuses difficultés.

Le risque d'un portefeuille

• Le modèle de marché

La difficulté posée par les travaux de Markowitz réside dans la taille des calculs à effectuer sur les covariances. De plus, il apparaît difficilement réalisable de constituer un véritable portefeuille de marché, comprenant tous les actifs risqués du marché. **W. Sharpe** a proposé en 1963 un modèle de marché réduisant le nombre de variables nécessaires pour l'obtention d'un portefeuille efficace.

Sharpe a démontré que le rendement d'un actif risqué pouvait s'exprimer par l'équation suivante :

$$R_i = æ_i + ß_i R_M + \mu_i$$

$æ_i$ représente ce que rapporterait l'actif risqué i si le rendement du marché était nul. $æ_i$ est une constante caractéristique de la valeur i.

$ß_i$ est un coefficient de volatilité mesurant si l'actif risqué i amplifie ($ß_i > 1$) ou amortit ($ß_i < 1$) les variations du rendement du portefeuille de marché R_M. R est une variable aléatoire.

μ est une variable aléatoire représentant le terme d'erreur de la droite de régression, c'est-à-dire la mesure des écarts entre la valeur donnée par le modèle et celle constatée dans la réalité.

Le modèle de Sharpe

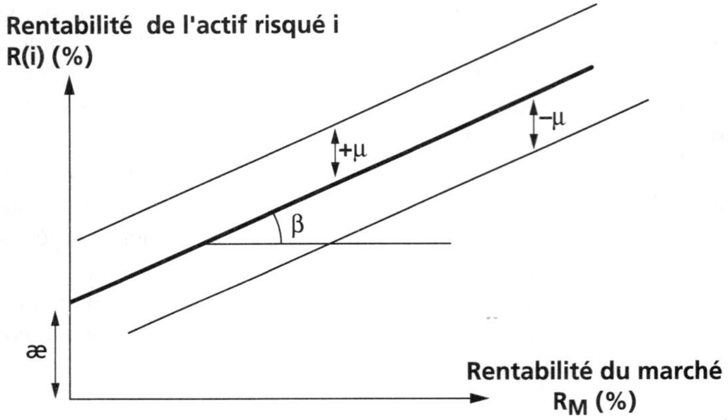

• La diversification du risque

Le risque d'une valeur, mesuré par la variance $V(R_{(i)})$, à travers le modèle de marché se réduit à deux composantes (la variable æ n'ayant pas de variance puisqu'il s'agit d'une constante) :

$$V\,(R_{(i)}) = ß^2{}_i \times V\,(R_{(M)}) + V\,(\mu_{(i)})$$

Risque total de i = Risque systématique + Risque spécifique

Le **risque systématique** est strictement lié au risque du marché financier. Celui-ci enregistre les conséquences des grands événements macro-économiques et politiques : croissance, inflation, tensions politiques. Le coefficient ß, coefficient de volatilité, montre comment l'actif risqué amplifie ou réduit les réactions du marché aux événements de l'environnement économique et socio-politique.

Le **risque spécifique** découle des caractéristiques propres de la valeur i ; dans le cas d'une action émise par une entreprise, il sera directement soumis aux caractéristiques propres de l'entreprise i.

La théorie financière du portefeuille montre que la logique de constitution d'un portefeuille doit être l'élimination des risques spécifiques. Ainsi, le portefeuille de marché n'a pas de risque spécifique : il est parfaitement et totalement diversifié. Dans la réalité, le choix de plusieurs valeurs pour constituer un portefeuille, appelé

« **diversification** », doit conduire à réduire le risque spécifique :

Risque spécifique et risque systématique

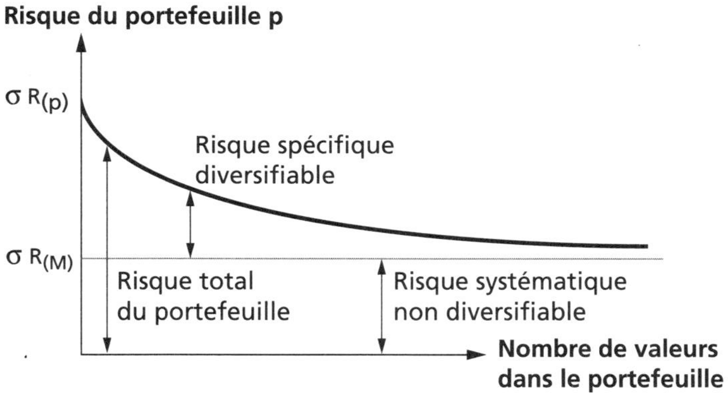

Il est clair que la diversification ne joue que si les valeurs choisies ont des risques spécifiques opposés. Actuellement, la plupart des experts sont d'accord pour dire qu'un portefeuille composé d'une vingtaine de valeurs, correctement diversifiées, permet d'éliminer le risque spécifique, qui sera dit « **risque diversifiable** », et de rémunérer que le **risque** systématique, dit « **non diversifiable** ». Attention, investir tout son portefeuille dans le même secteur économique peut accroître le nombre de valeurs mais ne permet pas de diminuer le risque spécifique. Ainsi, la théorie du portefeuille propose :

– un guide de comportement de constitution des portefeuilles boursiers ;

– une règle simple d'évaluation des portefeuilles : seul le risque de marché doit être rémunéré ;

– une explication des comportements des Sicav et autres FCP, qui, grâce à leur savoir-faire et à une diversification judicieuse, sont à même de réduire les risques spécifiques et offrir des rémunérations proches de celle du portefeuille de marché ;

– une consistance scientifique au vieux proverbe : « ne pas mettre tous ses œufs dans le même panier ».

lire aussi **Actif financier - Risque**

PRIVATISATION

Ayant la volonté de réduire le rôle de l'État dans l'économie et de développer un actionnariat individuel, la quasi-totalité des nations européennes, mais aussi le Japon et l'Australie, ont engagé dans les années 80 un processus de retour au privé d'un certain nombre de sociétés appartenant à l'État.

La remise en cause du rôle de l'État

• Pourquoi des nationalisations ?

À partir de la crise économique des années 30 et de la relance des économies après la Seconde Guerre mondiale, les États ont été des acteurs de plus en plus présents dans la vie économique. Une de leurs modalités d'intervention a été de prendre le contrôle de tout (**entreprise nationalisée**) ou partie (**société d'économie mixte**) du capital de certaines entreprises. Le choix de ces entreprises peut relever de raisons économiques ou politiques.

La première cause économique de nationalisation était la volonté des États de constituer dans un secteur donné une entreprise de grande taille, ayant la capacité de se moderniser et d'être concurrentielle au niveau international (cas du transport aérien, de la banque). Les États ont été ensuite amenés à prendre le contrôle de sociétés connaissant des difficultés économiques et dont le rôle était jugé essentiel pour le devenir économique de la nation (cas des chemins de fer, du transport maritime). La troisième cause économique était d'éviter la constitution d'un monopole privé qui aurait pu pratiquer des prix contraires aux intérêts de la nation (énergie). Les États sont également devenus propriétaires de sociétés jugées vitales pour la sécurité du pays, notamment en matière d'approvisionnement. Dans une démarche autant politique qu'économique, la propriété étatique était justifiée par le fait que des entreprises publiques pouvaient combler les carences du marché. En effet, peu d'investisseurs privés étaient censés avoir les moyens et auraient accepté de prendre le risque nécessaire au développement d'autoroutes, d'aéroports, de centrales nucléaires. Enfin, certains ont vu dans la nationalisation la possibilité d'expérimenter de nouvelles politiques sociales, ainsi Renault avait été décrit comme la vitrine sociale de la France. Bien évidemment, toutes ces raisons économiques peuvent se combiner.

Dans les pays en voie de développement, les nationalisations ont, par ailleurs, longtemps été considérées comme un facteur d'accélération et d'orientation de la croissance.

En se référant uniquement aux pays développés à économie de marché, les raisons politiques font référence soit à des sanctions (nationalisation de Renault pour cause de collaboration pendant la guerre), soit à des programmes idéologiques. Ainsi, en France, suite à la première élection du président Mitterrand, les nationalisations ont été motivées par une préférence pour les structures nationales (les grandes entreprises avaient à privilégier les fournisseurs et la main-d'œuvre nationaux) et par la volonté d'introduire dans les choix d'investissement une dimension plus sociale et plus collective. Dans les pays socialistes, industrialisés ou en développement, les nationalisations s'appuyaient sur l'idéologie marxiste et la propriété collective des moyens de production était un des moyens de la négation des fonctions d'allocation et de stimulation du marché.

La France n'est pas la seule nation industrialisée à avoir connu des nationalisations (deux vagues principales : 1945 et 1981). Ce mode de gestion s'est retrouvé au Royaume-Uni (British Airways, British Telecom...), en Allemagne de l'Ouest (Lufthansa, Volkswagen...), au Japon (Japan Air Lines, Nippon Telegraph Telecom...) ou en Australie (Qantas...). En dehors des États-Unis et du Canada, l'ensemble des pays industrialisés à économie de marché a utilisé les nationalisations, essentiellement entre 1945 et 1960. Tous ont entrepris le mouvement inverse à partir de 1980, à l'exception notable de la France entre 1981 et 1983.

• Les raisons des privatisations

Remise en cause du mode de croissance, internationalisation croissante des économies, hausse des taux d'intérêt réels, ralentissement de l'activité économique sont autant d'éléments qui ont conduit les nations industrialisées à s'interroger sur l'efficacité de l'intervention de l'État dans l'économie. À cela s'est ajoutée une dénonciation du poids des déficits budgétaires publics sur les économies nationales. La volonté des pays, notamment européens, de s'engager dans un processus de monnaie stable et d'internationalisation est devenue incompatible avec la croissance des déficits publics. En effet, ces derniers sont financés, soit immédiatement par l'impôt (mais le poids des prélèvements obligatoires a une limite), soit dans le temps par l'émission d'emprunts obligataires. Or, l'épargne qui finance les emprunts d'État est de ce fait détournée des entreprises du secteur privé : c'est un **effet d'éviction**. La question est donc de savoir si les dépenses engagées par l'État seront aussi efficaces, en termes d'activité et d'emplois, que si elles avaient été engagées par le secteur privé. Dans la mesure où les organismes publics ne fonctionnent pas dans une logique de stimulation marchande et que la rentabilité sociale est préférée à la rentabilité économique, la réponse est plutôt négative, notamment à court terme.

C'est pour cette raison que les États ont souhaité restituer au secteur privé les entreprises publiques du secteur productif et concurrentiel, fortement encouragés, dans l'Union européenne, par la Commission européenne favorisant les programmes de déréglementation des secteurs industriels (télécommunications par exemple). La cession des actions des entreprises publiques permettra aux États de ne plus avoir à financer la croissance de ces dernières, encore que, notamment en France, l'État n'ait pas véritablement joué son rôle d'actionnaire, obligeant ainsi les entreprises publiques à se financer par dettes. Ensuite, la cession des titres par l'État rapportera de l'argent frais dans ses caisses et contribuera à très court terme à réduire son déficit.

Dans les pays nouvellement industrialisés d'Amérique latine ou dans les pays les moins avancés d'Afrique, des mouvements de privatisation se dessinent. Ils sont liés à un processus de réorganisation de ces économies vers plus d'ouverture et de compétitivité. Ils sont fortement encouragés (exigés ?) par la Banque mondiale et le Fonds monétaire international qui conditionnent leur aide financière à une plus grande libéralisation. Mais dans ces pays, les privatisations se heurtent à l'inefficience des marchés financiers.

Les modalités d'une privatisation

• L'organisation d'une opération de privatisation

Techniquement, privatiser une entreprise nationalisée revient à lui donner une valeur et à mettre en vente ses titres sur le marché financier, où ils peuvent être achetés par des investisseurs institutionnels ou des particuliers. La France a connu deux grandes vagues de privatisations : la première en 1986 et 1987, et la seconde a démarré en 1993 et n'est toujours pas close en 1996.

La première question qui se pose à un gouvernement est de choisir les entreprises à privatiser. En effet, il n'est concevable de mettre sur le marché financier que des sociétés saines, concurrentielles et offrant un niveau de performance (couple rendement-risque) acceptable. Or, des entreprises du secteur public peuvent être en difficulté, peuvent avoir besoin de réorganisation. Le retour à une compétitivité est une nécessité absolue, tant pour permettre à ces futures sociétés privées de faire face à leurs concurrents, que pour satisfaire leurs futurs actionnaires. Seront donc privatisées les firmes jugées les plus compétitives. Cela a été le cas de Saint-Gobain ou de Rhône-Poulenc, alors qu'en 1996 Thomson attend la fin de sa restructuration et Air France de redevenir bénéficiaire avant d'être présentées aux investisseurs. Notons que ce problème de compétitivité et de restructuration a été, et demeure, la principale difficulté des privatisations dans les ex-pays communistes d'Europe.

Une fois choisie, l'entreprise devra être valorisée. Si l'État ne possède qu'une partie du capital et qu'une autre partie soit cotée (cas de Elf Aquitaine), le problème de l'évaluation est résolu puisqu'il existe un cours de bourse. Restera à choisir le moment le plus favorable pour monter l'opération. Si l'entreprise est nationalisée (100 % des titres appartiennent à l'État), il n'existe aucune valeur. Une évaluation doit donc être pratiquée. Elle ne serait pas crédible si elle était réalisée par l'État. Ainsi, en France, le ministère des Finances, sous l'égide d'une **Commission de la privatisation** composée d'experts nommés par décret, lance un appel d'offres auprès des grandes institutions financières et des grands cabinets d'audit afin de choisir celui à qui sera confié non seulement l'évaluation, mais aussi la logistique de la privatisation. En effet, en dehors des problèmes extrêmement complexes d'évaluation, il faut valider le prix proposé et organiser le placement des titres auprès des investisseurs.

Une fois le prix validé par la Commission de la privatisation, ce dernier constitue un prix plancher pour le gouvernement. La mise sur le marché des titres se fait par une **offre publique de vente (OPV)** : quelle que soit la demande des investisseurs, ce prix ne peut être modifié. Seule la demande peut être réduite : par exemple, s'il y a dix fois plus de titres demandés qu'offerts, chaque demande peut être réduite à 10 %. Mais le gouvernement conserve une certaine latitude : non seulement il peut décider de servir en priorité les petits ordres, mais aussi il peut décider de la constitution de noyaux d'actionnaires stables. Ces derniers, généralement des institutions financières, prennent une part significative du capital (au mois 3 %) de la privatisée afin de constituer un ensemble homogène d'actionnaires pouvant protéger les privatisées de toute offre publique inamicale. Il est à noter que l'internationalisation croissante du marché français et la volonté de vendre des titres à des investisseurs étrangers ont fortement limité cette pratique à partir des privatisations de 1993. Le Royaume-Uni, initiateur des privatisations en Europe avec Mme Thatcher, a mis en œuvre une méthode de **préplacement** (**bookbuilding**) qui revient à demander aux institutions financières et aux banques quelles quantités de titres et à quel prix elles sont prêtes à acquérir. Cela permet de valider par le marché l'évaluation proposée et de garantir la bonne fin de l'opération. Cette technique est aussi utilisée en France.

• Privatisation et actionnariat individuel

En France, les privatisations ont été aussi le support d'une opération de développement de l'actionnariat individuel. Cela concerne tout d'abord les salariés des entreprises privatisées qui peuvent acquérir des actions dans des conditions privilégiées. Mais surtout, les gouvernements qui ont géré les privatisations ont voulu créer chez les Français un plus grand réflexe d'épargne financière. L'étude annuelle de la SBF-Bourse de Paris, la Banque de France et de la COB sur les porteurs de valeurs mobilières montrait, au terme de la première vague de privatisations, que « sur les 5,5 millions d'actionnaires que comptait la France en avril 1995, environ 4,5 possédaient des actions d'au moins une des sociétés privatisées depuis 1986/87 et 2,8 possédaient exclusivement des actions de ces sociétés, soit respectivement 85 et 53 % de l'actionnariat des sociétés cotées ».

Quant au fait de savoir si un investissement sur les privatisées est une bonne affaire, la réponse est que, là aussi, la sélectivité est nécessaire et que l'achat d'actions de privatisées doit être intégré dans une logique de diversification des portefeuilles.

Sociétés	Offre publique de vente		Cours au 3 janvier 2000
	Date	Prix (en francs)	
Aérospatiale Matra	03.06.1999	126	139,91
AGF-Assurances générales de France	29.05.1996	128	348,31
Air France (groupe)	22.02.1999	91,83	129,15
BNP	12.10.1993	240	606,76
Bull	28.04.1997	36	50,96
CNP Assurances	06.10.1998	149	247,29
Crédit Lyonnais	29.06.1999	168	288,62
DEXIA France	23.06.1993	386	1 056,09
Elf Aquitaine	12.02.1994	385	978,03
France Telecom	20.10.1997	182	859,30
Pechiney Ord. A	18.12.1995	187	472,28
Renault	10.11.1994	165	320,10
Aventis	23.11.1993	135	370,61
SEITA	20.02.1995	129	276,81
Thomson Multimédia	03.11.1999	141,03	353,56
Usinor	04.07.1995	86	124,10

lire aussi **Actionnaires - Marchés émergents - Offre publique**

RISQUE

Investir dans un actif financier revient à accepter les prévisions de ses flux futurs de revenu. Mais la réalisation de ceux-ci est incertaine. De cette incertitude, naîtra un risque financier qui devra être rémunéré.

Le risque financier

• Mesurer le risque

La valeur d'un actif financier est fonction de ses revenus futurs. Pour un immeuble, il s'agira des loyers et du prix de revente, pour une action, des dividendes et du prix de cession. Si le principe est simple à comprendre, il est plus difficile d'établir les flux prévisionnels de revenus. Si ces derniers étaient connus à l'avance de manière précise et immuable, la décision d'achat se prendrait en avenir certain. Mais si cela n'est pas le cas, la décision se fera dans un contexte risqué. Il s'agit alors d'anticiper les différents événements pouvant survenir et leur attacher une probabilité de réalisation. Prenons un exemple : soient deux projets d'investissement A et B qui rapporteront respectivement les flux suivants selon la réalisation de l'événement 1 ou de l'événement 2 :

	A	B
E1	75	50
E2	125	150

Comment choisir entre ces deux projets dont les flux de revenu sont différents selon que l'événement se réalise ou non ? Supposons que l'événement 1 ait une chance sur deux d'arriver (probabilité = 0,5), il en est de même pour l'événement 2. Nous pouvons donc calculer l'espérance mathématique de flux futur de chacun des projets (moyenne pondérée par les probabilités) :

E (A) = (0,5 × 75) + (0,5 × 125) = 100
E (B) = (0,5 × 50) + (0,5 × 150) = 100

A et B ont une espérance mathématique de flux futur identique ; en achetant A ou B, il est en moyenne possible de gagner la même chose. Mais ceci est totalement illusoire, car aucun des deux projets ne rapportera en réalité 100. Nous nous apercevons que si le projet B peut rapporter plus que le projet A, il peut aussi rapporter moins. Un individu qui aime le risque préférera B à A. Nous comprenons intuitivement que le risque se mesure par l'amplitude des résultats futurs attendus. Techniquement, cela se chiffre par une mesure statistique, l'**écart-type**, noté σ. Ce dernier mesure les écarts par rapport à la moyenne. Moins il est élevé, plus les valeurs sont resserrées autour de la moyenne et plus grandes seront les chances de voir se réaliser une valeur proche de cette moyenne (et inversement). Ainsi, sur le graphique ci-après le projet X est moins risqué que le projet Y.

Une comparaison de deux projets par rapport au risque

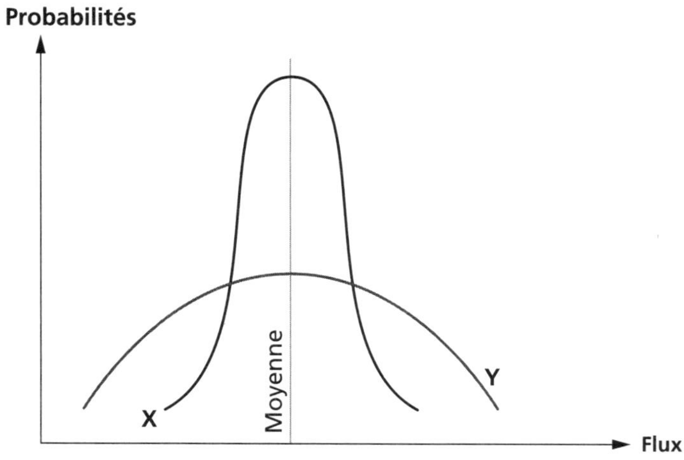

Dans notre exemple précédent, σ (A) = 25 et σ (B) = 50. Le projet B est plus risqué que le projet A, et ce bien qu'en moyenne il dégage les mêmes flux.

• Les composantes du risque

Le risque recouvre donc une situation où les flux de revenus d'un actif, physique ou financier, peuvent être affectés par la réalisation d'événements, dont la probabilité de survenance sera calculée.

En finance, trois catégories de risque sont distinguées. La première est constituée par le **risque de prix** : quelle est la possibilité pour une valeur mobilière de ne pas procurer les revenus envisagés ? Il s'agit non seulement de la réalisation du revenu nominal, mais aussi du pouvoir d'achat de ce revenu. Ainsi, envisager des niveaux différents de chiffre d'affaires, de charges et de bénéfice constituent une illustration du risque de prix d'une action, au même titre qu'envisager de fortes variations de taux d'intérêt pour une obligation. Les différentes inconnues concernant le prix de revente d'un actif sont constitutives de son risque de prix.

La deuxième composante du risque est un **risque de signature**. Il recouvre l'incapacité de l'émetteur de l'actif financier de payer la rémunération ou d'assurer le remboursement (cas des dettes). La faillite d'une entreprise est la réalisation de ce risque de signature. Enfin, le troisième niveau de **risque** est **lié à la liquidité de l'actif** : plus le marché d'un actif est liquide et plus il sera aisé de le vendre, et inversement. Acquérir des actifs financiers dont le marché est faiblement liquide est un facteur d'accroissement du risque, car pour pouvoir le vendre, il faudra peut-être accepter une forte baisse de son prix ou attendre longtemps.

La rémunération du risque : la rentabilité

• Rendement et rentabilité

Détenir un actif financier, c'est renoncer à une consommation immédiate. Cette renonciation et le report, plus tard dans le temps, d'une consommation sont compensés par la perception d'une rémunération, prix du temps. Cette dernière est composée des revenus distribués à chaque période et de la plus ou moins-value réalisée à la revente. Ces deux composantes de la rémunération appellent une distinction de vocabulaire, malheureusement trop rarement faite en France. Rapporter le revenu périodique d'un actif à son prix (dividende/cours de l'action ou intérêt/cours de l'obligation) revient à mesurer le **rendement** (***yield*** en anglais) de l'actif. Par contre, calculer le taux qui égalise le prix d'achat d'un actif à la somme de ses revenus périodiques et à la plus ou moins-value dégagée revient à calculer sa **rentabilité** (***return*** en anglais). Sur une période, la rentabilité est égale à :

> ((Prix de vente – Prix d'achat) + Revenu de la période) / Prix d'achat

Sur plusieurs périodes (x par exemple), le taux de rentabilité est le taux t qui égalise l'équation suivante :

$$\text{Prix d'achat} = \sum_{n=1}^{x} (\text{revenus périodiques})_n / (1 + t)^n + \text{Prix de vente} / (1 + t)^x$$

Attention, en français, le mot rendement est souvent utilisé pour désigner la rentabilité, c'est-à-dire l'ensemble des flux à attendre d'un actif financier.

• Le couple rentabilité-risque

Dans le cadre de la théorie financière traditionnelle, l'investisseur est rationnel. Cela signifie qu'il est capable de hiérarchiser des possibilités d'actions et leurs résultats, qu'il est capable de choix (présentant la caractéristique de transitivité) et qu'il maximise son utilité. Il est donc admis que l'investisseur rationnel va chercher à maximiser sa rémunération, mais il ne le fera pas à n'importe quel niveau de risque. Les exigences de rémunération des investisseurs seront d'autant plus fortes que les possibilités d'encaisser des revenus annuels et de récupérer le capital investi sont plus faibles.

Ainsi, toute augmentation du risque (accroissement de l'amplitude des rémunérations envisageables) devra se traduire par une augmentation de la rentabilité attendue. Ainsi, en finance, il y aura amélioration de la performance dès qu'à rentabilité identique le niveau de risque diminue, ou qu'à même niveau de risque la rentabilité augmente. Par contre, la performance financière diminue si l'augmentation du niveau de risque est plus forte que celle de la rentabilité, et si la rentabilité diminue à risque identique.

La relation entre rendement et risque

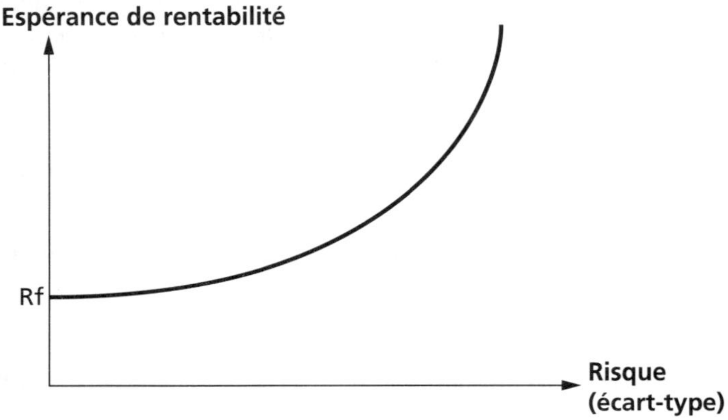

Cela permet de décider entre deux projets d'investissement qui ne rapportent pas en moyenne les mêmes flux et qui ne sont pas de risque (écart-type) identique. Il est alors possible de calculer, pour chaque projet, un coefficient de variation (CV).

CV = écart-type / espérance mathématique

Le projet ayant le coefficient de variation le plus faible est le moins risqué, comme le montre l'exemple suivant, les événements 1 et 2 ayant chacun une chance sur deux de se réaliser :

	C	D
Événement 1	100	50
Événement 2	300	450
Espérance de flux	200	250
Écart-type	100	200
CV	0,5	0,8

Le projet D, bien qu'offrant une espérance de rémunération plus forte, est nettement plus risqué que le C et sa performance est de ce fait inférieure.

Sur le graphique page 282, il existe un actif qui a une espérance de rentabilité de Rf pour un risque nul. Cela représente la rémunération attendue d'un **actif sans risque** (***risk free rate*** en anglais), c'est celle d'un actif n'ayant ni risque de prix, ni risque de signature, ni risque de liquidité. Il est généralement admis que les bons du trésor ou les obligations d'État peuvent constituer cet actif sans risque en Amérique du Nord et dans l'Union européenne. Il est donc clair que tout autre émetteur que l'État devra systématiquement offrir une rémunération supérieure à l'actif sans risque. Cela explique l'importance qu'ont, aux yeux des opérateurs financiers, les taux d'intérêt versés par l'État.

• Les attitudes face au risque

Le concept de risque est donc un facteur clé de la décision financière. Celle-ci sera fonction du degré d'acceptation ou d'aversion au risque propre à chaque individu. Pour les financiers, l'attitude face au risque d'un agent est liée à son attitude vis-à-vis de sa richesse, de son patrimoine. Dans quelle mesure, l'augmentation de la richesse procure-t-elle plus ou moins d'utilité ?

La relation entre richesse et utilité

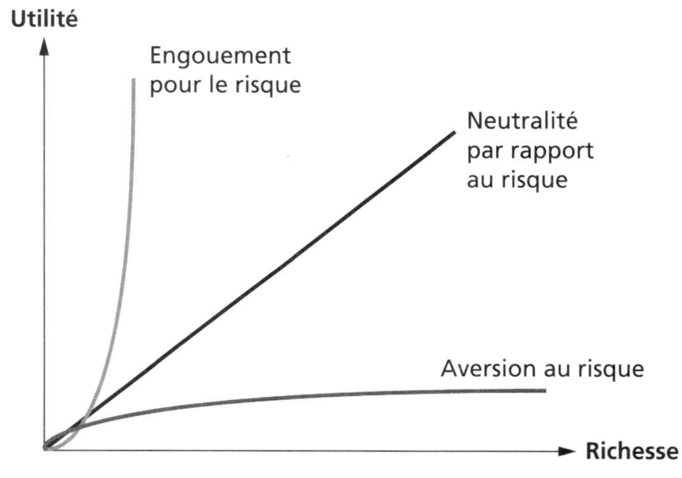

Quand l'utilité marginale est décroissante vis-à-vis de la richesse, cela révèle une aversion au risque puisque cela veut dire que perdre 1 F crée plus de désagrément que d'en gagner un. Il est communément admis que les investisseurs font preuve d'**aversion** au risque : cela les conduit à demander une augmentation de la rémunération chaque fois qu'ils perçoivent une augmentation du risque. Mais leur aversion au risque peut être différente. Ainsi, sur le graphique ci-après, l'investisseur A est celui qui est le plus opposé au risque (forte aversion) puisque par rapport à B et C il exige une augmentation bien plus forte de sa rémunération pour le même accroissement de risque.

Plusieurs degrés d'aversion par rapport au risque

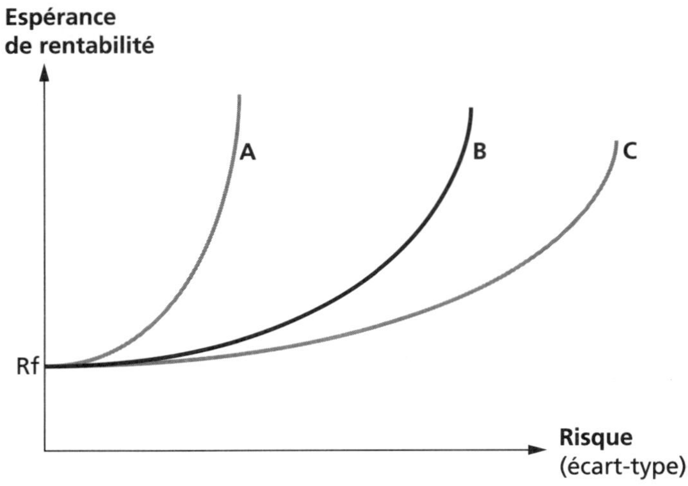

L'investisseur C est par contre celui qui a le moins de répugnance vis-à-vis du risque.

Cette conception de la performance financière est, en termes de rentabilité et de risque, une composante importante de l'évaluation des actifs financiers et de la constitution des portefeuilles boursiers.

lire aussi **Actif financier - Portefeuille (théorie du)**

SPÉCULATION

Acheter un actif pour le revendre plus cher relève d'une attitude spéculative qui, poussée à son paroxysme, peut mettre en danger les équilibres économiques fondamentaux.

Qu'est-ce que la spéculation ?

Dans *L'Argent,* E. Zola décrit minutieusement les milieux financiers de la fin du XIXe siècle. Il y brocarde allégrement quelques escrocs et montre le visage ambigu de la spéculation qui, tout en étant nécessaire, peut être sordide. À son héros Saccard, financier peu scrupuleux, proposant une opération spéculative à une de ses amies, Zola fait dire :

« Oui, la spéculation. Pourquoi ce mot vous fait-il peur ?... Mais la spéculation, c'est l'appât même de la vie, c'est l'éternel désir qui force à lutter et à vivre... Eh bien, sans la spéculation, on ne fait pas d'affaires, ma chère amie... Pourquoi diable voulez-vous que je sorte mon argent, que je risque ma fortune, si vous ne me promettez pas une jouissance extraordinaire, un brusque bonheur qui m'ouvre le ciel ?... Avec la rémunération légitime et médiocre du travail, le sage équilibre des transactions quotidiennes, c'est un désert d'une platitude extrême que l'existence, un marais où toutes les forces dorment et croupissent : tandis que, violemment, faites flamber un rêve à l'horizon, promettez qu'avec un sou on en gagnera cent, offrez à tous ces endormis de se mettre à la chasse de l'impossible, des millions conquis en deux heures, au milieu des plus effroyables casse-cous et la course commence, les énergies sont décuplées. »

À cette approche physique et cynique de la spéculation, se substitue celle proposée par J.-K. **Galbraith** (*L'Argent,* Idées/Gallimard) : « La spéculation se produit lorsque les gens achètent des valeurs, en s'abritant toujours derrière une rationalisation quelconque, parce qu'ils s'attendent à voir monter leurs prix. Cette attente suscite des actes qui servent à la justifier. Bientôt l'élément réel qui est visé cesse d'être l'intérêt que le bien en question (terre, marchandises, société par actions ou société d'investissement) rapportera dans l'avenir. Ce qui compte, c'est qu'il y ait assez de gens qui s'attendent à une hausse de prix de ce bien pour faire effectivement monter son prix, et ainsi attirer encore plus de monde, qui nourrira à son tour l'espérance de nouvelles hausses.

Le mécanisme est d'une simplicité primitive. Il ne dure que tant que l'on peut croire en une montée des prix. Si la hausse des prix rencontre un obstacle réel, les espérances de ceux qui entretiennent la hausse sont déçues ou du moins menacées. Tous ceux qui croient en une possible baisse – tous sauf les crédules et les optimistes invétérés dont on rencontre invariablement un grand nombre – tentent alors de tirer leur épingle du jeu. Quel qu'ait pu être alors le rythme de la croissance antérieure, qu'elle ait été lente ou rapide, la chute qui en résulte est toujours brutale. D'où la comparaison avec la lame, la scie à refendre ou le ressac qui se brise après la houle. C'est ainsi que la spéculation (et avec elle l'expansion économique) prit fin dans toutes les années de panique de 1819 à 1929. »

J.-K. Galbraith montre bien que le danger de la spéculation est de ne plus acheter un bien pour ses propres revenus mais pour participer à un mouvement de hausse, dont les raisons sont mal connues ou volontairement ignorées. Il est bien évident que moins on est informé des réalités économiques du bien, objet de la spéculation, et plus on a de chances d'être une victime du ressac.

La bonne et la mauvaise spéculation

Les comportements spéculatifs sont motivés par l'appât d'un gain éventuel sans lequel personne ne prendrait le moindre risque. Or, cette prise de risque n'est-elle pas nécessaire pour le fonctionnement de l'économie ? En effet, spéculer c'est, au départ, anticiper l'évolution.

Prenons un premier exemple : soit un chef d'entreprise qui doit acheter de la laine pour sa production du mois de décembre. Doit-il attendre décembre pour trouver un vendeur ? Quel sera le prix de la laine à ce moment-là ? Peut-on prendre la décision de produire sans connaître tous les coûts des composantes de la production ? Toutes ces questions montrent qu'il existe des risques à attendre le dernier moment, risques accrus par les variations du prix de la laine.

En effet, si, en juillet par exemple, les cours de la laine sont bas, ce chef d'entreprise ne doit-il pas en profiter pour avoir des coûts de revient plus faibles ? Dans ce cas, s'il achète, c'est qu'il pense que les prix vont augmenter d'ici décembre. En face de lui, il lui faut un acteur économique qui accepte de s'engager à lui vendre. Il faut donc qu'il y ait opposition des anticipations. Sur les marchés internationaux de matières premières, il y a de nombreuses personnes dont le métier est de rapprocher producteurs et utilisateurs, d'acheter et de vendre selon l'évolution des cours. Elles spéculent à longueur d'années, moins sur les quantités physiques que sur des équivalents papier, mais, sans elles, que se passerait-il ? Les utilisateurs de matières et les producteurs auraient des difficultés à se rencontrer, à connaître exactement l'évolution des quantités offertes et demandées, et ne pourraient pas se prémunir contre les fluctuations des prix. Cela gênerait considérablement l'économie et c'est pour cela que les économistes pensent qu'il y a une saine spéculation, qui existe pour tout actif financier. Cette spéculation est même absolument nécessaire sur les marchés dérivés : il ne peut y avoir protection, couverture de certains agents si d'autres ne prennent pas des risques, ne spéculent pas.

À l'inverse, si on entre dans le cycle infernal « la hausse appelle la hausse », si on trompe volontairement les acheteurs potentiels, si on achète ou si on vend sur « tuyaux », alors se développe une spéculation nocive. En effet, elle est mauvaise parce que les cours des actifs financiers ne seront pas fondés sur des éléments économiques réels, mais sur du vent et du sable.

Les phases d'une crise spéculative

De la crise des tulipes en Hollande en 1636 à la crise de l'immobilier en cette fin de XXe siècle en passant par la banqueroute de Law en France en 1720, les crises spéculatives sont nombreuses et apparaissent curieusement répétitives. Pourquoi l'histoire se répéterait-elle, y compris sur les mêmes actifs financiers (ainsi entre 1847 et 1857 quatre crises spéculatives se produirent sur les actions des sociétés de chemin de fer en Europe et aux États-Unis)?

• Spéculation, innovation et diffusion

Le point de départ d'un mouvement spéculatif, étranger à une liquidité équilibrée des marchés, réside le plus souvent dans une nouveauté, une innovation économique (les chemins de fer, un nouveau débouché), financière (sociétés par action, forme de crédit), politique (nouveaux territoires comme lors des spéculations sur les compagnies des Indes, le canal de Panama de Ferdinand de Lesseps).

Apparaît donc sur le marché, que ce soit sur les rives du Zuiderzee en Hollande au XVIIᵉ ou dans les salles informatiques de la banque Barings en 1995 à Singapour, l'espérance d'un rendement élevé. Mais si ce dernier est haut, c'est que le risque qui y est associé l'est aussi, et les premiers investisseurs le savent. Les risques des premiers marchands vers l'Inde, les risques de ceux qui participèrent au financement des économies dans les années 20 étaient loin d'être négligeables. Leur premier succès attira de plus en plus d'épargne.

C'est là que nous entrons dans la deuxième phase. Pour conduire à une crise, un mouvement spéculatif doit être alimenté, et son carburant c'est la monnaie. Il faut que les intervenants puissent acheter, il faut donc leur donner les moyens de le faire. À travers toutes les grandes crises spéculatives, ce moyen a été, sous une forme ou sous une autre, l'endettement. Le système de crédit des années 20 aux États-Unis ou les obligations « pourries » à haut taux d'intérêt (**junk bonds**) des années 80 sont un exemple d'alimentation du système en liquidités. Le principe est toujours le même : peu importe le prix (monétaire ou non) du crédit, le gain sera tellement élevé qu'il permettra de le couvrir. Ainsi, en Hollande, la hausse des prix sur les bulbes de tulipe fut telle que d'aucuns vendaient ou hypothéquaient leurs maisons à des conditions dérisoires pour pouvoir acquérir ce produit dont le prix ne cessait de monter.

• Spéculation et mimétisme

Nous entrons là dans la phase de diffusion du phénomène spéculatif. Tout le monde est attiré. La question est de savoir pourquoi. En réalité, plusieurs rationalités vont aller dans le même sens. Les premiers investisseurs voient croître leur richesse et certains peuvent être éblouis par la facilité de l'enrichissement. Ils sont rejoints par des naïfs, ignorant tout du marché et de la logique de la performance financière (couple rendement-risque), et ayant pour seule rationalité la seule plus-value. Il peut y avoir aussi des corrompus, dont la rationalité s'appuiera sur la manipulation de l'information : usage d'informations obtenues en priorité ou la diffusion de fausses informations, manipulations techniques (comptables ou informatiques) de données (cas de la banque Drexel Lambert et du célèbre golden boy Michael Milken à la fin des années 80). D'une manière générale se développe un phénomène de foule, un **mimétisme**. Tout le monde copie tout le monde.

Le mimétisme est chez **Keynes** une stratégie rationnelle, dans la mesure où l'acteur est capable d'appréhender un système d'actions et de conséquences. Le point de départ de Keynes est l'hypothèse d'ignorance des agents économiques, leur incapacité à anticiper le futur. Si un agent économique ne sait rien, il a tout avantage à imiter les autres, car si ces derniers savent il en retirera un gain. S'ils ne savent rien (et il est impossible de savoir s'ils savent), que l'agent prenne ou non en référence les autres ne se traduira par aucune différence, différence qu'il ne serait pas de toute façon en mesure d'apprécier. Il se construit donc une logique de l'autoréférence qui permet de comprendre pourquoi des sociétés restent sous- ou surévaluées en Bourse et ce malgré les informations issues de l'analyse financière fondamentale. Enfin, elle permet de comprendre comment les phénomènes spéculatifs prennent de l'ampleur, comment les bulles croissent au fur et à mesure de l'arrivée de nouveaux acteurs. Ces attitudes sont amplifiées par une croyance qui fait que dans « toutes les attitudes libérales..., il y a une forte tendance à croire que plus un individu possède ou gère d'argent... plus profonde et magistrale est sa vision des phénomènes économiques et sociaux, et plus subtils et pénétrants sont ces processus mentaux. (Un des facteurs) qui contribue à l'euphorie spéculative et à l'effondrement programmé, c'est l'illusion que l'argent et l'intelligence sont liés » (J.-K. Galbraith, *Brève histoire de l'euphorie financière*, Le Seuil).

• La crise spéculative

La quatrième phase de l'euphorie spéculative est le retournement, le déclenchement de la crise. Il a pour origine la conjonction de deux faits : d'une part les opérateurs les plus proches d'une rationalité financière stricte vont constater que la rémunération n'est plus à la hauteur du risque : ils vont donc commencer à vendre. Cette constatation sera peut-être déclenchée, accélérée par un fait politique (commencement ou fin d'une guerre) ou économique (nouvelle politique monétaire). Deuxièmement, le système de financement, l'alimentation de la spéculation, va s'enrayer ou s'arrêter, soit parce qu'il ne peut plus fonctionner, soit parce que les autorités (l'État, ou une banque centrale...) vont interdire la poursuite du financement. L'ampleur de cette phase de recul sera liée à l'ampleur de la hausse et à la volonté des autorités du marché ou gouvernementales de limiter le niveau des pertes. Ainsi, aux États-Unis, à la fin des années 80, le gouvernement fédéral a assumé les pertes des caisses d'épargne (Savings & Loans) qui s'étaient ruinées en spéculant sur le marché des junk bonds ; il est intervenu afin de protéger l'épargne populaire et d'éviter un phénomène de faillites en cascades.

La dernière phase d'une crise spéculative est la diffusion de ses conséquences dans l'économie. Ces dernières peuvent menacer l'équilibre. Keynes a d'ailleurs écrit dans sa *Théorie générale de l'emploi, de l'intérêt et de la monnaie* : « Les spéculateurs peuvent être aussi inoffensifs que des bulles d'air dans un courant régulier d'entreprise. Mais la situation devient sérieuse lorsque l'entreprise n'est plus qu'une bulle d'air dans le tourbillon spéculatif ». Le risque majeur est celui d'un appauvrissement général et d'une perte de confiance dans les mécanismes d'épargne et d'investissement.

lire aussi **Krach - Marchés dérivés**

SUCRE

Matière première agricole pouvant être produite pratiquement sous tous les climats, le sucre est une denrée stratégique pour de nombreux pays exportateurs. Son commerce a longtemps été lié à l'existence d'accords entre les nations, mais le marché libre redevient majeur et les différentes sortes de sucre font l'objet de nombreux contrats sur les marchés internationaux de produits dérivés.

Les échanges sucriers

• Les tendances mondiales

En 1999, la consommation mondiale de sucre a été de 127,5 millions de tonnes.

Après avoir connu, dans les années 60, un accroissement moyen annuel de l'ordre de 3 % par an, le rythme annuel de croissance de la consommation de sucre ne connaît depuis 1980 qu'un taux de croissance aux environs de 1 %. Aujourd'hui, en particulier dans les pays industrialisés, la consommation de sucre atteint une saturation.

Année	Consommation globale (1 000 tonnes)	Population mondiale (millions)	Consommation par tête (kg/an)
1900	8 130	1 608	5,1
1950	29 404	2 470	11,9
1960	49 298	3 022	16,4
1980	88 646	4 385	20,2
1992	111 536	5 311	21,0

Source : J. L. Koehl, *Le Sucre*, Économica.

Dans les pays industrialisés, la consommation de sucre est saturée non seulement en raison d'une limite naturelle mais aussi en raison d'un courant médical appelant à sa limitation. De fait, le sucre a également été victime du développement des édulcorants chimiques, qui se substituent facilement à lui. Il faut néanmoins faire la différence entre les pays développés où la consommation stagne et les pays non développés où la consommation de sucre peut être très forte chez les grands pays exportateurs (Cuba, Costa Rica) ou très faible (Éthiopie, Rwanda...).

Les principaux pôles de consommation du sucre sont l'Union européenne (12 %), l'Inde (13,4 %), les États-Unis, la Chine et le Brésil (environ 7,7 % chacun).

Parmi les évolutions de la consommation de sucre, il faut savoir que depuis 1920 la consommation directe de sucre en bouche diminue régulièrement au profit de la consommation d'aliments et plats sucrés ; elle représente aujourd'hui 35 % de la consommation mondiale.

D'une manière générale, les échanges internationaux de sucre tendent à stagner en raison d'une très forte autoconsommation (environ 75 % de la consommation) et de la volonté des pays importateurs de devenir autosuffisants.

De fait, la principale caractéristique du marché du sucre est que sa production est atomisée : près de 120 pays sont producteurs dans le monde, répartis entre producteurs de sucre de betterave et producteurs de sucre de canne. La production mondiale sur la saison 1998/99 est prévue à 126,5 millions de tonnes. Les principaux pôles producteurs sont l'Union européenne (14 %), l'Inde (14 %), le Brésil (13,2 %) et la Chine (6,8 %). La Russie connaît depuis quelques années une production irrégulière due à ses difficultés économiques et politiques. C'est en Asie que la production a augmenté le plus au cours de ces dernières années.

Le marché du sucre est également caractérisé par l'existence de stocks qui représentent entre 30 et 35 % de la production mondiale. Ces stocks ont pour origine les décalages entre production et consommation. D'une manière générale, il a été constaté (J. L. Koehl, *Le Sucre*, Économica) « que les cours du sucre baissent quand les quantités stockées dépassent cinq mois de consommation. À l'opposé, quand les stocks diminuent, les cours du sucre ont tendance à se raffermir et même augmentent très sensiblement quand les quantités stockées n'atteignent plus que trois mois de consommation ». Ce comportement est pervers puisque chaque hausse réelle (ou anticipée) des cours va se traduire par des investissements se traduisant par un accroissement de la production. La consommation étant stagnante, les stocks vont augmenter et entraîner une baisse des cours préjudiciable à la rentabilité des investissements.

• Les intervenants

Les exportations et les importations de sucre représentent environ 25 % de la production mondiale de sucre en 1995. Le Brésil est devenu depuis 1996 le premier exportateur mondial de sucre (20,6 % des exportations mondiales en 1999), devant l'Union européenne (15,5 %), l'Australie (12,6 %). À noter que des pays comme Cuba (5e exportateur mondial) et le Brésil exportent entre 80 % et 90 % de leur production. La concurrence entre exportateurs est extrêmement vive et les exportations de l'UE souffrent notamment des efforts vers les marchés extérieurs réalisés par Cuba, le Brésil et la Thaïlande.

Les importations de sucre présentant un caractère asymétrique : les dix premiers pays importateurs forment les deux tiers du total des importations. Le principal importateur est la Russie (10 %), suivie par les États-Unis (7,5 %). L'existence d'importations accidentelles, temporaires et la place croissante des pays en voie de développement sont caractéristiques des flux d'importation de sucre.

La quasi-totalité des transactions sur le sucre transite aujourd'hui par une dizaine de négociants internationaux, sociétés discrètes et omniprésentes. La société française Sucres et Denrées est le plus grand négociant de sucre. Le britannique Ed & F. Man est le plus ancien négociateur, puisque créé en 1783. Une autre société britannique Tate & Lyle est un négociateur particulier, puisqu'il s'agit d'une ancienne société produisant et raffinant le sucre et qui s'était dirigée vers le négoce à la suite de la nationalisation de certaines de ses propriétés. Mais les mouvements de privatisation touchant tous les pays du monde, Tate & Lyle a racheté en 1995 la Zambia Sugar Co qu'elle avait créée en 1964 et qui avait été nationalisée en 1974. Citons également parmi les grands négociateurs internationaux Cargill (États-Unis) et Glencore (Suisse).

Les marchés du sucre

Le sucre présente pour caractéristique l'existence de deux marchés : des marchés dits privilégiés, où les prix sont fixés par contrat ou entente, et un marché libre, où les prix découlent de la confrontation de l'offre et de la demande.

Les marchés privilégiés relèvent de la volonté d'un certain nombre d'États d'assurer à leurs producteurs un revenu minimum non soumis aux variations du marché. Parmi ces marchés spéciaux, les accords d'échange entre l'ex-URSS et Cuba ont été longtemps l'exemple type, mais depuis 1991 ces accords sont mis à mal, la Russie s'orientant de plus en plus vers le marché libre. Des accords existent également entre la communauté Afrique-Caraïbes-Pacifique et l'Union européenne. Les États-Unis ont aussi longtemps fonctionné avec un système de prix garanti, aujourd'hui remis en cause par la majorité républicaine du Congrès. La part des marchés privilégiés tend aujourd'hui à diminuer pour ne représenter que 15 % des échanges.

Le marché libre est organisé autour d'un certain nombre de marchés à terme, dont les principaux sont le New York Coffee Sugar and Citrus Exchange (NYCSCE) pour le sucre roux, et pour le sucre blanc le Matif et le London Commodity Exchange (qui a fusionné avec le Liffe). Les marchés japonais et philippin sont également partie prenante sur ce marché.

Contrats négociés (en milliers)

	1996	1997	1998
NYCSCE (New York)	4 051	5 284	5 524
LIFFE (LCE) (Londres) sucre blanc	579	686	945
Matif (Paris) (SUGGAR 45 ICUMSA)	193	145	87
Kansai Commodities Exchange (Japon)	577	643	578
Tokyo Grain Exchange	1 045	1 279	789

Source : *Cyclope*, 1999.

lire aussi **Marchés dérivés - Matières premières**

SWAP

En 1988, le club néerlandais champion d'Europe de football, le PSV Eindhoven, propriété de la société Philips, a utilisé un swap de dettes pour acheter l'avant-centre brésilien Romario Farias. Ce transfert est l'utilisation exotique d'une technique financière, très répandue dans la finance moderne, permettant d'échanger des actifs financiers ou des rémunérations.

La logique des swaps

Ricardo, économiste anglais du début du XIXe siècle, avait énoncé sa célèbre loi des avantages comparatifs. Celle-ci justifiait le commerce international en montrant que chaque nation avait intérêt à se spécialiser dans la production des biens où elle détient un avantage comparatif par rapport aux autres. L'application au domaine financier de cette loi a donné naissance à une considérable vague d'innovations financières fondées sur l'échange.

Supposons deux activités financières, F et V, et deux acteurs économiques, A et B. Supposons que chacune de ces activités rapportent un rendement R (s'il est négatif, c'est un coût), nous pouvons construire la matrice suivante :

	Activité F	Activité V
Agent A	Raf	Rav
Agent B	Rbf	Rbv
Différences	Raf – Rbf	Rav – Rbv

Source : d'après J.P. Gourlaouen, *Les nouveaux Instruments financiers*, Vuibert.

Chaque acteur peut se lancer dans les deux activités financières, mais il peut être plus intéressant pour eux de se spécialiser. Ce sera notamment le cas si un avantage comparatif apparaît, c'est-à-dire si Raf / Rbf > Rav / Rbv, ce qui signifie que l'acteur économique A est mieux placé sur l'activité financière F et B, sur l'activité financière V. Il y a bien un avantage comparatif pour A dans F et pour B dans V. La spécialisation s'expliquera par l'existence de gains liés à la coopération entre A et B, ces gains étant mesurés par l'addition des différences. La spécialisation se fera à partir du moment où A et B seront d'accord sur la répartition entre eux des gains réalisés.

C'est sur cette base que se sont développés sur les marchés de capitaux plusieurs sortes de spécialisations, appelées swaps parce qu'elles correspondent à des échanges d'actifs financiers :

– les **swaps de taux d'intérêt** représentent un échange de taux d'intérêt, généralement un taux fixe contre un taux variable. Ils sont très utilisés sur les marchés obligataires, car ils permettent de concilier les anticipations opposées des émetteurs et des investisseurs ;

– les **swaps de dettes** traduisent un échange total du capital et des intérêts, en raison de différences entre les taux, les formes d'amortissement ou la durée de vie de chaque dette. Un de leurs domaines d'application privilégié concerne les dettes des États des pays les plus endettés (Amérique latine, pays en voie de développement...) ;

– les **swaps d'indices** matérialisent un échange des indices sur lesquels sont calculés des intérêts d'emprunts à taux variables (échanger ainsi un indice TMO contre un indice Pibor) ;

– les **swaps de devises** autorisent l'échange de flux financiers libellés dans des devises différentes. À l'origine des marchés de swaps, le marché des changes reste un des plus grands utilisateurs de cette technique ;

– les **swaps croisés** qui combinent à la fois les swaps de taux et les swaps de devises.

Monter un swap nécessite un savoir-faire spécifique de la part des intermédiaires financiers ; faire un swap a un prix qui est fonction non seulement des caractéristiques de l'objet de l'échange et des parties prenantes, mais aussi de l'efficacité du monteur. La fixation du prix et des conditions des swaps constitue un marché mondial aux volumes et aux enjeux considérables.

Quelques exemples de swaps

• Les swaps de devises

Les swaps de devises sont très utilisés, ils permettent d'ajuster les positions de risque de change. Supposons une entreprise E qui a contracté un emprunt à un an en deutschemarks (DM) à 3,5 %, mais qui, pour différentes raisons préférerait être engagée en francs français (FF). Elle va swaper sa dette en DM contre une dette en FF. Pour cela, un intermédiaire financier, C, va se positionner en contrepartie et le swap de devise s'organisera en trois temps :

– en premier, il va y avoir échange du principal. Si 1 DM = 3,6 FF, E échangera le principal (le capital emprunté) de sa dette à court terme, soit 1 million de DM, contre 3,6 millions de francs français. Au terme de l'opération (ici, un an), le mouvement inverse sera réalisé sur le même taux. Nous noterons que pour réaliser cet échange, la contrepartie C doit se procurer les francs français ;

– en deuxième, il va y avoir paiement des intérêts. E devra payer à sa contrepartie des intérêts sur les francs « prêtés » ; ce paiement d'intérêt devra permettre à la contrepartie de se rémunérer. Supposons que E paie à C 7 %. De même C rémunérera E pour les DM qui lui ont été remis et ce au même taux (ou supérieur) que celui paie E pour un emprunt en DM. Il est évident que les conditions offertes par C doivent être meilleures que celles qu'obtiendrait E isolément ;

– enfin, les deux partenaires du swap se rembourseront à l'échéance les sommes échangées afin de faire face au remboursement de leur propre emprunt.

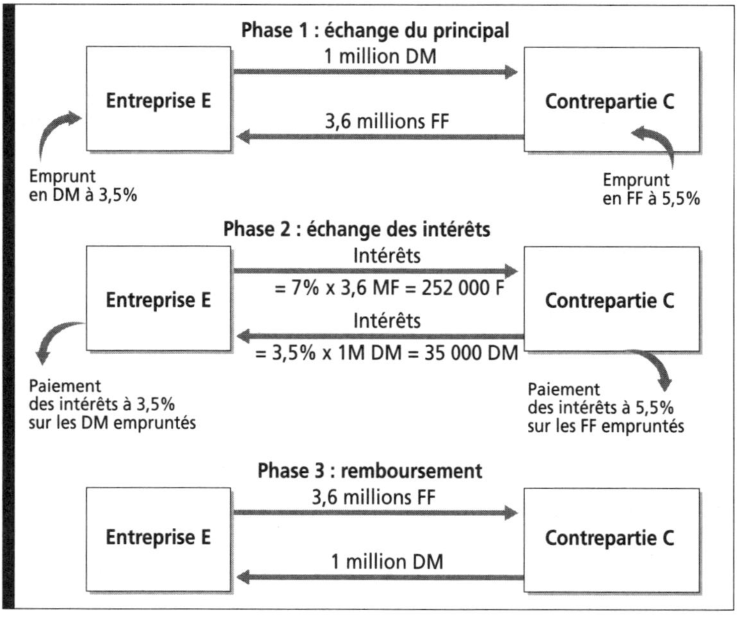

À partir de l'exemple ci-dessus, il est aisé d'imaginer de multiples cas différents, mais la logique reste de faire bénéficier les parties prenantes au swap de leurs avantages comparatifs réciproques.

• Les swaps de taux

Supposons une entreprise E et une banque B pouvant emprunter chacune dans les conditions suivantes sur le marché obligataire :

	Emprunt à taux fixe	Emprunt à taux variable
Entreprise E	7 %	Pibor + 1 %
Banque B	5 %	Pibor
Différences	2 %	1 %

Ce tableau montre que B a un avantage comparatif plus élevé sur les emprunts à taux fixe que sur les emprunts à taux variables. Mais, pour des raisons qui tiennent à la structure des crédits qu'elle a accordés, B est supposée préférer s'endetter à taux variable. De manière opposée, l'entreprise E, qui a un avantage comparatif sur les taux variables, souhaite s'endetter à taux fixe parce qu'elle anticipe, par exemple, une remontée des taux d'intérêt. Nous avons les ingrédients d'un swap de taux qui sera monté par un intermédiaire, et ce sans que E et B se connaissent. Le contrat de swap de taux sera le suivant :

– B va émettre un emprunt de 1 milliard de francs à 5 % (taux fixe) et E un emprunt de 1 milliard à Pibor + 1 % (taux variable) ;

– le swap va consister à ce que B verse à E des intérêts Pibor + 1 % et que E verse à B des intérêts fixes. Ces derniers seront fonction de la répartition des gains du swap. Ces derniers sont les suivants : si E avait emprunté à taux fixe, elle aurait payé 7 % et si B avait emprunté à taux variable elle aurait payé Pibor, ce qui revient à un coût moyen pour les deux emprunts de (Pibor + 7 %)/2 ; grâce au swap, E emprunte à Pibor + 1 % et B à 5 %, ce qui représente un coût moyen de (5 % + Pibor + 1 %)/2. Le gain est la différence entre les deux coûts moyens soit 0,5 %. Si ce gain est réparti équitablement entre E et B, E devra verser un taux d'intérêt fixe à B de 5,25 %.

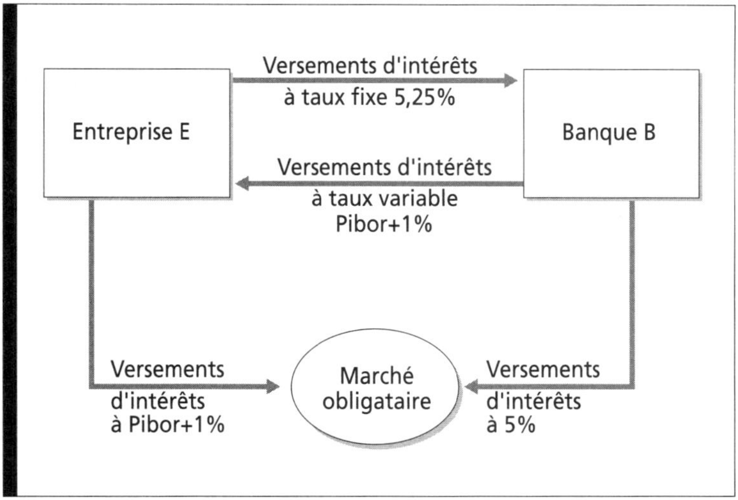

Les swaps de taux connaissent un développement très rapide, ainsi la valeur sous-jacente des contrats de swaps est passée entre la fin 1993 et le début 1995 de 2 000 milliards de dollars à 18 000 milliards.

Par ailleurs, le domaine des swaps est un marché très propice à l'innovation. Nous ne citerons pour exemple que les **swaptions** (ou option de swap) qui combinent à la fois le swap et l'option. Ainsi, une entreprise qui détient une option de swap de taux (taux fixe/ taux variable) a le droit, moyennant le paiement d'une prime, de réaliser, ou non, à une échéance donnée, l'échange de taux.

lire aussi **Marchés dérivés - Obligation - Option**

TAUX D'INTÉRÊT

Les difficultés économiques de la fin du xxe siècle ont focalisé l'attention sur les politiques de taux d'intérêt pratiquées par les banques centrales des pays industrialisés. Toute variation de taux d'intérêt, non seulement est un signe pour les agents économiques, mais a aussi une influence sur le prix des valeurs mobilières.

La logique des taux d'intérêt

Le rôle directeur des taux d'intérêt

Dans la quasi-totalité des nations industrialisées, la création monétaire, c'est-à-dire la production de moyens de paiement, n'est pas laissée à l'initiative d'agents privés, en particulier les banques. Ces dernières ne peuvent pas créer autant de monnaie (distribution de crédit) qu'elles le souhaitent, non seulement parce que cela peut créer un écart trop important entre la monnaie mise à la disposition des agents et la production de biens et que cela peut provoquer de l'inflation, mais aussi parce que les banques peuvent avoir à faire face à des retraits de leur clientèle. Les banques sont donc astreintes à des normes prudentielles, qui font qu'elles peuvent soit avoir besoin de monnaie centrale (monnaie créée par la banque centrale comme les billets), soit avoir un excédent de monnaie centrale. Le marché monétaire va confronter les besoins et les excédents des banques. De cette confrontation va naître un taux d'intérêt à court terme, qui aura tendance à s'accroître si les besoins sont supérieurs aux excédents et inversement. Cette évolution des taux d'intérêt sera analysée par la banque centrale en fonction des besoins de financement de l'économie et de la défense de la valeur de la devise nationale. Ainsi, cette dernière pourra intervenir, dans le cadre d'une politique dite d'**open market,** sur le marché monétaire (en France, le marché interbancaire) où elle procédera à des achats de titres si elle veut alimenter les banques en monnaie centrale, ou à des ventes de titres si elle veut réduire la liquidité bancaire. En achetant massivement des titres (par exemple des bons du Trésor), la banque centrale va distribuer sa monnaie et satisfaire plus facilement les besoins en liquidités : cela provoque une baisse des taux d'intérêt puisque cela diminue la pression sur la demande de monnaie. L'inverse se produit quand la banque centrale va vendre des titres aux banques qui, se défaisant de leur monnaie centrale, vont voir leur possibilité d'accorder des crédits se réduire : cela aboutit à une hausse des taux d'intérêt. En France, cet apport ou ce retrait de liquidités s'effectue par des achats ou des ventes de bons du Trésor ou par la mise ou la prise en pension d'effets au taux du marché au jour le jour.

Bien que selon les pays, la pratique de l'open market soit plus ou moins pure, on s'aperçoit que la volonté des autorités monétaires est d'arriver à l'établissement d'un prix de la monnaie qui soit le véritable reflet de l'offre et de la demande de monnaie, sous la double contrainte de la défense de la parité de la devise nationale et d'un niveau acceptable de l'activité économique. De ce fait, les taux issus du marché monétaire revêtent une importance considérable et leur évolution se répercutera sur l'ensemble de l'économie, et en particulier sur l'ensemble des actifs financiers.

• La structure à terme des taux d'intérêt

S'intéresser au lien existant entre les taux d'intérêt à court terme (ceux du marché monétaire) et les taux d'intérêt à long terme (ceux du marché obligataire) revient à s'intéresser à la structure à terme des taux d'intérêt.

Supposons un investisseur qui a la possibilité de choisir entre le marché A, marché des titres à court terme (un an), et le marché B, marché des titres à long terme (deux ans). Sur le marché A, la rémunération est r_t et sur le marché B le taux est k_t. Si le marché des capitaux est parfait et que l'investisseur souhaite un investissement d'une durée de deux ans, il peut parfaitement arbitrer entre A et B ; il est alors face à deux stratégies :

– investir sur les titres longs et obtenir un rendement pour un franc de $R_B = (1 + k_t)^2$;

– investir sur le marché A dont il connaît la rémunération pour la prochaine année, soit r_t. Mais il lui faut anticiper ce que sera la rémunération du marché des titres courts pour la deuxième année, soit ${}_tr_{t+1}$(rémunération anticipée au début de la période t pour la période t + 1). Le placement sur le marché A lui rapportera $R_A = (1 + r_t)\ (1 + {}_tr_{t+1})$.

En l'absence de coûts de transaction et sur un marché financier parfait, il est possible d'écrire que $R_A = R_B$, c'est-à-dire que $(1 + r_t)(1 + {}_tr_{t+1}) = (1 + k_t)^2$. Par approximation, nous pouvons écrire que $k_t = (1/2)(r_t + {}_tr_{t+1})$. Ainsi, nous pouvons dire que le taux d'intérêt des titres longs à deux ans en t est une moyenne du taux court à un an en t et du taux court en t + 1 anticipé en t. Cela constitue la structuration des taux d'intérêt qui permet de construire des courbes de rendement qui sont des représentations graphiques de la relation entre les taux d'intérêt des titres et leur terme :

La relation entre taux d'intérêt et terme des titres

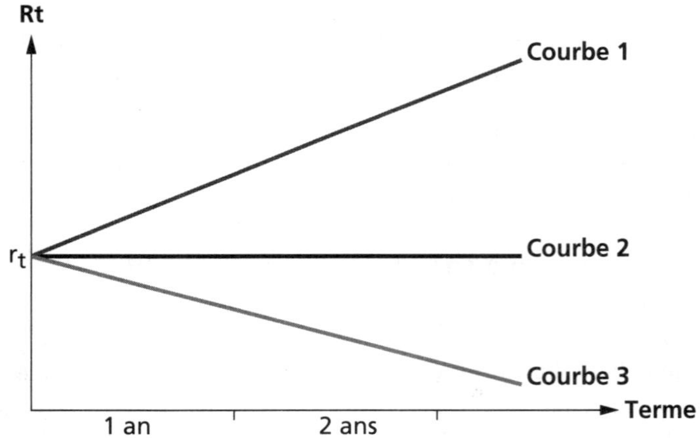

La courbe 1 est définie par $r_t < {}_tr_{t+1}$, il y a une anticipation de hausse des taux courts. Si les investisseurs anticipent une stabilité des taux courts ($r_t = {}_tr_{t+1}$), la courbe est plate (n° 2). Enfin, une courbe inversée est le résultat d'une anticipation à la baisse des taux ($r_t > {}_tr_{t+1}$, courbe 3).

Le raisonnement effectué s'applique bien évidemment à plusieurs périodes et il montre clairement que les taux longs ne sont que la moyenne des taux courts anticipés. Le problème est que ces taux courts anticipés ne sont pas observables. Pour les approcher, il est défini le concept de **taux implicite**, c'est-à-dire, dans notre exemple sur deux ans, le taux à un an dans un an implicite dans la structure des taux : ${}_tr_{t+1} = 2.(k_t - r_t)$. Ainsi à partir de l'observation de k_t et r_t, on a une approche de l'anticipation des futurs taux courts.

L'anticipation des taux d'intérêt est donc une variable fondamentale dans la finance moderne et toute variation à court terme se portera sur les taux à long terme, et toute modification des taux à long terme sera significative de modification des anticipations sur les taux à court terme. Cela aura bien évidemment une incidence sur la valeur des actifs financiers.

Taux d'intérêt et valeur des actifs financiers

• Taux d'intérêt et actions

Pour acheter une action i, actif financier risqué par définition, les investisseurs exigeront une rémunération Ri = Rf + ßi (Rm – Rf). Ce taux de rémunération Ri servira à actualiser les flux futurs générés par la possession de l'action. Or, la première variable constituante est Rf, soit la rémunération de l'actif sans risque, généralement représenté par des titres émis par l'État. Mais que ce dernier émette des bons du Trésor ou des obligations, il ne peut pas proposer n'importe quel taux. Il est en effet obligé de prendre en compte les tensions entre l'offre et la demande de capitaux, l'offre et la demande de monnaie. Ainsi, sur des marchés financiers modernes, l'État ne peut plus se soustraire à une augmentation des taux d'intérêt. Cette dernière, signe d'une plus grande exigence dans la rémunération de l'épargne et signe d'une tension de la demande de capitaux sur l'offre, se traduira par une hausse des taux des titres émis par l'État, donc une hausse de Rf. Nous voyons bien qu'immédiatement cela aura pour conséquence d'accroître les rentabilités attendues sur les actifs risqués. Comme les entreprises ne seront pas à même de modifier à très court terme les flux (étroitement liés à leur activité) qu'elles verseront à leurs actionnaires, ceux-ci seront actualisés avec un taux d'actualisation plus élevé : leur prix baissera donc. Supposons qu'un actionnaire conserve *ad vitam aeternam* une action, la valeur de cette dernière sera :

$$\text{Cours} = \sum_{t=1}^{n} (\text{Dividendes})_t \,/\, (1 + \text{Ri})^t$$

Si n tend vers l'infini, si le dividende est identique chaque année (soit 10 F) et que nous supposons que Ri = 10 % avec Rf = 7 %, la valeur de l'action sera 10/0,1 = 100. Mais si Rf augmente à 9 % et par ricochet Ri à 12 %, la valeur de l'action sera, à montant identique de dividende, 10/0,12 = 83,33.

Ainsi, une hausse des taux d'intérêt se traduit par une baisse des cours des actions, alors qu'une baisse des taux entraînera une hausse des cours des actions.

- **Taux d'intérêt et obligations**

Le cours d'une obligation est égal à la valeur des flux qu'elle procurera, flux actualisés à un taux d'intérêt m, représentatif de la rémunération exigée par le marché pour un placement de risque donné :

$$\text{Cours} = \sum_{t=1}^{n} (\text{Intérêts})_t \,/\, (1 + m)^t + \sum_{t=1}^{n} (\text{Remboursement})_t \,/\, (1 + m)^t$$

Il ressort de cette formule que lorsque m augmente, le cours baissera et inversement. Ainsi, pour les obligations à taux fixe déjà émises, une hausse des taux d'intérêt du marché fera baisser leur cours ; inversement une baisse des taux d'intérêt se traduira par une augmentation de leur cours.

Le prix des obligations varie donc en fonction de l'évolution des taux d'intérêt ; autrement dit, il existe une sensibilité des obligations aux taux d'intérêt. La connaissance de celle-ci est un outil de gestion des portefeuilles obligataires. Supposons en effet une obligation A, de valeur nominale 2 000 F, et une obligation B dont la durée de vie résiduelle est pour chacune d'elle 4 ans. La première, A, est amortie *in fine* et sert 120 F d'intérêt annuel, la seconde, B, verse quatre annuités (intérêts + amortissement) de 620 F. Laquelle de ces deux obligations est la plus sensible à une variation des taux d'intérêt ? Le concept de **duration**, mis au point par **Mackaulay** en 1938, permet de répondre à cette question. La duration est la moyenne du temps restant à courir, moyenne pondérée par les flux à verser actualisés.

Obligation A

Années a	1	2	3	4	Sommes
F = Flux versés	120	120	120	2 120	
G = a × F	120	240	360	8 480	
H = G × (1 + i) – a	111,11	205,76	285,78	6 233,05	6 835,71
I = F × (1 + i) – a	111,11	102,88	95,26	1 558,26	1 867,51

Obligation B

Années a	1	2	3	4	Sommes
F = Flux versés	620	620	620	620	
G = a × F	620	1 240	1 860	2 480	
H = G × (1 + i) – a	574,07	1 063,10	1 476,53	1 822,87	4 936,58
I = F × (1 + i) – a	574,07	531,55	492,18	455,72	2 053,52

En supposant une anticipation à la hausse des taux d'intérêt (i = 8 %), la duration de A est 6 835,71/1867,51 = 3,66 et celle de B = 4 936,58/2 053,52 = 2,4. La duration de A est plus élevée que celle de B, cela signifie que A est plus sensible à une variation des taux d'intérêt. Cela se conçoit aisément : le fait que A soit remboursée *in fine* la rend plus sensible à l'évolution des taux, puisqu'elle immobilise plus longtemps le capital de l'investisseur. L'étude de la duration d'une obligation à taux fixe permet de dégager quelques règles de comportement de gestion des risques de plus-value sur les obligations :

– la sensibilité au taux sera d'autant moins forte que l'échéance se rapproche ;

– une anticipation par les investisseurs d'une baisse des taux les conduit à acquérir des obligations à duration élevée ;

– une anticipation de baisse des taux conduit les investisseurs à céder les titres à duration élevée.

La sensibilité d'une obligation au taux est également donnée par un indicateur de sensibilité S, S = – (Duration/(1 + i)). Avec i = 8 %, S(A) = – 3,38 et S(B) = – 2,22.

Il est donc à retenir que même si une obligation garantit le versement d'un coupon, sa valeur n'est pas stable. Le risque d'une obligation est lié à une évolution défavorable des taux d'intérêt.

lire aussi **Actif financier - Action - Obligation - Risque**

Index général

Cet index rassemble tous les termes-clés du dictionnaire qui apparaissent en gras dans les différents articles. Les termes en gras de l'index correspondent aux titres des articles du dictionnaire.

D

E

J

K

L

M

N

O

Achevé d'imprimer sur les presses de

LTV

LA TIPOGRAFICA VARESE
Società per Azioni
Italie

Dépôt légal : 11424 - septembre 2000